はじめに

　特殊な技術や材料を必要とせず，誰にでも作ることが出来て，しかも子どもたちに喜ばれるものづくりだけを集めた大好評シリーズの第10巻目！　今作も，全国の先生方が実際にやってみて，楽しさ品質が保証された70種以上のものづくりが登場します。

■ 今作のラインナップ
- ● 動きが楽しいものづくり(17種) ………… 7ページ〜
- ● 手軽で美味しい食べ物作り(17種) ……… 63ページ〜
- ● サプライズ！なものづくり(15種) ……… 127ページ〜
- ● 飾って魅せるものづくり(16種) ………… 209ページ〜
- ● 科学工作・簡易実験器具作り(6種) …… 271ページ〜

　次ページから始まる口絵では，工作の完成品や作り方，遊び方をご覧いただけます。パラパラと眺めて気になったものが見つかったら，ぜひ一度自分で作ってみてください。きっと子どもたちの喜ぶ顔がイメージできるはずです。
　また，巻末には「ものづくりハンドブック1〜10巻」の総索引も収録しました。〈たのしみごと〉に困った時，材料から作れるものを探したい時など，ぜひご活用ください。

■「たのしい授業」編集委員会

コケコッコー！＆コケコップ
128,134,136ページ

動きが楽しいものづくり

▼紙吹きゴマ (11ペ)
ふーっと息を吹きかけて回す紙吹きゴマ。オリジナルの絵柄にデザインしましょう。

▲どんぐりトトロごま (8ペ)
カワイくてよく回るどんぐりのコマ。

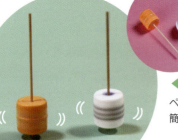

◀エコま (15ペ)
ペットボトルのフタで作るエコなコマ。簡単なのによく回る!

▼光る！浮き出る！3Dゴマ (18ペ)
ダンボールと折り紙で作るコマ。キラキラ光って浮き出て見える！

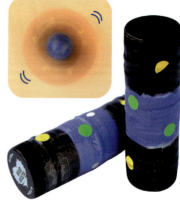

▲惑星ゴマ (22ペ)
回転させると，地球と月が浮かび上がります。

動きが楽しいものづくり

◀ **手も触れず, 息もかけずに回すコマ** (26ペ)
透明カップに入ったコマ。どうやったら回せるでしょう？

▲ **ス〜ッと動く 不思議物体** (29ペ)
軽く押すと不思議な動きをするナゾの物体…。

▼ **ドラミングキツツキ** (34ペ)
コップを上下に動かすと, 磁石の力でキツツキがカタカタ動く。

▲ **ほたって君** (32ペ)
おかずカップとビー玉で作るホタテ貝。ぴょこぴょこ動きまわります。

動きが楽しいものづくり

◀ ダンシングアニマル (36ペ)
人形たちが踊り出す，磁石を使ったカワイイものづくり。

▼ ストローのぼり虫くん (41ペ)
ストローを動かすと虫がくるくる回りながら動きます。

くるくるくる……

▲ マグナスティックフラワー (42ペ)
ドーナツ型の磁石が回転しながら落ちてくるマグナスティック。

▲ クルクルレインボー (44ペ)
らせん型を描きながらリングの落ちる様子がキレイ！

動きが楽しいものづくり

◀ くるくる くらげ (47ペ)

丸い形がクラゲを連想させる風車。少しの風でよく回ります。

すい〜

▼ ふわふわつばめ (51ペ)

そーっと手を離すとふわふわふわ〜と飛んでいくつばめ。

ふわ〜

▲〈PETとんぼ〉を つくろう (54ペ)

ペットボトルを切って作るミニトンボ。よく飛びますよ。

▲ わりバサミ シューティング (57ペ)

洗濯バサミのバネの力を利用した投擲機。アルミホイルを丸めた弾で的を狙います。

コップの的→

手軽で美味しい食べ物作り

▼きな粉あめを作ろう (64ペ)

きな粉に水飴をいれてコネコネすれば，きな粉あめの出来上がり！水飴をコネる感触も気持ちイイ♪

▲簡単豆腐作り (67ペ)

豆乳とにがりで作る自家製豆腐。繊細な豆腐作りで失敗しない秘訣とは？

◀お豆腐だんご (74ペ)

だんごの粉と豆腐を混ぜ合わせ，ホットプレートで蒸せばお豆腐だんごに。

▼はるまっき〜 (76ペ)

餃子の皮にチョコなどの餡を包んでトースターで焼くだけ。簡単，美味しい，はるまっき〜！

▼ラムネ菓子作り (80ペ)

砂糖，重曹，クエン酸に水を加えて混ぜるだけ。型抜きすれば，ラムネ菓子の出来上がり。

手軽で美味しい食べ物作り

◀牛乳かん (83ペ)
牛乳で作る簡単デザート。

▼あっという間のゼリー各種 (85, 90, 94ペ)
暑い季節にピッタリ！ カルピスでもジュースでも出来る，あっという間のゼリー。
冷蔵不要の炭酸入り寒天ゼリーも。

▲あっという間のわらびもち (102ペ)
紙コップで簡単に出来る，片栗粉のわらびもち。

▼いももち (99ペ)
ジャガイモ，水，片栗粉を材料に，砂糖醤油を塗って香ばしく仕上げるいももち。

▲ユニバーサルデザイン？なチョコフォンデュ (106ペ)
食物アレルギーの子も楽しめる！乳製品も大豆も使わない「元祖板チョコ」を使ったチョコフォンデュ。

手軽で美味しい食べ物作り

▲ライスケーキ (112ペ)
余り物のご飯が炊飯器でケーキに変身！ 出来たてはホワホワ、冷めてもしっとりモチモチ。

▼かぼちゃモンブラン (115ペ)
牛乳も卵も小麦粉も使わない、しかも火を使わずに作れるかぼちゃのモンブラン。

▼だんだんケーキ (119ペ)
子どもたちに抜群の人気を誇る「だんだんケーキ」。 イチゴ→クリーム→バナナ→クリーム→食パン→クリーム→イチゴ…の順に重ねて作ります。

▼スピードスライムもち (122ペ)
ホットプレートで作る簡単おもち作り。きな粉をまぶしていただきます。

▼じゃがりこグラタン (117ペ)
①じゃがりこを砕いてアルミカップに入れ、②牛乳を注いでチーズをふりかけます。③最後にオーブントースターで焼けば、じゃがりこグラタンの完成！

サプライズ！なものづくり

コケ
コッコー！

ワレワレハ
ウチュウジンデアール

▲**コケコッコー！＆
コケコップ** (128, 134, 136ペ)
ヨーグルトカップと木綿糸で，本物そっくりのニワトリの鳴き声を再現！

▶**チョコっとボイス
チェンジャー** (142ペ)
紙コップにマーブルチョコを入れ，口をぴったりくっつけて声を出すと……。

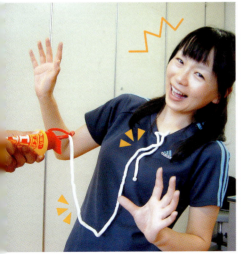

▲**びっくりボンド** (138ペ)
ギュッと握るとボンドが飛び出す，ドッキリグッズ。

▲**指先で回る風車** (144, 147ペ)
薄くて軽い紙で作る指先で回る風車。
コツをつかめば，8の字でも頭上旋回でも自由自在！

サプライズ！なものづくり

▼紙コップクラッカー (151ペ)
ストローの切れ端が飛び出す簡単クラッカー。

▲リボンドロップ (165ペ)
くるくるキラキラしながら落下するリボン。秘密はその形状に…。

▼ゲンシマンお祝いカード＆カウントダウンクラッカー (155, 159ペ)
ヒモをひっぱると，メッセージ入りのお祝いカードがピョコピョコ飛び出します。クラッカーと合体した改良版も。

するする…

するする…

バーン！

▼バランスペンスタンド (167ペ)
絶妙なバランスで立つ不思議なペンスタンド。

▼コロコロリングをつくろう (170ペ)
リングがコロコロと落下していくように見える！ 錯覚を楽しむおもちゃ。

サプライズ！なものづくり

◀マジックミラーでのぞき箱 (179ペ)

筒状の箱を覗くと中はただの鏡。でも，黒い筒を動かすとナニカが見えてくる！

▼どこでもATM (185ペ)

無限にコインが出てくる（ように見える）カード。その使い方は…。

クルクル〜

エイヤッ！

▲スパイラルテール (190ペ)

螺旋状の針金の中のボールが昇っていく……ように見える錯視おもちゃ。

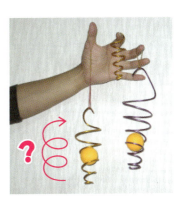

クリップはくっつかない

「不思議キャップ」にトントン…

今度はくっついた！

▲しゃかしゃか磁石＆不思議キャップ (194ペ)

磁石の秘密が見えてくる！

飾って魅せるものづくり

▼ミニいもむし君ストラップ (210ペ)
ふわふわビーズで作るいもむしのストラップ。

▲モールで作るアリくん (213ペ)
ラッピング用モールでこんなに立派なアリが!!

▼タンポポ綿毛のドライフラワー (216ペ)
春の定番ものづくり。ビンの中で開くタンポポの綿毛がなんともオシャレ！ 飾りを入れたり，リボンを巻いたり，アレンジも自由。

▼おはじきアート (220ペ)
アクリル絵の具でお絵描きすれば，おはじきが大変身!!

▲消しゴムで原子スタンプをつくろう (224ペ)
ハトメを使って円形に切り出した消しゴムで，原子スタンプを作ろう！ 勉強にも使えます。

飾って魅せるものづくり

開くと…

▲ことりの壁面装飾 (230ペ)
フリーハンドでパーツを切り出し，ホチキスでとめるだけ。小鳥のカワイイ壁面飾り。

▲お花のメッセージカード (233ペ)
お花を開くと中にはメッセージが！低学年でも作れます。

▼用途いろいろ 押し花作り (236ペ)
栞にしてよし，賞状やカードにあしらってもよし。用途いろいろ，押し花作り。

乾燥すると…

▲塩のお絵かき (241ペ)
塩水でお描きした黒画用紙をホットプレートで乾燥させると塩の結晶がくっきり！

▶アルミ缶で作る くるくる缶風車 (244ペ)
アルミ缶を加工して作る風車。びっくりするほどよく回ります！

飾って魅せるものづくり

▼インテリア スライム時計 (250ペ)

砂時計ならぬスライムの時計。光に照らされながらゆっくりと流れ落ちる様子に癒やされます。

▲ふわふわスノーマン (260ペ)

発泡スチロール球と羊毛フェルトでふわふわスノーマン！

▼立体のお星様かざり (258ペ)

厚紙とホッチキスがあればできるお星様飾り。

▲ウサギと クマのオーナメント (254ペ)

モールとビーズ，リボンで作るオーナメント。まるで小さなぬいぐるみのような出来栄えにびっくり！

▼巨大クリスマスツリー (267ペ)

巨大なクリスマスツリーの掲示物。模造紙，画用紙，紙テープでこんな立派に！

▼クリスマスツリーづくり (263ペ)

ボンド液に浸した麻ひもや毛糸でオリジナルのクリスマスツリーが作れます。

科学工作・簡易実験器具作り

◀ ミニクント管 (272ペ)
音の振動の波長が観察できるクント管で、いろんな音の波のかたちを見てみよう！

波が見える！

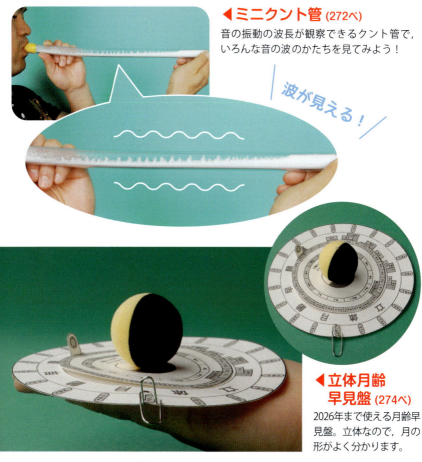

◀ 立体月齢早見盤 (274ペ)
2026年まで使える月齢早見盤。立体なので、月の形がよく分かります。

▶ 太陽めがねで日食観察 (278ペ)
太陽を観測するために使う太陽めがね。太陽観測フィルムがあれば、大量かつ安価に自作できます。

科学工作・簡易実験器具作り

▲エアバズーカミニ (284ペ)
ペットボトルとゴム風船で作る空気砲。針金で照準をつけると狙いが正確に……なる？

バーン！

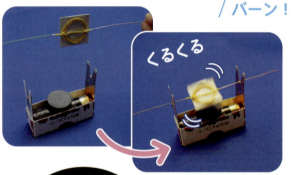

くるくる

◀簡単モーターを作ろう (287ペ)
針金，電池，磁石で作る簡単モーター。電池ケースはアポロチョコの箱が最適！

▲クリアホルダーで作る簡単霧箱 (292ペ)
放射線を観察する装置＝霧箱。クリアホルダーで作った霧箱で，宇宙からやってくる放射線もバンバン観察できます。

ものづくりハンドブック ❿

目次

1 動きが楽しいものづくり

どんぐりトトロごま	村元　廣	8
●「どんぐりトトロ」に一工夫		
回る！簡単！紙吹きコマ	貝田　明	11
エコま ●エコなコマ？ 柄のついたコマ？	伊藤善朗	15
光る！浮き出る！3Dゴマ	井出ひかる	18
ペットボトルキャップで 惑星ゴマ	峯岸昌弘	22
手も触れず，息もかけずに回すコマ	藤本真嗣	26
ス〜ッと動く 不思議物体	由井宏幸	29
ぴょこぴょこ動くよ ほたって君	喜友名　一	32
シート磁石で ドラミングキツツキ	野呂茂樹・川本菜穂子	34
くるくるかわいい ダンシングアニマル	武田真理子	36
ストローのぼり虫くん	野呂茂樹	41
マグナスティックフラワー	藤本真嗣	42
●リング磁石でキラキラ花模様		
かわいい！たのしい！クルクルレインボー	林　秀一	44
くるくるくらげ	川上真代	47
ふわふわつばめ	藤本清美	51
●癒し系おもちゃ		
〈PETトンボ〉をつくろう	難波二郎	54
わりバサミシューティング	佐竹重泰	57

> ⓘ 動きが楽しいものづくり──追試・補足情報
>
> 紙吹きゴマ ……… 由良文隆　ダンシングアニマル … 富田秀紀　60
> 不思議物体 ……… 横山裕子

② 手軽で美味しい食べ物作り

きな粉あめを作ろう ………………………………… 榎本昭次・千壽子　64
　●食べてよし，作ってよし，おまけに簡単！

豆乳から作る簡単豆腐作り ………………………………… 吉竹輝記　67
　ⓘ ボーイスカウトで簡単豆腐作り ………………………… 関口芳弘　73

ポリ袋とホットプレートで作る お豆腐だんご …………… 日吉資子　74

かんたん！ おいしい！ はるまっき〜 ………………… 日吉資子　76
　ⓘ 小学2年生とはるまっきー …………………………………… 日吉 仁　78

ラムネ菓子作り ……………………………………………… 由良文隆　80

牛乳かん ……………………………………………………… 高橋香織　83
　●残った牛乳を使って，簡単なデザートを！

カルピスゼリー1/2(ハーフ) ……………………………………… 伊藤正道　85
　●「クックゼラチン」を2等分して，おいしく！ 安く！
　ⓘ 1/2で久しぶりのカルピスゼリー ………………………… 蛇谷久美　88

いろんなジュースであっという間のゼリー ……………… 比嘉仁子　90

ほんのりシュワっと炭酸ゼリー …………………………… 日吉資子　94
　●お湯で溶けて常温で固まる！

40分で片付けまで終わる調理実習 いももち ……………… 加藤千恵子　99

あっという間の わらびもち ……………………………… 日吉資子　102
　●片栗粉を使った体にやさしいおやつ
　ⓘ 授業開きで おいしいわらびもち ………………………… 宮地昌倫　104

| ⓘ やってみました！ あっという間のわらびもち | 伊藤穂澄 | 105 |

ユニバーサルデザイン（？）な **チョコフォンデュ**　　　松口一巳　106
　●食物アレルギーのある子もたのしんでほしい

残ったご飯もおいしく食べよう **ライスケーキ**　　　　島　百合子　112

かぼちゃモンブラン　　　　　　　　　　　　　　　峯岸育美　115

とろけるおいしさ！ **じゃがりこグラタン**　　　　　　伊藤善朗　117

「だんだんケーキ」のレシピ　　　　　　　　　　　小谷内寿信　119
　●島 百合子著『ゆりこさんの おやつだホイ！』を参考に

スピードスライムもち　　　　　　　　　　　　　　又吉理奈　122

③ サプライズ！なものづくり

コケコッコー！　　　　　　　　　　　　　　　　　河井美恵子　128
　●ヨーグルトカップで作る「にわとりおもちゃ」

鳴く鶏のおもちゃ　　　　　　　　　　　　　　　　尾崎織女　134
　●リオデジャネイロで出合った摩擦太鼓

ニワトリの鳴き声コップ **コケコップ**　　　　　　　　田辺守男　136

絶叫⁉ **びっくりボンド**　　　　　　　　　　　　　　市原千明　138

チョコっとボイスチェンジャー　　　　　　　　　　金子あゆみ　142

指先で回る風車　●紙切れ一枚でできるスゴ技☆　　　加子　勲　144

達成感，半端ない‼ **ゆびさき風車**　　　　　　　　　横山裕子　147
　●手巻きタバコ用ペーパーは超優秀
　ⓘ 補足情報　　　　　　　　　　　　　　　　　　編集部　149

☆クラスパーティにぴったり☆ **紙コップクラッカー**　金井美澪　151
　ⓘ やってみました！　紙コップクラッカー　　　　沢田雅貴　154

パタパタ飛び出す！ゲンシマンお祝いカード	小笠原　智	155
ゲンシマン カウントダウンクラッカー	小笠原　智	159
不思議な飛行体 リボンドロップ	松口一巳	165
不思議でたのしいものづくり バランスペンスタンド	前崎彰宏	167
コロコロリングをつくろう	池上隆治	170

●錯覚を楽しむ伝統的なおもちゃ

牛乳パックで作る 簡単！マジックミラーでのぞき箱	湯沢光男	179

●《光と虫めがね》のあとにおすすめ

どこでもATM	市原千明	185

●お金が無限に？出てくるカード

錯視おもちゃ スパイラルテール	大和田健介	190
「しゃかしゃか磁石」と「不思議キャップ」	山口俊枝・山口　薫	194

ⓘ サプライズ！なものづくり──追試・補足情報

コケコップ ……… 横山裕子　お祝いカード… 西岡明信
コケコッコー！＆コケコップ ………… 編集部　　　　　　　206

④ 飾って魅せるものづくり

ふわふわビーズで作る ミニいもむし君ストラップ	小浜真司	210
ⓘ ミニいもむし君ストラップはオススメです	道端剛樹	212
モールで作るアリくん	小浜真司	213
タンポポ綿毛のドライフラワー	高橋朝美	216

●母の日のプレゼントに

おはじきアート	福田美智子	220
消しゴムで 原子スタンプをつくろう	平尾二三夫	224

ことりの壁面装飾	山口　希	230
お花のメッセージカード	皿谷美子	233
用途いろいろ 押し花作り	村上希代子	236
●思いを込めた贈り物に		
だれでもできるキッチンサイエンス 塩のお絵かき	山田芳子	241
●食塩の結晶のあぶりだし		
アルミ缶で作る くるくる缶風車	吉竹輝記	244
インテリアスライム時計	淀井　泉	250
●幻想的で癒されるものづくり		
ウサギとクマのオーナメント	小川郁美・小笠原　智	254
立体のお星様かざり	山口　希	258
●少ない画用紙で簡単ものづくり		
ふわふわスノーマン	野戸谷　睦	260
●クリスマスにピッタリ！		
クリスマスツリーづくり	山口　希	263
●麻ひもや毛糸を使ったすてきなツリー		
巨大クリスマスツリー	前田　聡	267
●模造紙と紙テープで作る		

― ⓘ 飾って魅せるものづくり ―― 追試・補足情報 ―
タンポポ綿毛のドライフラワー	難波二郎, 山口明日香	270

5 科学工作・簡易実験器具作り

自分の声を見てみよう！ ミニ クント管	小林順子	272
立体月齢早見盤(2008〜2026年版)	難波二郎	274

太陽めがねで日食観察……………………………西田　隆 278
　●眼にもお財布にもやさしい〈手作りめがね〉

エアバズーカミニ………………………………沢田雅貴 284
　① つくってみました！ エアバズーカミニ ……………高畠　謙 286

簡単モーターを作ろう……………………………平賀幸光 287

クリアホルダーで作る 簡単霧箱…………山本海行・小林眞理子 292
　●宇宙線がバンバン見える！

　　　　　ものづくりハンドブック全巻・総索引 300

---

*[1] 本文タイトルのそばに記してある数字は，初出年月日です。また，本文に登場する人名・肩書なども，執筆当時のものです。

*[2] 本文中の商品価格は，特にことわりがないかぎり，原稿掲載当時のものです。販売価格は取扱店・時期によって異なるため，「目安」程度におえください。

*[3] 本文中に登場する「仮説実験授業」とは，1963年に教育学者・板倉聖宣さんによって提唱された教育理論です。また，「授業書」とは，〈教案 兼 教科書 兼 ノート 兼 読み物〉で，その授業書に印刷されている指示そのままにしたがって授業をすすめれば，誰でも一定の成果が得られるように作られているもの〉を指します。仮説実験授業や授業書について詳しく知りたい方は，『仮説実験授業のABC』（仮説社）をご覧ください。授業書は仮説社のホームページからお買い求めいただけます。

●装丁：渡辺次郎　●口絵デザイン：竹田かずき　●写真撮影：泉田　謙
●扉イラスト：サタテユラ　●本文カット：かえる社，TAKORASU
●口絵写真提供：ユニバーサルデザイン？なチョコフォンデュ（松口一巳）／びっくりボンド（小笠原 智）／スパイラルテール（大和田健介）／タンポポ綿毛のドライフラワー（難波二郎）／ことりの壁面装飾，立体のお星様かざり（山口 希）／巨大クリスマスツリー（前田 聡）／エアバズーカミニ（高畠 謙）／クリアホルダーで作る簡単霧箱（左：小林眞理子，右：山本海行）

① 動きが楽しい ものづくり

(初出 No.454, 16・10)

どんぐりトトロごま

● 「どんぐりトトロ」に一工夫

村元 廣　北海道・小学校

「どんぐりトトロ」で遊びたい

どんぐりに絵を描いて『となりのトトロ』のトトロそっくりにするものづくり「どんぐりトトロ」(『ものづくりハンドブック6』参照)を藤本勇二さん(徳島)が紹介してくださってから,いろいろな人が実践して好評を得ているようです。確かに「どんぐりトトロ」は見ているだけでも可愛いのですが,せっかくですから,これを使って遊ぶ方法はないかと考えておりました。そして考えたのが「どんぐりトトロごま」です。〔口絵参照〕

「どんぐりトトロごま」を飾っておくと,子どもたち(大抵女の子)が「可愛い!」と言って寄ってきます。「これコマなんだよ」と私が言うと,「え〜」と驚き,さらに回してみせると「すご〜い!」と歓声を上げます。そして一つあげると大事そうに持って帰ります。

私はどんぐりでも「ミズナラ」ではなく,「アカガシワ」の実を使います。理由としては,殻斗(どんぐりの帽子の部分)の下が平らで軸を刺しやすいことと,全体にずんぐりむっくりしていて安定感があるからです。札幌では大通り公園,円山公園,北大キャンパスなど色々なところで植栽されていて,手に入れやすいということもあり

ます。

　では以下に，どんぐりトトロごまの作り方をご紹介します。

殻斗（帽子）を取る
錐で穴を開ける

用意するもの

- どんぐり　ミズナラとちがって，アカガシワのどんぐりは虫にやられることはほとんど無いので，加熱する必要はありません。
- 修正液　トトロの絵を描く時，白い部分は油性の白いペンより，修正液がお薦めです。すぐに乾くし，色が滲みません。
- 油性ペン（黒）
- 爪楊枝
- 木工ボンド
- 錐
- ニッパー
- スチロール板

作り方

①殻斗を取り，てっぺんに直径1.5㎜くらいの穴を開ける。

②爪楊枝の先を差し込む。爪楊枝の長すぎる部分を切る。どんぐりの大きさにもよりますが，軸をどんぐりから約2㎝位のところで切り取ります。

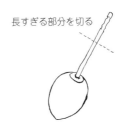
長すぎる部分を切る

③回してみる。よく回ったら木工ボンドで固定します。最低でも10秒くらいは回って欲しいものです。どんぐりの実は均一にできていないので，軸の位置，刺す深さなどによって微妙に回り方が変わります。何度も試し，よ

く回ったらボンドで固定しましょう。

④トトロの絵を描く。まず修正液で白い所（腹，目）を塗ります。修正液が乾いたら，油性ペンで眼や鼻を描きます。お腹→鼻→口→髭→目の順に描きます。

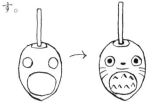

まず白い部分を描き　マジックで眼や鼻を

⑤完成です。回して遊んでみましょう。どんぐりの乾燥が進むとひび割れが出ますが，それでも健気に回ってくれます。

　使わない時はスチロールの板に穴を開けた台座に置いて飾っておきましょう。

> **おまけ**

　やっぱりよく回らないという人は，かわりに弥次郎兵衛（やじろべえ）を作ってみるのもオススメです。作り方は以下のとおり。

①どんぐりに錐で３箇所穴を開けます。

②両サイドに開けた穴に，竹ひごで２本の腕を付けます。

③竹ひごの腕の両端にも重りのどんぐりをつけます。

④てっぺんに開けた穴に短い心棒をつけます。うまくバランスが取れない時は，腕や心棒の長さを変えてみましょう。

⑤バランスが取れたら，顔（コマの時とは上下逆になります）を描いてできあがりです。

(初出 No.419, 14・4)

回る！簡単！
紙吹きゴマ

貝田 明
石川・小学校

紙の吹きゴマ

1985年5月号の『たのしい授業』に「吹きゴマ」というコマが紹介されています。手は使わず，真上から息で吹いて回す，変わったコマです。

今回ご紹介する「紙吹きゴマ」の原案は，2004年の夏，能美郡川北町立川北小学校（当時）の谷真良さんに教えてもらいました。その形は『たの授』で紹介されたブリキの吹きゴマにそっくりですが，紙でできていました（下図）。

太い線を切って細い線で谷折りにする

紙なので，子どもでも工作できるわけです。

早速その年に私が図工を教えていた4年生に教えてみたところ，子どもたちは大変喜んで作りました。「いつか資料にしたいなぁ」と思っていたのですが，その時は感想も書いてもらわなかったので，資料が書けませんでした。

今回，同じ学校（当時）の2年生担任，縄八江さんが「去年教えてもらった吹きゴマ，子どもらと作ったよ」と言ってくれたので，

「どうや？ うまいこといった？」と聞いたところ，「うん，すっごく子どもたち喜んだよ」ということでした。

「じゃぁ感想書いてもらえる？」

「いいですよ」

……ということで，紹介できるようになりました（「感想がなければ絶対に紹介できない」というわけでもないでしょうが）。

しかし，縄さんが子どもたちと作った吹きゴマは，私が谷さんから教えてもらったものとは少し形が違います。というのは，次のような理由からです。

改良された「紙吹きゴマ」

谷さんに教えてもらった吹きゴマの子どもたちによる作品を「小松楽しい授業研究会」の例会に持って行ったところ，皆さん「楽しい」「よく回る」と喜んでくれました。そして次の例会の時に，北村満さん（「ヒゲキタさん」の愛称で親しまれ，「手作りプラネタリウム」と物作りで全国を回る人，インターネットで「ヒゲキタ」で検索するといっぱい出てきます。ぜひ一度見てください）が，その改良版を持ってきてくれたのです。以下がその作り方です。

作り方

① 画用紙などにコマの型紙（右図）を印刷しておきます。
② 型紙に沿ってはさみでコマを丸く切り抜きます。
③ 太い線にそってはさみで切り込みを入れます。
④ 点線を谷折りします。90度よりも深く折った方が，吹いた息でコマが浮いた感じになり，よく回るようです。
⑤ 真ん中の点を鉛筆など尖った物で押します。押し出されてふくらんだところが中心になって回ります。押す時に下に敷く物はすこし柔らかい方がいいです。新聞紙1日分とか，カッター板とか。この時，穴が開かないように気をつけてください。

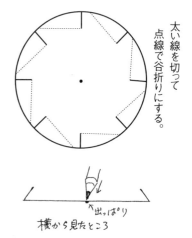

＊切り取る前に色鉛筆などで色を塗っておくと回転したときにとてもきれいです。

旧タイプのものはカッターで切ることが必要でした。それも曲線を切らなければならないので，結構難しかったのです。しかし改良版ではカッターがいりません。は

さみでコマの周辺に8ヵ所，それもちょっとずつ切り込みをいれて曲げるだけで，ほとんど完成です。これなら2年生でも，いやきっと1年生でも（幼児でも？）作れることでしょう。そして回るだけでも楽しいのですが，色塗りの楽しみ，コマの特性の，回ったときに色が変わる楽しみもあるのです。

ですから，「簡単だから低学年の工作だ」とは言えません。模様やコマの大きさ，羽の大きさ，その他いろいろ工夫をすれば，高学年だって大人だって十分楽しめると思うのですが，いかがでしょうか。

縄さんにとってもらった2年生の評価は以下の通りでした。

④たのしかった……6人
⑤とてもたのしかった……29人
①とてもつまらなかった……1人
③②は0人

①の1人は「まわらなかったのでつまらなかった」ということで，縄先生と一緒にもう一度作って，よく回る吹きゴマをうれしそうに持って帰ったそうです。

以下に，その他の感想の一部をご紹介します。

☆また作りたい

昨日ふきごまをつくりました。3じかんめのずこうのじかんにつくりました。わたしはおうちにかえってからもつくりました。学校でつくったふきごまは小さいので，おうちで大きいのを作りました。わたしはふきごまをふけてよかったなぁとおもいました。また作りたいです。

（まなさん⑤）

☆まわすのがうまいのかな

はやくまわったのでとってもうれしかったです。まわったとき音がしました。「ぐるんぐるん」て。わたしはちょっとおかしな音だなとおもいました。ふきごまをつくって，ふきごまというなまえのものがあるんだなぁとおもいました。おかあさんは「しらない」といってました。ふいてみせてあげたら「すごい！」といってくれました。わたしはまわすのがうまいのかなとおもいました。

（かざねさん⑤）

「紙吹きゴマ」印刷用型紙　*175%で拡大コピーし，画用紙に印刷してお使いください。

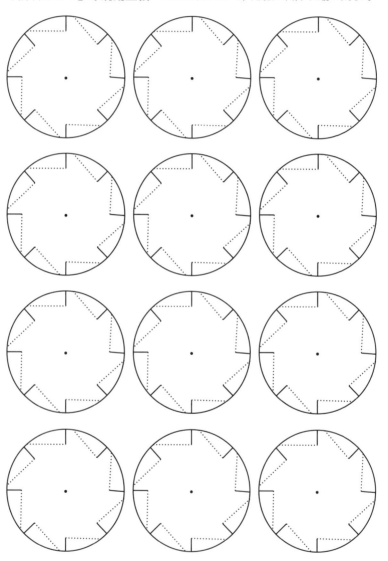

（初出 No.409, 13・7）

エコま

●エコなコマ？ 柄のついたコマ？

伊藤善朗 愛知・小学校

愛知・豊橋サークルの加古 勲さん・夏目憲二さんに教えてもらったペットボトルのキャップを使った「こま」です（大元はネットのようですが，ここで紹介する作り方・遊び方は私たちが考えたものです）。

長い柄がついているので，こまが苦手な子でも上手に回せます。作り方も簡単。小学校低学年でも作れると思います。

●エコまの材料

- ペットボトルのふた２個（ふつうの大きさのもの）
- 竹串１本（12cmくらいの短いものがよい）
- セロテープ（あるいはビニルテープ）
- まんなキャップ（ふたの中心に簡単に穴をあけるための道具。命名・考案は善朗。あると便利）
- キリ，工作板，カラーペン

●まんなキャップの作り方

①内側に中心がわかるような模様のあるペットボトルのキャップを探します。

②キャップのど真ん中に小さな穴をあけます。

③長方形の厚紙を用意します。

④キャップの外側全体に両面テープを貼ります。

⑤両面テープの剥離紙をはがし，キャップに③の厚紙をていねいに貼付けます。

⑥厚紙の上からさらにビニルテープや柄テープなどを巻いて補強します。これで完成。

テープで補強

●まんなキャップの使い方

ⓐ ペットボトルのキャップの上からまんなキャップをかぶせる。

まんなキャップ
キャップ

ⓑ 上からキリで真ん中の穴にあわせて下のキャップに小さな穴をあけます（ほとんど印程度。しっかり開けるとまんなキャップの穴が大きくなりすぎちゃう）。

ⓒ 工作板の上などでさらにキリをさして、しっかり穴をあけます。

●エコまの作り方

① まんなキャップなどでペットボトルのキャップの真ん中に印をつける。

② 工作板などの上で、しっかり穴をあける。同じ物を2つ作る。

③ まず1個目のキャップは表側から竹串を刺し、2個目はキャップの裏側から刺す。

④ 竹串の先が5mm～1cm出る感じでしっかり2つのキャップを合わせ、セロテープでまわりをしっかり貼る。これで完成！ カラーペンなどで色をぬってみてもいいでしょう。〔口絵参照〕

●エコまの遊び方

ⓐ てのひらで柄をはさんで強く回すようにして、こまを回転させます。もちろん指2本で回してもいいのです。中には手のひらの上で回す子もいました。

ⓑ 上級者になると、こま本体を上にして回すこともできます。

長回し競争やケンカごまもたのしいよ〜。回し方や遊び方をいろいろ工夫してみましょう。

安定したコマを作るには
・1にも2にも、キャップの中心に穴をあけること！　ウラを見ながら中心に中心にもっていく。
・同じキャップを2個つかうといい場合があります。
・キャップをとめるセロテープは、なるべく最低限の長さ（重さ）がいいようです。

子どもたちの感想
2月に4年生31人と「エコま」を作りました。31人全員が「とてもたのしかった・たのしかった」と評価してくれました。

子どもたちの感想の一部を紹介します。

☆私はこの一年間で一番楽しかったのは、今日作った「エコま」です。理由は、いらないペットボトルのキャップ二つを使って作れるし、かんたんだからです。それに、遊び方が何種類かあるからです。（本山さん）

☆エコまは、すごくまわっておもしろかったです。きりであなをあけるときにうまくできてよかったです。家でまたつくってみたいです。2つのまわしかたがあってすごくおもしろかったです。いろもぬってすごくきれいにできました。　（東さん）

☆エコまの作り方を教えてくださってありがとうございました。竹ぐしにさしたあとに色をつけたらとてもきれいだったし、クラスでエコませんしゅけんをやったりしてたのしかったです。（岩間さん）

☆今日はとても楽しかったです。「エコま」という名前は、とてもいいエコなこまだなあと思いました。来年になってもいろいろな手作りで遊びたいです。また勝負しようね。　　（浅田さん）

☆ペットボトルのキャップでコマを作るなんて思いもよりませんでした。　　　　（辻くん）

(初出 No.467, 17・9)

光る！ 浮き出る！ 3Dゴマ

井出ひかる　愛知・JPIC読書アドバイザー

●美しく光るコマ

　先日，Facebookを見ていたらコマの動画が紹介されていました。JPIC読書アドバイザークラブの岡山支部会に守分 敬さんが持参されたコマです。15年くらい前にNASAのお土産でもらったもので，ロケットには打ち上げが失敗した時に部品を探せるように反射する素材が使われているのですが，その素材で作られたコマだそうです。

　回すとオーロラのような美しい模様が浮かび上がり，その美しい映像に釘付けになってしまいました。

　このコマはもう入手先がわからないとのことですが，似たものをホログラムシートを使って作れるかもしれません。そこで試作してみることにしました。

　まずは厚紙とつまようじでコマ本体を作りました。でも重さも強度も今ひとつでうまく回りません。そこで，厚紙の代わりにダンボールを使うことにしました。また，軸（爪楊枝）がぶれないようにビーズで固定することを思いついたものの，爪楊枝を通せるサイズがなかなか見つかりません。あれこれ試していたところ，灯台下暗し。子どもが小さい頃に遊んでいたアイロンビーズがピッタリだということがわかりました。光る部分は，「ホログラムシート」よりもダイソーで発見した「3Dおりがみ」の方が手軽に使えて綺麗だということがわかりました。これらを切って切って切っ

て貼って貼って貼って……と黙々と試行錯誤をくりかえし，なんとか納得のいく形になりました。

年長から作れます。作り方をご紹介します。

〔用意するもの〕
・ダンボール（栄養ドリンクの箱のような薄手の物が◎）
・3Dおりがみ（ダイソー，10枚入り）
・爪楊枝（一般的な6.5cmのもの）
・アイロンビーズ（コマ1つにつき2つ）
・木工用ボンド（速乾性）またはゼリー状の瞬間接着剤
・ハサミ，スティックのり，コンパス，画鋲，カッティングマット（ない場合はダンボールで代用），洗濯ばさみ

〔作り方〕
①ダンボールにコンパスで半径3.5cmの円を描き，ハサミで切る。真ん中がわかるようにしっかりと針を刺すこと。

上手く切れなくて，ガタガタになってしまっても大丈夫！ 回るとそれも味で面白い。また，ダンボール1枚から何個も円を切り取る時は，周囲をまず四角くカットしてからコンパスの線に沿って切っていくといい。

②4分の1に切った3Dおりがみを，丸く切ったダンボールにのりで貼り，はみ出た部分をハサミで切る。

③コンパスの針穴に画鋲を刺して穴を広げ，開けた穴に爪楊

枝を突き通す。爪楊枝の尖った先端を1cm弱出す。

④アイロンビーズを爪楊枝の上下に通して、ボンドまたは瞬間接着剤でコマに固定する。このとき、爪楊枝が傾いていないか回しながら確認する。

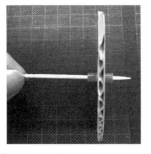

⑤ボンドを乾かして完成！　逆さにして爪楊枝の頭を洗濯ばさみで挟んでおくとよい。

〔遊び方〕
　軸を両手で挟んでこすり合わせるようにして回すと、よく回ります。電灯の下で回すと、きらきら光ってとってもきれい！浮かび上がる模様は、見る角度や回るスピードによって変化します。

　また、爪楊枝の先端などで思わぬ怪我をする場合もありますので、遊ぶ前にルールを決めておくことをおすすめします。

〔コマのアレンジ例〕（次ペ写真）
　追加で「オーロラカラーおりがみ」「パールカラーおりがみ」「ホログラムテープ」（いずれもダイソー）、コピー用紙などの白い紙を用意します。パールカラーおりがみは透けるので、使う場合は先に白い紙を貼ってください。コマ本体の作り方は一緒です。

　アレンジその1。3Dおりがみを1/4の正方形に切り、さらにその半分に切ります。同様にオーロラカラーおりがみ（またはパールカラーおりがみ）も切

ります。コマの半面に3Dおりがみ，もう半面にオーロラカラーおりがみを貼り，はみ出た部分をハサミで切り落とします。その上からお好みでホログラムテープを貼ります。

アレンジその2。丸く切ったダンボールに白い紙→パールカラーおりがみの順に貼り，その上に渦巻き状に切った3Dおりがみを貼りつけます。

● 浮き出てる！

夏に行われたイベントで子ども達とこのコマを作りました。「ダンボール工作をよくやってるから切るの大丈夫だよ！」と一生懸命切ってくれた子や，角度によって見え方が違うので，顔を色々動かしては「スゲー！浮き出てるー」と喜んでいる子など，みんなとてもたのしんでくれていました。「つくるのがたのしかった。まわすときれいだった」「作り方がかんたんだから楽しかった」など最後に感想も書いてくれました。逆さゴマにして回した子も多かったので，3Dおりがみは裏面にも貼るといいかも。

もっと小さい子たちとコマ作りをするときは，ダンボールではなくCDや紙皿を使うとさらに簡単，安全です。

ぜひみなさんも作ってみてください。

＊3Dコマの回っている様子はこちらから→https://www.facebook.com/tamago.hikidashi/posts/798097133704943

（初出 No.427, 14・11）

ペットボトルキャップで 惑星ゴマ

峯岸昌弘
群馬・小学校

●突然現れる惑星

簡単で，エコで，キレイで，おもしろい！ 4拍子そろったものづくりを紹介します。その名も〈惑星ゴマ〉。主な材料は，ペットボトルキャップとドットシール（色のついた丸形の小さいシール）のみ。それを組み合わせるだけで，誰でも簡単に作ることができます。

出来上がりの作品を見ても，「これのどこがコマで，どこに惑星があって，どの辺がキレイなの？？」と不思議に思うかもしれません。でも，それを指ではじいて回してみると，突如として美しい惑星が現れます。それがこのコマの意外性であり，おもしろいところだと思います〔口絵参照〕。

●用意するもの＆作り方

まずは，基本の惑星モデル〈地球〉を作ってみましょう。白いペットボトルキャップ6つと，油性の黒マジックと青マジック，セロハンテープ，それから，ドットシールの「緑」と「白」を用意してください（僕は，ダイソー「カラーシール」2400片入り108円と，3250片入り108円の2種類の大きさのシールを使っています）。

①ペットボトルキャップを，右の図のように向かい合わせに組み合わ

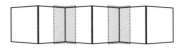
点線のようにテープで巻いてとめる

せて，セロハンテープで貼り付けたものを3組作ります。

その3組を同様にテープでつなげて（下図），1本の棒のようなものを作ります。ここまでは，どの惑星を作るときも同じです。

②6個のキャップのうち〈真ん中の2つ分〉に，油性ペンを使って，惑星の色（今回は，地球を作るの

で「青」)を塗ります。そして、残った両端の4つのキャップは宇宙になるので「黒」で塗ります(テープの上から塗ってOKです)。

この状態で試しに回してみると、すでに黒い宇宙空間に青い惑星が浮かび上がるのを見ることができます。

③「ドットシール」の緑や白などを、真ん中の青いところに貼って、地球の「大地」や「雲」に見える部分を作ります。周りの黒い部分には黄色のシールを貼って、「月」や「星」を作ります(雲になる白のシールは、他のものよりひとまわり小さいものを使ったほうがいい感じになります)。

おおよその枚数は、緑が6枚、白(小)が6枚、黄色が4枚程度です。

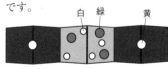

④ 完成したら、端の黒い部分を指ではじくようにして回します。

宇宙の中に惑星(地球)が浮かんでいるように見えるはずです。

〈地球〉以外にも、中心の色を赤くした〈火星〉や、周りにシールを増やすことで「リング」を作った〈土星〉など、いろいろ工夫して、オリジナルの惑星を作って楽しむことができます。

⑤遊ぶ時は「教室の床の上」が一番よく回るのでベストです。回したときの美しさを眺めたり、誰のコマが一番長く回っていられるか競ったり、遠くまでとばして回せるかやってみるなど、楽しみ方はいろいろです。

作り方だけでなく、遊び方もいろいろ工夫できるところが、このコマの魅力だと思います。

● 〈惑星ゴマ〉開発物語

この〈惑星ゴマ〉のアイデアは、宇敷輝男さん(群馬・小学校)の「地球と月といちばん星ゴマ」という手書きの資料から得ています(その資料には、もともとの発案

者は「茨城の田崎さん」である、と書いてあります)。宇敷さんの資料では、フィルムケースを2つ繋ぎ合わせて作る「地球ゴマ」が紹介されていて、実際に作ってみたところ、非常におもしろいコマであることがわかり、僕は感動しました。

〔編集部〕フィルムケースで作るコマは『ものづくりハンドブック6』でも紹介されています（唐澤道朗「ダブルフィルムケースをまわそう」）。

しかしながら、以前は手軽に手に入れることができたフィルムケースも、現在は非常に入手が困難です。僕は、この資料にヒントを得てから、「身近に手に入るもので、このコマが作れないものか」と考えてきました。「乾電池」から始まり、「コインケース」「ペットボトル」「空き缶」「スティックのり」……、100円ショップに行っては、それらしいプラケースを片っ端から買ってきて試し、試作品の数は20種類を超えました。しかし、「これだ！」というものには巡り会えませんでした。

それでも、「このコマの素晴らしさを多くの人に伝えたい」という強い思いがあった僕は、自分でフィルムケースを大量に購入して、それを販売して紹介しようか、とまで考えました。

そんなことを考えはじめて数ヵ月経ったある日、素晴らしい「きっかけ」に出会いました。伊藤善朗さん作の「エコま」（ペットボトルキャップを2つあわせてセロテープで止め、竹串を通して作るコマ。本書15ぺに掲載）です。これを見て初めて、「〈惑星ゴマ〉をペットボトルキャップで作ったらどうか」というアイデアに辿り着きました。

すぐに試作して回してみると、素晴らしい回転をしてくれるではありませんか！　すぐに手に入るとても身近な物ですし、いらないものの再利用という点では、フィルムケースの跡継ぎにピッタリです。みなさんもぜひ〈惑星ゴマ〉を作って、一緒にこの感動を味わってほしいと思っています。

子どもの評価と感想

　たのしさの5段階評価は以下の

ような感じです。(小学校5年生)

⑤とてもたのしかった……18人	
④たのしかった……6人	
③②①は無し	

子どもたちの感想も、いくつかご紹介します。

・ペットボトルキャップで「惑星ゴマ」が作れるなんて、すごい発明だと思った。シールの貼り方でいろいろな模様ができておもしろかった。左のはじの模様と、右はじの模様を変えると、左のはじをはじいて回すのと、右のはじをはじいて回すので、模様が変わるのがおもしろかった。(堀米彩水⑤)

・ふつうのこまと違うような形だったので、「回るのかな」と、最初は思ったけど、やってみると楽しくて、いっぱい作りました。作るのも簡単で、回すのも簡単なので、超面白かったです。
(田嶋真有⑤)

・回す前は、なんだこれ？と思ったけど、回してみたら、地球そっくりなのでびっくりしました。とてもおもしろいです。(村山颯⑤)

・見た目は変なこまだけど、回してみると、とてもきれいなこまだと思いました。作る材料も、主にペットボトルのキャップなので、家でも作れるのがいいと思いました。
(矢島麻里花⑤)

・材料はペットボトルキャップなので、かんたんに作れるところがいいと思う。地球の他にも、月や土星なども作って、回してみたら、すごくきれいに回って楽しかった。
(井上明日香⑤)

・かんたんで楽しかったです。どれだけ長く回っていられるか、という遊びをしました。いろいろ遊び方があるので、とても楽しめました。
(里見隆気⑤)

・一番最初に、基本の6個キャップで作った。2つ目は、3個のキャップで作ってみたら、バク宙した。それで、真ん中をはじいたら、たてに回ったので、みんなで驚いた。正直、おもしろかった。
(松本理玖⑤)

＊今回はキャップ6個で作る方法を紹介しましたが、子どもたちの感想にあるように、キャップの数を減らしても作ることができます。よかったらいろいろ試してみてください。

(初出 No.417, 14・2)

手も触れず，息もかけずに回すコマ

藤本真嗣　大阪・小学校

● コマを回す方法

コマといえば，ひもを使う・指でつまんでひねる・息を吹きかけるの3つの方法で回すものでしょう。もうこれ以外に回す方法はないのでしょうか？

口絵の写真（カップの中にぶらさがっているコマ）を見てください。これもコマなのですが，どうやったら回せると思いますか？ カップの中に入っているので，ひもをつけることも息を吹きかけることもできません。コマを支えている軸は針で，それがコマ本体に軽くくっついているだけなので，つまんで回すことができません。

「そんなんやったら回すことなんてできへんやんか！」と言いたいところですが，できるのです。

秘密は，中のコマをぶら下げているところにあります。コマの軸はマップピンで，コマとマップピンをつないでいるのが小さいネオジム磁石なのです。

裏にはおもりがついています。このおもりのはたらきで，マップピンの先だけが磁石と接するようになります。そのため，摩擦がとても少なくなり，コマが回りやすくなっています。

でも，これだけではもちろんコマは回せません。外側から別の磁石を近づけることによって，引き合ったり反発し合ったりして中の磁石が回転するのです。

外から近づける磁石をうまく隠すと、まるで念力で回しているように見せることができるかもしれません。あなたも作ってぜひ回してみてください。

●**材料（1人分）**
・総菜カップ 120ml（多少大きくてもよい）…1個。
・マップピン極小…1本。
・ネオジム磁石（直径6㎜×厚さ3㎜の円柱型）…1個。
・フェライト磁石（直径12㎜×厚さ5㎜の円柱型）…1個。
・ビー玉…1個。
・両面テープ（5㎜角×2）、またはボンド。
・コピー用紙（直径4㎝の円形に切っておく）…1枚。

コピー用紙以外はすべてダイソーで購入しました。

●**作り方**
①直径4㎝の円形の紙にコマ用の絵を描く。中心が分かるような絵がいい。

②絵の中心の表と裏に5㎜角の両面テープを貼る（ボンドをつけてもいい）。

③表にネオジム磁石、裏にビー玉を貼る。

④カップを逆さにして底の中心（だいたいでよい）にマップピンを刺す。

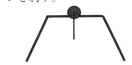

⑤カップの中にネオジム磁石を上にしてコマを入れ、マップピンの先に磁石をつける。

⑥カップの外から磁石を近づけ，コマを回す。

磁石の近づけ方によって回り方が違います。よく回る近づけ方を見つけてください。

ビー玉をスチール球に替える

その後発見したことですが，ビー玉の替わりにスチール球（7～9㎜）が2，3個あれば，両面テープ（やボンド）無しで作ることができます。スチール球と磁石でコマの紙を挟めます。

こうすれば，コマの絵も簡単に取り替えることができます。磁石の便利さがより生かせます。

もうひとつの遊び方

作り方③まででできたコマをそのままマチ針の先につけ，マチ針の頭を持って，下のビー玉をやさしくひねって回します。

うまくひねれば，かなり長いこと回り続けます。線香花火を持って見ているような気分で，コマの回転を見つめてください。

このときのコマの絵は，カラーにした方がいいでしょう。マチ針は足が長い方が線香花火っぽくなります。名づけて「線香花火風コマ回し」。

誰が一番長く回していられるか，競ってみても楽しいでしょう。

(初出 No.474, 18・3)

ス〜ッと動く 不思議物体

由井宏幸
愛知・小学校

怪しげな物体？

下の写真に怪しげなものが写っています。銀色に光る体にギョロリとした目。その動きは意外に速く，ス〜ッと滑るように走ります。

この不思議なものを初めて見ると，6年生でも「エ〜，何？」と驚き，不思議がります。未知の生物のようにも見えるこの物体，正体はなんだと思いますか？

じつはこの物体は，ビー玉の上にアルミカップをかぶせているだけなのです。たったそれだけなのに，誰もが驚き，不思議がるようなオモチャができるのです。〔口絵参照〕

手作りオモチャは「はやい・やすい・おもしろい」が基本だと思っているのですが，このオモチャは「①だれでもたのしめる」「②簡単に作れる」「③材料が安い」と三拍子そろっていて理想的です。あなたもぜひ作ってみてください。

用意するもの （1人分）

材料はすべて100円ショップで購入できます。

- 大きいビー玉（25mmぐらい）……1個
- アルミカップ（9号または8号）……2枚
- 丸型シール（直径8mm）……2枚（目玉にする）
- 油性マジック（目玉を描いたり色を塗ったりする）

作り方

①アルミカップを一人2枚配ります。カップの間に白い紙が挟まれていますが、この紙は不要なので捨てます。

②ビー玉に2枚重ねたアルミカップをかぶせてビー玉の形にくるみ、下を開いてUFOや麦わら帽子のような形にします。

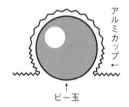

ビー玉とアルミカップの間に隙間がないと動きが悪くなりますが、アルミカップを下にしてビー玉を指で転がしてやると、適度に隙間が広がります。

ビー玉はほんの少し（約2mm）出るようにして、机に置いたときにアルミカップがあまり机に触れないようにします。

③丸型シールにマジックで目を描いて貼ります。マジックで口を描いたり色を塗ったりしてもよいでしょう。

遊び方

床や机の上に置くだけでス～ッと滑るように動きます。動かない時はあまり力を入れずに押し出してみてください。ビー玉が転がりやすいように、できるかぎり表面がなめらかなところがいいです。学校なら机や配膳台、廊下や体育館などでも楽しめます。

一番遠くまで転がるのはどれかを競ったり、カーリング遊び、的あてゲーム、ボーリングゲーム、5メートルピッタリで止めるゲーム、下敷きなどを利用したジャンプ大会、コマのように回して遊ぶ、などなど、いろいろな遊び方ができます。

以下に、6年生の子どもたちの「たのしさの5段階評価」と感想の一部をご紹介します。

> ⑤とてもたのしかった……33人
> ④たのしかった……2人
> ③②①はなし

☆最初，アルミホイルとビー玉で何が作れるのだろう？どうやって遊ぶのだろう？など疑問に思っていました。ですが，作って遊んでみるととても楽しくて，友だちと競争をしたりしました。先生が考えてくれるこのような遊びは，とても大好きです。

☆先生が見せたとき，「えっ？　なんで動くの？」と思ったけど，単純な仕掛けで逆にビックリしました。単純，簡単，楽しい，サイコーの遊びです。

☆机の上に置いただけなのに，勝手に動き出して，とてもすごくおもしろかったです。廊下に出てビー玉を転がしたとき，ものすごく遠くまで転がっていって，とても楽しかったです。

　このものづくりは，ボクのオリジナルではありません。ボクの参加している「愛知・社会の科学サークル＆科学読み物研究会合同サークル」で，高村紀久男先生が紹介してくれたものです。高村先生は岐阜物理サークルの資料で見たと教えてくれましたが，記憶が定かではないとも言っていました。

　合同サークルでは，高村先生ははじめに鉄球とアルミホイルで作ったものを見せてくれました。鉄球で作ったものはとてもなめらかに滑っていました。鉄球は値段が高いので，高村先生は同じ大きさのビー玉でもやってみせてくれました。鉄球に比べるとビー玉は少し動きが鈍りますが，子どもたちが遊ぶには十分です（ちなみに，パチンコ球は残念ながら小さすぎて迫力に欠けました）。

(初出 No.421, 14・5)

ぴょこぴょこ動くよ
ほたって君

喜友名 一
沖縄・たのしい教育研究所

「恐竜の卵」ニューバージョン！

　『ものづくりハンドブック9』に，岡林香世子さんの「恐竜の卵」というものづくりが載っています。これは，袋状にしたアルミホイルの中にビー玉を入れて，タッパーなどに入れて振ると，タッパーの中でアルミホイルが卵のような形になる，というものです。できあがった卵は，まるで「ピコピコカプセル」（『ものづくりハンドブック2』収録）のような不思議な動きをします。

　「恐竜の卵」はわたしのお気に入りのものづくりの一つで，『ものづくりハンドブック9』には，「たのしい教育研究所」の下地美枝子さんが作った「巨大恐竜の卵」も載っています。

　「たのしい教育研究所」では，去年あたりから教職員初任者研修や五年研などで，カラフルなアルミホイルを使った「恐竜の卵」を紹介しています。実際に作ってもらうと，みんな子どもみたいな表情になってくれます。

下地さんの「巨大恐竜の卵」

　さて最近，「恐竜の卵」のニューバージョンを開発しました。これは，動きもおもしろいのですけど，作る時にタッパーなどの「容器」を必要としないので，とても簡単に作れます。

　必要なのはお弁当のおかずなどを入れる「おかずカップ」と「大きめのビー玉」，それから「セロテープ」だけです。

　ホタテの様なカンジなので名付けて「ほたって君」！

　先日，久米島の教務主任研修会に呼んで頂いて，2時間程度「た

のしい授業実践講座」をしてきたのですけど，最初の方でやってみたら評価も高かったので，早速紹介させて頂きます。

材料（1人分）
・おかずカップ2枚
　6号サイズ（円型）で，アルミホイルではなく紙に樹脂で薄くコーティングされたものがオススメです。私の使ったものには「ポリエチレンテレフタレート紙」と書かれていました。
・大きめのビー玉1個
　直径25ミリぐらいの大きさのものを使います。
・セロテープ

作り方
①おかずカップを裏返し，デザインの描かれている方を外側にします。

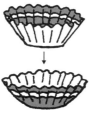

②2枚のカップの口を合わせて，セロテープで周りを閉じていきます（半分ぐらい閉じます）。

③おかずカップの中にビー玉を入れて，全体をセロテープでふさぎます。

④手にもってやさしくシェイク。全体がふくらんできたら，「ほたって君」のできあがり。

手のひらに乗せてゆっくり動かし，「ほたって君」の動きを楽しもう‼〔口絵参照〕

「ほら, 何が入っていると思う？　虫が入ってるのかな？　それとも超能力かな？」……そんな感じで，周りの人たちを楽しませてあげてください。

＊ご希望の方には，「おかずカップ＆ビー玉20人分」を1200円（送料込）でお送りします。ご注文はtanokyou@gmail.com まで。
＊「たのしい教育研究所」については，公式サイト（下記アドレス）をご覧ください。
http://tanokyo.com

(初出 No.438, 15・8)

●シート磁石で●
ドラミングキツツキ

野呂茂樹
青森・板柳町少年少女発明クラブ
川本菜穂子
青森・八戸科学であそび隊

「パタリンチョウ」という，磁石を使って紙のちょうちょの羽をぱたぱた動かすものづくりがあります（阿部徳昭「ぱたりんちょうがはばたくとき」『ものづくりハンドブック３』仮説社）。今回ご紹介する「ドラミング・キツツキ」は，その原理を応用したものづくりです。

＊カタカタと木を叩くことを「ドラミング」という。

用意するもの
・粘着面のあるシート磁石（NSが交互に着磁してあるもの。100円ショップなどで30cm×10cmのものがあります）
・紙コップ（1人2個）
・画用紙

作り方
①シート磁石を10cm×1cmで最下部の図のように切り分けます。10cm×1cmで1人分なので，1枚で30人分ぐらい取れます。
②1cm×10cmに切ったシート磁石を，さらに以下のように切り分けます。

| 7 cm | 3 cm |

③7cmの方のシート磁石を，粘着面の剥離紙をはがして紙コップに貼り付けます（右ペ図）。

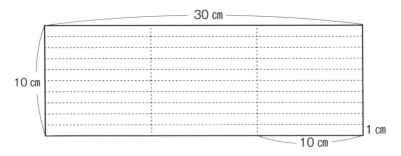

④画用紙を1cm×3cmの大きさに切ります。1cm×3cmのシート磁石の剥離紙をはがして、1cmぐらい重ね合わせて以下のように貼り合わせます。

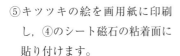

⑤キツツキの絵を画用紙に印刷し、④のシート磁石の粘着面に貼り付けます。

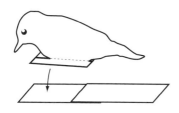

⑥新しい紙コップに⑤を、画用紙の下1cmぐらいのところにのりをつけて貼り付けます。

⑦キツツキの絵が貼ってある紙コップを③の紙コップにかぶせ、上下に動かすと、キツツキがカタカタとドラミングします。〔口絵参照〕

たのしいので、ぜひ作ってみてください！

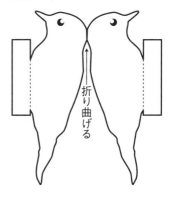

〈初出 No.408, 13・6〉
くるくるかわいい
ダンシングアニマル

武田真理子 岡山・(元) 小学校

●磁石で理科工作

　孫が小学１年生になり，今年は「育メン」ならぬ「育バア」となっています。

　夏休み，１年生ながら，宿題がけっこうあります。夏休みの宿題といえば「自由研究」。孫の学校では,「自由研究」か「理科工作」のどちらかにとりくめばいいことになっています。それなら，１年生でも無理なくできる「理科工作」をしようと，孫と相談して決めました。１年生にもできる簡単な仕組みでおもしろい動き……。そうだ，磁石がいい！

　以前，仮説実験授業の夏の大会で，磁石の上にボンテンを乗せた可愛いものづくりを紹介してもらった記憶がありました（伊藤正道「くるくる磁石人形」『ものづくりハンドブック９』）。それと，夫が北海道で買ってきた「ミラくるオルゴール」という商品が頭をよぎりました。

　「ミラくるオルゴール」は円型の台座の上に銀の角柱が立っており，それが自転しながら円を描くようにくるくる回るオルゴールです。銀の角柱は取り外しできます。どうやら磁石を利用した原理のようです。角柱のかわりに可愛い磁石人形を動かせば，きっと楽しいものづくりになると思いました。

　『たの授』99年12月号で和

歌山県の小田富生さんがこの「ミラくるオルゴール」について詳しく紹介されているのですが、読んでも結局どうしてこのような動きをするのか、はっきりわかりません。

そこで、「百聞は一見にしかず」と、手元にあったオルゴールを分解してみました。しかし、肝心の磁石の部分が箱で囲まれていて、割らないと見えないのです。「割ってしまうともう使えない」と思うと、それ以上分解できませんでした（結局、元通りにもどせなかったのですが……）。

● 「AKB48」人形が回った！

でも諦めきれず、とりあえず小田さんの解説にそって人形を作り、台に乗せてみました。するとちゃんと「ミラくるオルゴール」の銀の角柱のような動きをするのです。あとはどんな形のものづくりにするか……。

そうだ。「AKB48」に見立てた人形を作り、それがステージ上で踊るという想定で、丸いお盆のようなものに磁石人形を乗せればいいのではないか！

そこで、セロハンテープの芯に画用紙を丸く切って貼り、それをステージということにしました。「ミラくるオルゴール」の方は、ぜんまい仕掛けで鏡の台が回るのですが、1年生の工作でそこまではできません。この部分は手回しにしました。

問題は台座です。仕組みは磁石ということはわかっているので、試しに、前の晩に食べたケーキが入っていた丸いカップの内側に磁石を貼り付けてみました。そしてその上にセロハンテープの芯で作ったステージを乗せ、ジョイント部分には爪楊枝を使いました。

完成したステージに孫が描いた「AKB48」の磁石人形を乗せて、下のカップの部分を手で

回してみました。すると、ナ、ナ、ナント、私のねらっていた「ミラくるオルゴール」と同じ動きをするではありませんか！　名付けて「ダンシングAKB」。孫の作品は地区の科学作品展に出展されました。

その後、夫が「そのものづくりは、ぜひ紹介した方がいい」というので、材料を100円均一などですぐにそろうもので考え直したものが、次に紹介する「ダンシングアニマル」です。

人形を自分で作るのもいいですが、100円均一で弁当用の動物の顔がついたつまようじを発見し、それを使ってみると、これがまた可愛い！　踊っているようにするために、モールで手もつけました。

かつて、伊藤正道さんが紹介された「くるくる磁石人形」と仕組みはほぼ同じですが、今回、私は〈磁石人形がステージ上で踊るのを楽しむ〉という風にしました。

この「ダンシングアニマル」を「瀬戸内・たのしい障害児研究サークル」で紹介すると、すぐに実践してくれて、大変よろこんでもらえました。2012年11月の「大阪たのしい授業フェスティバル」の売場でも、このダンシングアニマルを動かしてみせると、見た人だれもが「わあ、可愛い！」と目を輝かせてくれました。その場で販売していた材料セットはあっという間に完売してしまいました。

小学1年生でも十分作れます。出来上がってクルクル回すのが何とも楽しく癒されます。ぜひ、お試しあれ。

●**材料・道具**（1個分）

　材料はどれも100円均一で変えます。
〔ステージ〕
・フタ付きクリアカップ…1個。200ml用（直径101mm）

のものがよい。
- 色画用紙…1枚。
- 普通のつまようじ…1本。
- ビーズ…1個。つまようじの先につけるので，ファンシービーズなどの大きめのもの。
- 丸形磁石…直径18mmを2個。
- 飾りつけ用のシールやマスキングテープ…適当。

〔人形〕
- 立体のアニマルつまようじ…2本。お弁当用品のところにあります。大きめのスーパーやホームセンターでも売ってます。
- 1×1×1cmの発泡スチロール…2個。100円均一にB4で厚さ1cmのスチロール板が売っています。その裏に両面テープを貼り，サイコロ状にカットしてください。
- 直径15mmのカラーマグネット…2個。

〔道具〕
- 千枚通し，ボンド，両面テープ，セロハンテープ，ハサミ。
*磁石はステージ用・人形用ともに，S極とN極が裏表になっているものを使います。買う時に方位針などで確かめるといいです。

●作り方&遊び方
①色画用紙をカップのふたの内径に合わせて丸く切り，ボンドまたは両面テープで貼付ける。

フタを閉めた時に上になる部分に色画用紙を貼る

②色画用紙→フタ→カップの底の順番になるように重ねて，中心に千枚通しでつまようじが抜けないくらいの穴をあける。

③カップの底の内側に，直径

18mmの磁石2個を真反対の位置に貼る。このとき、カラーマグネットの丸い方とカップ底側の磁石が引き合う向きに貼る。

④ ②と同じ順に重ね、カップに開けた穴につまようじを通し、両端を切る。フタ側に飛び出ている方の先にボンドをつけビーズをはめる。カップ部分をシールやテープで飾る。

⑤アニマルつまようじの首を発泡スチロールの高さに合わせて折る。ハサミで傷をつけてからやると、折りやすい。

⑥発泡スチロールをカラーマグネットの磁石部分に貼る。そこへ、ボンドをつけたアニマルつまようじを突き刺す。

プラスチックの丸い部分が下

⑦モールで手を付ける。首に一巻きしてぐっとしめ、すきな形に。ステージに乗せたら完成！

⑧カップの部分を回すと、人形が自転しながらステージ上をダンスするように回ります。
〔口絵参照〕

(初出 No.418, 14・3)

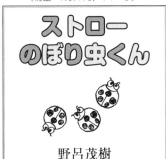

ストローのぼり虫くん

野呂茂樹
青森・少年少女発明クラブ

「のぼり虫くん」というものづくりがあります。塩ビパイプに貼り付けられた虫が，塩ビパイプを上下にひっくり返すたびに，くるくると回転しながら上昇していくというものづくりです（市原千明「ノボリ虫くん」『ものづくりハンドブック2』仮説社）。

これを2種類の太さのストローとピップエレキバンの磁石を使って手軽に作る方法を考えましたので，ご紹介します。

用意するもの

・ピップエレキバン130（または80）の小さい磁石2個。新品でなくてもよい。
・ストロー：6㎜φと5㎜φ各1

・3cm×3cmぐらいの厚紙（てんとう虫などを描く）

つくりかた

① 厚紙にてんとう虫などの絵を描く。
② 厚紙の裏中央に磁石を貼り付ける。接着剤などでつけましょう。セロテープで貼り付けると虫の動きが悪くなることがあります。
③ 5㎜φのストローの先端に磁石を差し込む（落ちないように）。

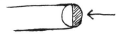

あそびかた

① 5㎜φストローを6㎜φストローに差入れます。
② 6㎜φのストローに虫の絵を描いた厚紙を乗せます。

③ 5㎜φストローを出し入れすると厚紙が回転しながら動きます〔口絵参照〕。

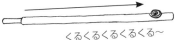

くるくるくるくるくる〜

(初出 No.440, 15・10)

マグナスティックフラワー
●リング磁石でキラキラ花模様

藤本真嗣　大阪・(元) 小学校

●はじめに

　ここで紹介するのは，新しいものづくりをネットで探している時に見つけた「クルクルおもちゃ」をヒントにしたものです。リング磁石を鉄棒に通すとクルクル回って落ちるのですが，そのリング磁石に彩色した木の輪を付けて回転速度や落下速度を変えて遊ぶというのが「クルクルおもちゃ」です。「のほほん木工房」というサイト（http://noho91.web.fc2.com/）で見ました。

　このサイトを見るまで，ぼくは，鉄棒に通したリング磁石がくるくる回転するなんて，全然知りませんでした。自分でもやってみると，とても面白くて新鮮な驚きでした。この現象を使ったものづくりも見たことがなかったのです。

　ひょっとしたら，このおもしろい現象を知らない人は多いのかも。それなら，このおもしろさを他の人にも知ってほしい——と思ったのがきっかけで考えたのがこれから紹介するものです。これは，「のほほん」さんのものづくりをもっと手軽に作れるようにと考えてアレンジしたものです。

●すでに考えていた人が……

　ところが，「針金にリング磁石を通す」というものづくりは，前崎彰宏さん（北海道・小学校）がすでに『たのしい授業』2000年3月号（No.222）に「マグナスティック」という名前で発表されていました（『ものづくりハンドブック6』にも再録）。そのことを仮説社の増井さんに教えてもらいました。ガ〜ン…ということは，15年前にすでに読んでいたはずなのに，すっかり忘れていたんですねえ。ですので，「前崎さんの実践をアレンジしたもの」と言った方が良さそうです。

マグナスティックは，針金に色画用紙をまいて持ち手をつけるなどしていますが，ぼくは針金の先端を折り曲げるだけ。さらに，「リング磁石にキラキラ千代紙をつけた」というのがぼくの工夫したところです。でも，これがなかなかきれいだし，磁石が回転しながらゆっくり落ちてくるのも面白いのです。ぜひ，作ってみてください。

〔材料〕

ほとんどのものが100円ショップやホームセンターで買えます。
・リング磁石（フェライト）。外径20mm×10mm×5mm。1個25円くらい。ただし，このサイズでなくても可。教材屋さんで買えます。
・5mmの両面テープ。
・スチール針金。太さ1.6～2mm×60cm。
・キラキラ千代紙。15cm×15cm。

〔作り方〕

① リング磁石の外側に5mmの両面テープを1周巻く。

② 好きな色のキラキラ千代紙を3cm×7.5cm幅の短冊に切る。

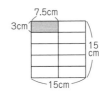

③ ②で切った千代紙を，3cm×幅5mmで8枚切る。

④ ①の磁石の側面に③の千代紙を放射状に貼り，90度折り，花びらのような状態にします。それを針金に通し，針金の両端を丸めれば完成。

針金を垂直になるように持ち，通したリング磁石を針金の上方に上げて手を離すと，くるくる回りながら下に落ちていきます〔口絵参照〕。磁石の表裏にポスカなどで色を付けると，なおきれいです。針金を上下に強く伸ばすと，磁石の落ちる速度が変わるので，それも面白いです。

(初出 No.398, 12・10)
かわいい！ たのしい！

林 秀一　大阪・小学校

簡単に作れて楽しい！

　「クルクルレインボー」は，柔らかいアルミ線とプラスチック製のチェーンリングを使っただけの簡単なおもちゃです。「らせん状にねじられたアルミ線をたくさんのカラフルなプラスチックのリングがくるくる回転しながら落ちてくる」というものなのですが，でも，これがなかなか楽しくてかわいくて，ついつい何度も繰り返して（はまって）しまう，とてもすてきなおもちゃなのです。〔口絵参照〕

　このおもちゃは，以前，高槻市教育研究会生活部の例会で，大冠小学校の名和秀幸先生が紹介なさったものです。私はその例会に参加していた同僚の山根奉子先生から教えてもらいました。

　早速クラスの子どもたち（2年生）と作ってみたところ，子どもたちも大喜び。何度も何度もひっくりかえして遊んでいました。

　名和先生は徳島県鳴門市のドイツ館というところにこのおもちゃが展示されているのを見つけたそうです。もともとのものは，らせん状の金属の線に着色した木製のリングを通す，というもので，これは子どもが作るのはなかなか大変です（特に木製のリングを作る

のが)。なんとか子どもたちにも簡単に作れる方法はないか、木製のリングにかわるものはないか、と考えて、チェーンリングを思いつかれたそうです。確かに、チェーンリングなら安くてたくさん手にはいるし、きれいな色でおもしろい形のものが色々あるので、子どもたちのもの作りに使うにはピッタリのアイデアだと思います。

らせん状に巻いた金属の線は、もとのものはどんな金属を使っているか確かめられなかったので、はじめは普通の鉄製の針金を使ってみたそうです。ところが、細い針金だとリングが落ちてくる時にぶれてしまってうまくいかないし、ぶれないようにと太い針金を使うとらせん状にねじるのが大変です。それで、「柔らかくて巻きやすく、かつ適度な太さがあってぶれないもの」ということでアルミ線を思いつかれ、やってみたところうまくいったそうです。

ちなみに、「クルクルレインボー」という名前も、名和先生がつけられた名前で、もともとの名前は分からないそうです。

子どもたちが簡単に作れて、楽しく遊べるおもちゃのレパートリーがまた増えました。名和先生ありがとうございます。

クルクルレインボーの作り方
【材料】（1人分）
アルミ線14番（直径2.5㎜）：

長さ70㎝〜80㎝ぐらい。長さは好みなので、もう少し短くても構わない。直径は2㎜でもいいが、2.5㎜ぐらいのほうがしっかりしている。

少し値段が高くなるが、カラーのアルミ線だとなおきれい。ダイソーなどの100円ショップでは2.5㎜で3mぐらいのものが5色ぐらい売っているのでお手軽。

大量に作るならホームセンターで長く巻いてあるやつを買う方が安上がりかもしれない。

チェーンリング（プラチェーン）：

20〜30個。1番なめらかに落ちてくるのは普通の○型のものだが、☆や♡型のものを加えてもかわいい。△や□や◇型のものは、前後のチェーンリングと重なったりして、滑りが少し悪くなるが、

気にならなければいろんな形があっておもしろいともいえる。

　チェーンリングはインターネットの下記アドレスなどから買うことができる。

⇒ http://www.woodwarlock.jp/

【道具】

ラジオペンチ：

　アルミ線を適当な長さに切るときに使う。アルミ線の両端を丸くしてねじるのにも便利。

アルミ線をらせん状に巻く棒：

　直径が 1.5 〜 2.5cm ぐらいの適当な太さの棒。長さは 10cm ぐらいあれば足りるが，もう少し長い方が作業はしやすいかもしれない。

【作り方】

①アルミ線を 70 〜 80cm ぐらいの適当な長さ（お好み）に切る。
②適当な太さの棒に巻き付け，ばねのような状態にする。（間を空けずに詰めて巻く）

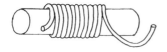

③棒から抜き出して両端を引き延ばし，適当な長さのらせん状にする。（①の長さなら 40cm ぐらいがちょうどいい）

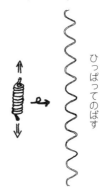

ひっぱってのばす

④アルミ線の片方の端をまるめて下図のようにねじり，チェーンリングが抜けないようにする。反対側の端から好みのチェーンリングを入れ，そちらの端もチェーンリングが抜けないように丸めて，ねじっておけば出来上がり。

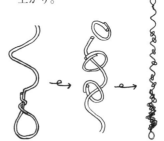

(初出 No.416, 14・1)
くるくるくらげ

川上真代(まさよ) 熊本・小学校

2012年,仮説実験授業研究会・夏の大会(宮城)の前日に,南三陸町の仮設商店街(さんさん商店街)へ行きました。そこで不思議な「かざぐるま」を見かけました。風に吹かれて回る姿は,どこかくらげに似ているような……。さっそく仮設商店街で簡単に作り方を教えてもらいました。詳しく教えてもらう時間がなかったので,帰宅後,自分で試行錯誤して作ってみました。それがここで紹介する「くるくるくらげ」です。

小2(13人)のクラスでも作りましたが,説明用のモデルで丁寧に説明すれば,ほとんどの子が作れました(ただし,穴は教師が開けました)。でき上がりは多少雑でも,ちゃんと回ってくれます。「きれい!」「癒される~」と,大人にも好評です。みなさんも楽しんでくださるとうれしいです。

〔1個分の材料と道具〕
・折り紙……1枚。紙質は柔らかいものより,張りのある固めのものが良い。
・直径1~2cmくらいの丸形シール……2枚。
・たこ糸……40cmくらい。
・はさみ,のり,千枚通し,消しゴム。

〔準備〕
たくさん作るときは,折り紙にあらかじめ印を印刷しておくと便利です。50ぺに型紙を掲載したので,参考にしてください。

〔作り方〕
①折り紙を短冊形に4等分する。
②切り分けた4枚を,それぞれ,下のように端を交互に1~2cmほど残して切る。中心に印をつ

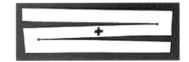

③4等分にした
パーツの，まず
1枚目。折り紙
の表（色やもよ
うのある方）を
上にし，左右の
「うで」を持ち
上げ，山の形を
作る。頂上部分
は左右1cmく
らいをのりし
ろにし，まっすぐに貼り重ねる。
④次に2枚目。まずは底が十字状
になるように，1枚目の平らに
なっている部分の中心（「＋」
印のあるところ）に2枚目の中
心を重ねて，のりで貼る。

次に2枚目の
左右の「うで」
を持ち上げ，1
枚目の頂上（貼
り合わせた部
分）に，順に十
字状に貼り重ねる。常に左右の
「うで」はまっすぐに貼り重ねる。
⑤3枚目と4枚目も，④の手順を
繰り返す。1，2枚目の十字状
の上へ，×状に
貼り重ねて，4
枚で ✳ 状にす
る。
⑥頂上にタコ糸を
通す穴を空け
る。とても固い
ので，頂上の真
下に消しゴムを
あてがい，上か
ら千枚通しで消
しゴムを刺すよ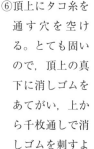

千枚通し

消しゴム

うにして穴を空けるとよい。押
しピンで小さな穴を空け，鉛筆
で穴を大きくしてもよい。
⑦穴にタコ糸
を通し，抜
けないよう
に丸型シー
ル2枚を貼り合わせて糸止めに
する。糸の先を結んで止めても
よい。これで完成！〔口絵参照〕

＊口絵写真のくらげの「うで」についた
折り目は本来不要なものです。レシピ
通り作ると，もう少し細長くなります。

〔遊び方〕
　糸の端を持って，腕を大きく
振ったり走ったりすると，くるく

るとよく回ります。クラゲを逆さまにして落としたり、糸をねじったりしてもきれいに回ります。風の通る場所に飾れば、お部屋のインテリアにも。数個連結しても楽しいです。

持ち帰るときにはビニール袋に入れて、空気を入れて膨らませて、口を輪ゴムで止めると型崩れしにくいです（袋の底に折り紙大の厚紙を入れると更によい。ジッパーつきの袋でもよい）。また、厚紙の筒や大きめのプラコップに入れる方法もあります。細くしぼんでしまったら、底の中央部を下からつまんでひっぱると広がります。

● 「ねじれ」の話

「くるくるくらげ」が、風を受けてよく回るのはなぜでしょう。それは、一本一本の「うで」が少しねじれているからです。かざぐるまや風車もそうです。また、扇風機や換気扇は、そのねじれを利用して、風を起こします。さらに、竹とんぼやヘリコプターなどは、起こした風の力で空を飛ぶことさえできます。昆虫や鳥の羽、植物の種など、自然界にも絶妙なねじれ（カーブ）がたくさんあります。

また、くるくるくらげをつるす糸も、ねじれ（より）のあるタコ糸などの方が、ねじれの無いテグスなどよりもよく回るようです。

私は子どもの頃、叱られてもなかなか謝らなかったり、先生や大人を批判したりして「ひねくれもん」と言われていました。なのに、教師になった今では、教室にそんな子どもがいると、昔の自分は棚に上げて困ったり腹を立てたりしてしまいます。でも実は、そんなひねくれもんの「ねじれ」のおかげで、世の中は楽しく回っているのかもしれないな〜と、そんなことを思います。

このものづくりを教えてもらった後、南三陸町の商店街の方に「熊本から来ました」と伝えると、「雨は大丈夫でしたか？」と、九州北部豪雨（2012年7月）のことを心配してくださいました。「くるくるくらげ」を手にするたびに思い出すやさしさです。

＊40人分の材料セット（税別500円）を仮説社で販売。送料等は320ペ。

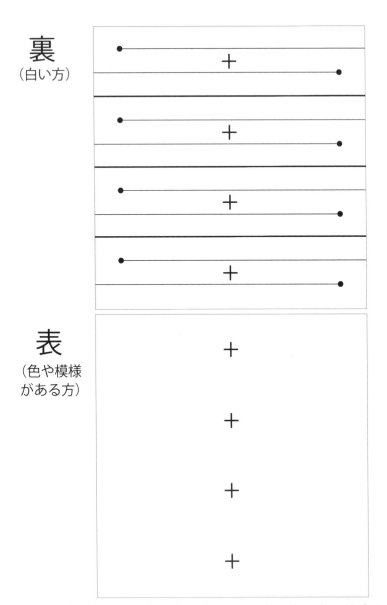

＊1辺が15cmの折り紙の場合，200％拡大してお使いください（折り紙とぴったり重なるようにして，まず裏を印刷してから，できるだけ「＋」印をあわせて表を印刷）。

〔初出 No.394,12・6〕

ふわふわつばめ
●癒し系おもちゃ

藤本清美 兵庫・小学校

ふわふわ～

高く持ち上げて手をはなすだけで、ゆっくりゆっくりふわ～っと飛んでいく——そのゆっくりさに、なんだか癒されるおもちゃ、それが〈ふわふわつばめ〉です。

作り方は簡単。薄く切った発泡スチロールをつばめのかたちに切り抜き、あとはおもりになるシールを貼り付けるだけ。

ふわふわ～、ふわふわ～と飛んでいく癒し系おもちゃ、ぜひ作ってみてください。

◆用意するもの

・発泡スチロールブロック（縦9cm×横17cmの広さが取れるもの）
・スチロールカッター
＊厚さ0.8mmの発泡スチロールペーパー（別名「スチレンペーパー」）を使えば、スチロールブロックを切る手間が省けます。スチロールペーパーは「フジカット有限会社」（☎ 072-859-4255／Fax072-859-4656／https://fujicut.co.jp）で販売。A4サイズ100枚で税送料込み2800円）
・直径14～20mm程度の丸型シール（1～3枚）
・はさみ　・油性ペン

◆作り方

① 発泡スチロールブロックをスチロールカッターで1mm以下の厚さにスライスする（スチロールカッターの仕組みは53ペ）。
② 切り出した発泡スチロール板に〈つばめの型〉（53ペ）をのせ、ペンでふちどりする。
③ スチロール板に写したつばめの型をはさみで切り抜く。
④ 先端部分におもりのためのシールを貼る。シールは先端部分から少しはみ出すように貼っておく（重くなりすぎたときにこ

の部分を切って調整するため）。

先端部分から少しはみ出すように貼って折り返す

⑤ 試しに飛ばしてみる。
⑥ うまく飛ばないときは微調整。

ふわ〜っと飛ばすには，頭部と全体の重さのバランスの微妙な調整が必要です。高く持ち上げて手をはなすだけでも飛びますが，少し前に押し出すようにすると，より安定します。

◆微調整の仕方
・ストンと落ちてしまうとき
→重すぎます。

シールのはみ出た部分を少しずつ切り落とします。

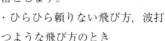

・ひらひら頼りない飛び方，波打つような飛び方のとき
→軽すぎます。

頭部の重さと全体のバランスがちょうどいい具合になるよう

に，シールもしくはセロテープを貼り足していきます。

スチロールカッター作りに挑戦！

発泡スチロールブロックを薄く切るにはスチロールカッターが必要です。その作り方も紹介します。

◆用意するもの
・A4大，厚さ1cm位の木版（表面がつるつるで平らなもの）
・錐　・電源装置（9V程度）
・ボルト×2本　・スチール線
・蝶ナット×2個
・プラグ付きワニ口クリップリード線×2本
・ワッシャー（厚さ0.8〜1.0mm）×4枚

◆作り方（次ペの図参照）
① 木の板の両端に錐で穴をあける（スチロールブロックが通るだけの適当な間隔をあけておく）。
② 下からボルトを通し，上からワッシャー2枚，ナットを通す。
③ ワッシャーの間にスチール線を挟み，蝶ナットで固定し，ピンと張るよう調整すれば完成！

◆スチロールカッター（全体図）

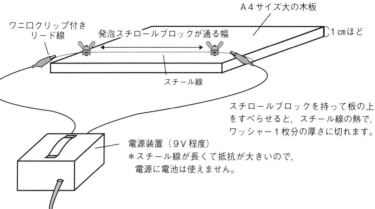

◆立面図

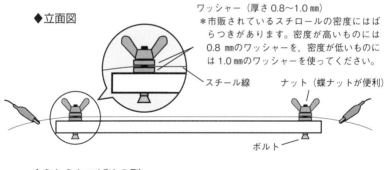

◆ふわふわつばめの型
200％に拡大して
ご使用ください。

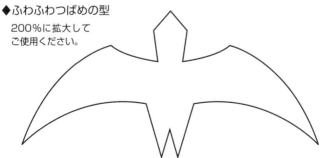

（初出 No.431, 15・2）

〈PETトンボ〉をつくろう

難波二郎　岡山・高校

ペットボトルを材料にして、竹とんぼならぬ〈PETとんぼ〉を作ってみませんか。竹とんぼのように、小刀で竹をけずる作業もなく、小さな子どもでも簡単にかつ短時間で作ることができます。廃物利用にもなりますね。

2001年8月に行われた「横山薫さんと物つくり（の授業）を思いっきり楽しむ会」および、10月から行われていた「物つくりを楽しみ、物つくりの授業を考える連続講座」（武田芳紀さん（わかば科学館）主催）で、横山さんに「フィルムケースで作るミニとんぼ」を教えていただきました。それをボクがPETボトルで作れるように改良したのが、この〈PETとんぼ〉です。

横山さんの講座では、フィルムケースの筒の曲面をとんぼの羽の「そり」に使う方法や、軸に直角に羽をとりつけるための「T定規」など、〈おもちゃを精密につくるための智恵〉の数々に驚かされました。それとともに、学校の授業の中で実際に作るには、もう少し簡単に作れるようにしたいと考えていました。また、フィルムケースは筒の上下で厚みが違っていてバランスがとりにくかったので、「厚みが均一な筒状のもの」を探して、PETボトルを思いついたのでした。

とんぼの軸に「つまようじ」を使うなら、500ml炭酸用PETボトルで〈ミニPETとんぼ〉になります〔口絵参照〕。「竹串（15cm

程度)」なら，1.5ℓ炭酸ペットボトルを使って，ふつうの大きさの〈PETとんぼ〉ができます。

〔つくりかた〕

① 炭酸用PETボトルの胴のまっすぐな部分をはさみで切り取ります。

② 羽の部分の設計図（後掲）を，①のPETボトルの胴の部分に油性ペンで写し取ります。このとき，羽の縦軸を，PETボトルの縦軸と20度ほど「時計回り」にずらすのがポイントです（左利きの人は「反時計回り」です。これは，仮説の冬の大会で，大阪の宮本さんが指摘してくださいました）。こうすることで，PETボトルの曲面をとんぼの羽の「そり」に利用できるのです。

③ 羽の外周をはさみでていねいに切り取ります。その中心に，きりで，小さい穴をあけます。

その穴に，軸（つまようじ，竹串）を通します。軸の頭が，羽から少し出るくらいにします。

④ フィルムケースなどの上に，〈PETとんぼ〉を横にして置いて，羽のバランスを見ます。羽が水平になっていない時には，下になっている方の羽の先をはさみで少し切り取って，羽が水平になるようにします。

⑤ 〈ミニPETとんぼ〉の場合，つまようじを段ボール片の隙間に差し込み，羽がつまようじの軸に対して「T字」形に付くように，羽の左右の傾きのバランスをとります。

瞬間接着剤でつまようじを羽に固定します。かわくまでちょっと待ちましょう。

〔飛ばしかた〕

① つまようじの〈ミニPETとんぼ〉の飛ばし方

つまようじを親指と人差し指ではさみ，指を鳴らすような感じで，

とんぼの軸を指の間でひねります。少し上に押し出すようにしてやると，上によく上がります。自分や周りの人の目に当たらないように，十分注意してください。

② 竹串の〈PETとんぼ〉の飛ばし方

竹串の軸を両方の手のひらを合わせてはさみ，手のひらをこするようにして，とんぼの軸を回転させます。手のひらをこする距離を長くするのが，回転を上げるコツです。

はねの回転が竹串の重量に負けている（元気に上昇しない）ようなら，羽の両端にセロテープでクリップを1個ずつ貼り付けてみましょう。（右図）

〔参考文献〕
・横山薫「フィルムケースで作る トンボと発射器」2001.10，講座資料
・酒井高男『おもちゃの科学』講談社ブルーバックス，1977
・「ペットンボ」(http://www.d4.dion.ne.jp/~yasuki_s/pet5.htm)
　＊ただし，このページは2018年現在見ることができません。

〔設計図〕　竹串・1.5 L PET用

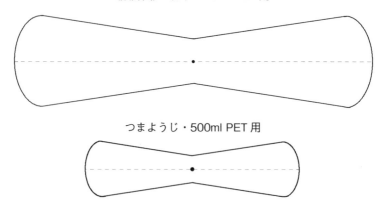

つまようじ・500ml PET用

(初出 No.458, 17・1)
簡単に作れる！ 遊んでたのしい！
わりバサミシューティング

佐竹重泰　東京・小学校

●これはきっと面白いぞ！

　押入れの中を整理していたら，竹井史郎『すぐできるやさしい遊びの本〈第8巻〉やさしい工作遊び』（小峰書店，現在絶版）という本が出てきました。初任の頃に購入した本です。

　28年ぶりにパラパラとめくっていくと，当時の僕が気になっていたページにいくつか付箋がしてあります。その付箋がしてあるページの中でも，今の僕が特に目を惹かれたのが，「バスケット」というものづくりでした。これは，「わりばし」と「洗濯バサミ」，それに「王冠」（ふた）を組み合わせて，投石機のようなものを作るのです。

　それを今回，小3の子どもたちに，「子どもまつり（クラスごとにお店を出す学校行事）の出し物の一例」として，王冠の部分をペットボトルのキャップに改良し，名前も「わりバサミシューティング」（命名：佐竹）として紹介してみました。すると子どもたちはとっても喜んでくれたのです。評価をとってみたら，「⑤とてもたのしかった」が100％！　抜群にいい評価！　僕の予想は大当たりでした。

　作り方はとても簡単です。改良したものを紹介します。

〔材料〕（1人分）
・割りばし…2膳
・洗濯バサミ…1つ
・アルミホイル…少々（丸めて

玉にします）
・ペットボトルのキャップ…1つ
・輪ゴム…2つ
・セロハンテープ…少々

〔作り方〕
①洗濯バサミの金具の丸い部分を，割りばしのわれ目に差し込みます。
②セロハンテープで割りばしと洗濯バサミのつまむ部分を止めます。
③輪ゴムで，洗濯バサミと割りばしの先端を固定します。

——ここが，このものづくりで一番難しいところです。僕は，子どもたちの前で説明をした後に，上の写真のように作った実物を見せながら，子どもたちの席をまわりました。そして，上手にできる子どもたちに，できない子どもたちのお手伝いをさせたり，僕が何人かやってあげたりしました。
④ペットボトルのキャップをセロハンテープでとめます。キャップの中には玉を入れるので，テープでふさいでしまわないように。

　僕はまず下から上にテープでとめました。あとはさらにまいて補強しました。とにかく，「とれないように」すれば，どういうとめかたでもかまいません。両面テープを使えばなお簡単です。

⑤アルミホイルを丸めて好きな大きさの玉を作ります。これで完成です。

〔たまのとばしかた〕

ペットボトルのキャップの部分に玉を入れ、指で割りばしを押さえて、玉をとばします。

念のため、「人を狙わない」という約束はしておきました。

遊び方は「プラコップを立てて、その中にアルミホイルを丸めて作った玉を遠くから入れる」という、本に書いてあったやり方を紹介したのですが、その後、子どもたちは自分たちでいろいろな遊び方を考えてやり始めました。

ある子は画用紙に的を書いて、それに玉を当てて点数競争をして楽しんでいました。また別の子はコップを積み重ねて、それを倒して遊んでいました。どちらが遠くまで飛ばせるかを競争したり、うんと離れたところからコップに入れたり……子どもたちって、本当によく考えるものです。すごいな。

その後、同じ著者の『新やさしいこうさく』（小峰書店）というシリーズを発見しました。どうやら『やさしい工作遊び』の新版のようです。これの『わりばしでつくろう！』の巻には「玉とばし」という名前で似た工作が載っています（割りばしだけで作れます）。このシリーズは、小学校ならほとんどの図書館に入っていると思います。

◆動きが楽しいものづくり◆
追試・補足情報
〜 作ってみた感想，子どもたちの反応など 〜

（初出 No.421，14・5）
紙吹きゴマ

神奈川　由良文隆

　紙吹きゴマを作ってみました。〈切って折ればいいんだ〉と作り方の説明を読みもしないで，色画用紙にコピーして作ってみました。ところが回らない。

　説明を読んで納得。作り方にちゃんと従わないと回らないのです。

・中心をボールペンなどで出っ張らせる（回転の中心になり，摩擦を減らす）。

・90度以上深く折る（コマが浮き上がって摩擦を減らす）。

　〈このコマはなかなか奥が深いぞ〉と思いました。

（初出 No.409，13・7）
ダンシングアニマル

大阪　富田秀紀

　勤務している市の教科部会（理科部会）でダンシングアニマルを紹介して作ってもらいました。

　用意したのは『たの授』の記事と材料。そして，自分で作った実物。私はほとんど解説せずに，記事を見ながら作っていただきました。参加者の方が考えられたアレンジとしては，「丸型磁石を土台の壁面につけても動く」とか，「モールの腕を少し長くして〈ファイティングアニマル〉」とか……。

　動きが悪いときの作り方の見落としとしては，「ステージの色画用紙を固定するのを忘れていた」

という方が2〜3名でした。

ファンシーなシールを用意していたのですが，デコるのも楽しい要素の一つのようです。

20名弱の参加者の中で女性はお一人。野郎たちがかわいいシールを貼りながら微笑んでいる光景はなかなかいい感じでした……。

終わった後に，「いいお土産ができたわ」「職員室の机に置いとこ！」「誰かに見せたくなる！」という声が聞こえてきました。

私も職場に帰って，周りの先生に見せたら，「めっちゃ可愛い癒し系ですね！」とうらやましがられました。オススメです！

（初出 No.477, 18・5）

不思議物体

神奈川 横山裕子

今年は持ち上がりで小学校2年生の担任です。給食が始まって初めての5時間授業。飛び出し少年少女を抱えるクラスの一つの関門です。ここは「たのしいことで乗り切ろう！」ということで，図工で〈不思議物体〉を！

最初に「不思議物体」と板書。読める子に読んでもらったのち，「お弁当のしきりに使うアルミカップです」と言って，アルミカップの裏表を見せて机に置きます。

「何も起こりません。なんの不思議もありませんね。でもこれに命を入れると……ほら！」

手の中に隠しておいたビー玉をアルミカップでくるんで机に置くと，ふらふらすーっと動き出す！

お子さんたちの目は釘付け！

「わかった，タイヤが入ってるんだ！」

「入れたのはこれ，ビー玉です。軽くくるむと中でビー玉だけ回るんです。ビー玉は真ん丸なので，回っているのがわかりません。そこでアルミをかぶせると，不思議な感じで机を滑るわけです」

まずは材料配り。アルミカップを配り、すぐに内側にネームペンで名前を書かせます。

次に目玉用のシール。ネームペンで目を書いてもらいます。

「みなさん、1年生で〈ぞうのエルマー〉を描いたときに、いろんな目の描き方を試したでしょう？ 新しく生まれるあなたのペットの表情が決まります。どんな顔にしたいか考えて目を書き入れてね」

そして最後にビー玉。

「これはあなたのペットの命ですから、丸くて書きにくいけど頑張って名前を書きましょう。命が迷子にならないようにね」

名前を書いたビー玉にアルミをかぶせ、目玉シールを貼ったら完成！ 机の上に乗せるだけでも面白いですが、空き教室をお借りして、広い床で不思議物体滑走を楽しんでいただきました。名前を書かせていること、ビー玉を「命」と言って渡していることで、皆さん扱いが丁寧です。

ちょっと速く転がそうとするとアルミを置き去りにしてビー玉だけが転がっていってしまうんだけど、子どもたちは「○○くんの命、裸で走ってる！」とキャハキャハ笑っていました。

最後にいろいろ工夫の発表会。

「アルミカップの中心じゃなくて端の方にかぶせるとお化けになります」

「後ろをつまんで細くすると、金魚みたいになります」

「アルミが切れちゃったんですけど、折り紙でもできました」

「穴の開いたブックエンドを置くと、くぐれるかのゲームができます」

動くものは楽しいです。頭を突き合わせて友達とのやり取りがあります。みんな笑顔なのがとってもいいです。

初5時間目、クリア！

2 手軽で美味しい食べ物作り

(初出 No.389, 12・2)
きな粉あめを作ろう
●食べてよし,作ってよし,おまけに簡単！

榎本昭次・千壽子 神奈川・小学校

三拍子揃ったおやつ

ずっと以前から〈きな粉あめ〉を作ってきました。簡単で,おいしくて,素朴で,「あめを作る」作業がおもしろくて,大好きでした。「食べてよし！ 作ってよし！ おまけに簡単！」と,三拍子そろった食べ物作りです。子どもたちからもいつも評判で人気が高く,どのクラスを担当しても必ず一度はやってきました。それに科学クラブなどでも2〜3年に一度は作ってきました。

おいしいし,簡単だし,喜ばれるし,おススメの「食べ物作り」です。ちょっとしたコツも必要ですが,材料も道具もすぐに揃えられるので,ぜひお試しください。

●材料（1回分＝あめ15コほど）
・きな粉……100g
・水あめ……大さじ1

＊水あめは,水分の多すぎない「カンピー水あめ」がおすすめです。水分が多い水あめは,こねて固めるのが難しくなります。

●用意する道具
・お盆（アルミ or ステンレス）
・大さじ
・新聞紙（きな粉が飛び散るのでお盆の下に敷く）
・調理用手袋（素手でこねる場合は手をよく洗うこと）

◆作り方

いくつかのコツと注意があるので,これまでに子どもたちに紹介して,成功してきたやり方を説明します。

①お盆にきな粉（100g）を広げる。火山のカルデラのように外輪山(がいりんざん)を盛り上げて,水あめを入れる場所を作る（水あめが直接お盆に広がると,お盆にくっついてし

まって，いくらこねても固まりにはなりません）。

②カルデラの中心に，大さじ1杯の水あめを入れる。

③最初は，水あめに直接手が触れないよう，表面にきな粉をまぶすつもりで，やさしくこねる。

上手に練るコツ

水あめがお盆や手に直接ついてしまうと，ベタベタになるだけで，固まってくれません。水あめがきな粉以外のものに付かないよう，きな粉をたっぷりまぶして，〈きな粉で包みながら練る〉ように，気をつけます。

▼きな粉をたっぷりとまぶす

▼徐々にきな粉を混ぜ込む感じで

▼水あめが手につかなくなるまでこねる（3〜5分くらい）

④固まりになってきたら，手の中で握ってヘビのかたちにしていく。水あめが手につくようなら，さらにきな粉をまぶす（こねす

ぎると，割れてしまうのでホドホドに)。

▼握って，握って…

▼ヘビ状にする

⑤細長いヘビができたら，きな粉をまぶして，適当な大きさにちぎって完成！（保存するときは，残りのきな粉とあめを一緒にして袋に入れる）

定番だと思っていたけど

もうずいぶん前（15年以上前）から，わたしたち夫婦はきな粉あめを作ってきました。だから，きな粉あめは〈食べ物作りの定番〉だと思っていました。

ところが，その作り方については，これまで誰かにどこかで教わった記憶がなく，また紙の資料が手元にあるわけでもありません。「あのな検索」（岡山・難波二郎さん運営のHP，『たの授』掲載記事の概要等が検索できる。http://anona.skr.jp/tanoju/）で探してみても，きな粉あめのレシピは見つかりませんでした。

そこで今回，（この頃，記憶がいい加減になってきてるような気もするので……）資料を文章化しておこうと，レシピを紹介させてもらうことにしました。

＊検索ワード「きな粉あめ」だとレシピは見つかりませんが，「びっくりおやつ」（『たの授』No.293）で，阿部徳昭さんがきな粉あめの作り方を紹介してくださっています。気になる方はこちらの記事もご覧ください。

(初出 No.426, 14・10)
豆乳から作る簡単豆腐作り

吉竹輝記 京都・中学校

● 《だいずと豆の木》の後に

　授業書《だいずと豆の木》をやるようになって，大豆にとても興味を持つようになった。そして大豆から作る豆腐作りにも何度か挑戦してみた。売られているような豆腐にはなかなかならないものの，何となく「豆腐のようなもの」ができて，感激したのだった。しかしながら，大豆から作るのはかなり面倒で，いつでも手軽にやるというわけにはいかないのが難点だった。

　この豆腐作りがもうちょっと手軽にできないかと思っていたとき，「豆乳からつくれば簡単」ということを何かで読んで，やってみることにした。しかし，どうにも思うように固まってくれない。いろいろ温度やにがりの量などを変えてみるのだが，いまいち「納得！」というものにはほど遠かった。そうしているうち，近所の久美浜高校が，出前授業で地域の小中学校に出向いて「豆腐作りの授業」をしてくれるという話を聞き，さっそく申し込んだ。

　久美浜高校では化学の授業の中で豆腐作りをしているという。来てくださった鳴海先生と増田先生に教わりながら，大豆からの豆腐作りに挑戦した。分量などを書いたレシピもいただくことができた。できあがった豆腐はいい感じだった。鳴海先生らによると，やはり「その時々によって微妙に出

来具合が違う」とのこと。豆腐作りはなかなか繊細なのだ。

僕がこの出前授業で一番勉強になったのは、「にがり」。にがりとは、塩化マグネシウムを主成分とする食品添加物のことで、豆腐作りにはかかせない。鳴海先生らが使っていたのは、「濃度100％」のにがりだった。なめてみると、苦いというよりも痛い感じだった。僕が使っていたものはこんなに痛くない。つまり薄かったのだ。増田先生は「にがり100％のものは最近なかなか店に置いていなくて探すのに苦労する」とおっしゃっていた。また、豆乳からの豆腐作りについて相談すると「簡単でいいですよ。分量は多い方が成功しやすいようです」とのことだった。

鳴海先生らによるレシピを元に、買ってきた豆乳とにがりで再挑戦してみた。作り方を紹介する。

〔豆乳から豆腐作り・直火方式〕
◆準備するもの
・豆乳……「成分無調整」のもの。
・にがり……濃度100％のもの（「本にがり」とか「原液」などと書いてあることが多い）。
・容器……穴のたくさんあいているもの。ざるに木綿布を敷いたものでもいい。

◆作り方
1．豆乳を鍋に入れて加熱する。90℃まであたためたら、弱火にして、よく混ぜながら10分間加熱する（このときに泡立てないように木べらなどで混ぜる）。
2．火を止めて豆乳が70℃まで冷めたら、にがりを入れる。にがりの目安は、豆乳100mlに対して、にがり1ml。
3．にがりを入れたら、全体をかるく混ぜる。混ぜすぎると固まらなくなるので注意。
4．約5分放置した後、固まってきた豆腐をおたまですくって、別の容器に入れる（僕は市販の豆腐が入っていたプラ容器の底に小穴をたくさんあけたものを使っている）。こうやってできるのが「絹ごし豆腐」。
5．豆腐の上部に布を敷き、上に

おもりを載せて水分を絞り出す。こうやってできるのが「木綿豆腐」。ある程度豆腐が固まってきたら水の中につけると、にがりの苦みが抜ける。〔口絵参照〕

このレシピでやってみると、今までやってきた中で一番満足いくものができた。味もなかなか良い。でもまだぽろぽろと崩れる感があり、形もイマイチだった。

● 秘伝の豆腐作り

豆乳から豆腐作りが成功したものの、もっと簡単にしかもうまくできる方法はないかと考えていた。ある日、大阪で法事があり、そのあとで親族でたまたま「梅の花」という豆腐レストランに行った。そこではテーブルの上に金属製の30cm四方くらいの容器が置いてあり、中には豆乳が入っていた。電熱器で豆乳をあたためると目の前でプルンプルンの豆腐ができていった。

豆腐作りに興味がある僕は、「これって最初からにがりが入れてあるのですか？」と店の人に聞いてみると「そうです」との返事。にがりは豆乳を加熱した後で入れるものだと思っていた僕には、目から鱗が落ちる思いがした。また加熱時間や温度について尋ねると、「この容器は特注で、湯煎するように工夫されています」とのこと。にがりはどういうものを使っているか、また少しでいいので分けて欲しいとお願いすると、店長に確認したうえで「秘伝ですので」と断られてしまった。ま、それはそうだろう。

これまで僕が作ってきた豆腐は、何度やってもプリン状にならず、「豆腐と言えば言えるかな？」くらいのそぼろ状のポロポロ状態で、味は良いものの形や食感としてはイマイチだったのだ。でもこの店で見たような方法で自分でもできるなら、これはすごい。僕は俄然、やる気が湧いてきた。家に帰ってから、「鍋」とそれにちょうど入るような「ステンレスボウル」を100均で調達し、試してみることにした。

豆乳とにがり（濃度100％）の

割合は，いままで通り「100：1」にした。豆乳400mlだと4mlだ。これをステンレスボウルに入れて混ぜ合わし，水を入れた鍋に浮かべふたをし，待つこと約10分。ぐつぐつと湯が沸騰してきた。ふたを取ると，豆乳はプリン状になっている。「やった！」と思わず叫んだ。

スプーンで少しすくって食べてみると，まだゆるい（柔らかい）がなかなかいける。温度もぬるい。弱火にして加熱を続けること10分。さっきよりも少し固まっていい具合だ。火を止め，ボウルごと鍋から取り出し，夕食のテーブルへ。そのままスプーンで小皿に取り，家族で食べた。市販の豆腐よりも味はかなり濃く，家族にもなかなか好評だった。しょうゆなどをつけない方がおいしいくらい。少し残った豆腐を冷蔵庫で冷やし，翌朝食べてみたところとてもうまかった。冷や奴もイケル！

後日，大阪での仮説実験授業の入門講座で《だいずと豆の木》の講座を担当したときに，この豆腐作りを披露。実際にやってみた。湯が沸騰したときに食べるとゆるかったが，弱火での加熱を続けると少し固くなりよくなった。やはり沸騰後弱火で加熱を続けることがコツのようだ。講座に参加した人たちには，軒並み大好評。「こんなに簡単にできるなんてビックリ！」「うまい！　今日帰ってやってみよう！」「作り方の資料ないの？　ぜひ書いてよ！」等々の声をいただき，うれしくなった。

一番のオススメは《だいずと豆の木》の授業をしたあとに豆腐づくりをすることだが，小3の国語で「豆腐づくり」が載っているそうなのでそこでするのもよし，家庭科でするのもよし，あるいは総合的な授業でするのもよし，家庭でのおかずづくりとしてするのもよし，いろんな場面でやられるといいなと思う。みなさんもぜひお試しあれ。

〔豆乳から豆腐作り・湯せん方式〕
◆準備するもの
・豆乳……成分無調整のもの。僕

が使ったのはスジャータ製「豆腐もできます有機豆乳」900ml入り約200円。
- にがり……濃度100％のもの。僕が使ったのは赤穂あらなみ塩株式会社製「原液タイプあらなみの本にがり」100ml約300円。
- 鍋・鍋ぶた
- 金属ボウル……鍋に入る大きさ。豆乳＋にがりを入れる。
- 計量カップ……数百ml用と数ml用の2種類。

◆作り方

① 金属ボウルに冷えた豆乳とにがりを100：1の割合で入れ，混ぜる（例．豆乳400ml：にがり4ml。にがりは少し多めでも可）。
② 鍋に水を半分くらい入れ，その中に金属ボウルを入れる（下）。

ふたをして，中火で加熱する。

金属ボウルが鍋底まで沈むようなら直火になるのを避けるため，割り箸などをボウルの下に敷き，鍋から少し浮かせると良い。

③ 約10分くらいで湯が沸騰してくるので，弱火にしてさらに約10分加熱するとできあがり。豆乳がプリン状になっている。こうやってできたのが「絹ごし豆腐（寄せ豆腐）」。
④ 「木綿豆腐」にしたい場合は次のようにする。③でできた豆腐をおたまですくって，別の容器（底に小穴をたくさんあけたもの。僕は市販の豆腐が入っていたプラ容器を使っている）に入れ，上におもりを載せて水分を絞り出せば完成。
⑤ 食べるときは，スプーンで小皿に取りわける。調味料は何もつけなくてもおいしい（豆腐の味が濃い）。好みによって調味料

や薬味をつけるとよいが，しょうゆなど濃い味のものはせっかくの豆腐の味が負けるのでオススメしない。僕はわさびを少し載せて食べるのが好み。

　　　　　＊

今回作った豆腐は，市販の豆腐に比べると「絹ごし豆腐」「木綿豆腐」ともにかなり柔らかい。どうしても型崩れが起こる。どうやったら型崩れのしないしっかりした豆腐を作れるか悩んでいたが，それはあっさりと解決した。

個人経営の豆腐屋を訪れた際に，「自分で作る豆腐がどうもプリンくらいの固さにしかならないのだがどうしてだろうか？」と，聞いてみた。すると，「市販の豆腐には硫酸カルシウムと言って，いわば〈食用の石膏（せっこう）〉が使われているので固くなるが，豆乳とにがりだけで作る豆腐はそんなもの」とのことだった。ということで，柔らかくても大丈夫と知って安心したのだった。

●**こんな情報も……**

サークルや研究会などで，「豆乳から豆腐を作る方法」の資料を発表したところ，大阪の西岡明信さんから，「金属ボールで大量に作るのではなく，アルミカップに小分けすると，〈マイ豆腐〉ができて子どもたちも食べやすいのではないか」との意見をいただき，実際にやってみた（湯煎方式）。

一つの鍋に入るアルミカップの数が限られているという短所はあるが，小分けしている分，豆乳に熱が通りやすいため固まるまでの時間が短いという長所があることが分かった。「マイ豆腐」ができるこの方法もなかなか優れていると思った。

また西岡さんからは，「アルミカップをホットプレートで湯煎すればどうか？」との意見もいただいた。僕は未実施だが，ホットプレートが用意できれば一度にたくさん作れるのでなかなかいい方法だと思う。ただ授業で子どもたちがグループごとに，自分の目の前でマイ豆腐を作る鍋方式も捨てが

たいと思っている。

さらに，僕の《だいずと豆の木》の講座を受けた人からの情報により，豆乳とにがりがセットになって売られている商品があることがわかった（紀文「豆腐のできる豆乳」など）。実際にそれでやってみると，とてもうまくいった。にがりの濃度や分量を気にしなくていいので，とても楽だった。僕の住んでいる田舎のスーパーには置いてないのだが，都会のスーパーには結構あるようだ。これが手に入れば，もっとお手軽に豆腐作りができるだろう。

なお，その「にがり付き豆乳」に付属していたレシピによると，湯煎ではなく「電子レンジでチンする」と書いてあったので，家庭でするにはその方が簡単かもしれない。

（初出 No.432，15・3）
ボーイスカウトで
簡単豆腐作り

東京　関口芳弘

「豆乳から作る簡単豆腐作り」，我が子の属するボーイスカウト活動でもやろうと思って，さらに簡便化してみました。

豆腐を鍋で加熱します。沸騰してきたらすぐ火を止めます。そこににがりを適当量ふりかけ，軽く混ぜ合わせます。あとは食べられる程度まで冷めるのを待つだけ。

みんなでスプーンですくって食べます。5人分の量の目安は，豆乳500cc，にがり5ccくらい。テキトーでも美味しく出来ますよ〜。お試しください。

(初出 No.413, 13・11)

とってもお手軽！
ポリ袋とホットプレートで作る お豆腐だんご

日吉資子 佐賀・小学校

●お手軽簡単おやつ

「材料少なくヘルシーで簡単に作れるおやつはないか」といろんな本を読んで探していたところ，『子どもに食べさせたいおやつ』（おかあさんの輪 著，暮らしの手帖社）という本で，「豆腐だんご」のことを知りました。米粉と豆腐だけで作る簡単なおだんごです。そういえば，『たの授』でも以前，湯目妙子さんが紹介されていたのに気がつきました（『ものづくりハンドブック6』所収）。

大抵の「豆腐だんご」のレシピでは鍋を使ってだんごを茹でるのですが，ちょっと面倒です。ホットプレートを使えば，教室でもできそう……。わくわくしながら何度も試作して，さらに簡単につくることができました！ 大人も子どもも「おいし〜い！」と，大好評。ぜひ，一度おためしあれ！

●お豆腐だんごの材料と作り方

☆材料（1口大30〜40個分）
・米粉や白玉粉など……100ｇ
・絹ごし豆腐……100ｇ
・ゆであずき，きなこ，みたらしのたれなどお好みで……適量
・透明ポリ袋（中サイズ，0.02mm×25cm×35cm程）……1枚
・アルミカップ8〜9号……人数分

ゆであずきは1パック（約200g）で10人分くらい。きな粉は1袋（200g）で20人分くらい。味のついていないきな粉なら，きな粉の半量の砂糖と塩少々入れてよく混ぜてください。

だんごの粉100gと豆腐100gを量るときは，まず粉をポリ袋に入れて100g量り，それから豆腐を同じ袋に入れて200gになるようにします。そうするとそのまま混ぜられるので楽ちんです。教室で作るときには，3〜4人ずつ1

組で材料を半量にして小さいポリ袋（18cm × 25cm）にしたほうが作業がしやすいです。

☆だんごの作り方

①ポリ袋に粉と豆腐を入れ，袋が破れない程度にもむ。目安は耳たぶくらいのやわらかさ。やわらかすぎたら，粉を足す。

②ポリ袋の角を切り，たねをしぼりだす。しぼり口から約2cm程度出し，お箸などで挟んで切り離す。そのままでもいいけど，手で丸めるとれっきとしたおだんごに。2～3個ずつアルミカップに入れる。

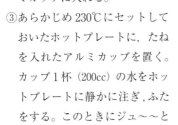

切り口の幅は1～1.5cm

たねを箸などでちょんと切る

③あらかじめ230℃にセットしておいたホットプレートに，たねを入れたアルミカップを置く。カップ1杯（200cc）の水をホットプレートに静かに注ぎ，ふたをする。このときにジュ～～と湯気が出るので注意！

　5分ほどで湯気がほとんどでなくなるので，ふたを開けてアルミカップごとだんごを取り出す。出来立ては熱いので注意！

④豆腐だんごに，みたらしのたれ・砂糖入りきなこ・ゆであずきなどをからめて完成！〔口絵参照〕

●たれも自分で作ってみたい人に

　たれは，きな粉・ゆであずきなら，どこでも手に入りますし，手間いらずです。でも，たれも手作りすると楽しいです。

☆材料（4～6人分）

・しょうゆ……大さじ2
・水……100cc
・砂糖……大さじ5
・片栗粉……小さじ2

☆みたらしたれの作り方

①片栗粉を倍量の水で溶く。

②小鍋に砂糖，しょうゆ，水を入れ，中火で2分沸かす。砂糖を完全にとかす。

③最後に水溶き片栗粉を入れて，ダマにならないようにすばやくかき混ぜる。とろみがついたら完成。おいしい～。

(初出 No.461, 17・4)

かんたん！おいしい！
はるまっきー

日吉資子
佐賀・小学校

〈はるまっきー〉ができるまで

スーパーで買ったりんごが甘くなくてパサパサだったこと，ありません？ 何回かそんなことがあって，あるとき「ジャムにしたら食べられるかな」と〈クックパッド〉のサイトでレシピを見て作ったことがあります。レンジを使うのですが，「短時間で作れて美味しい！」「これは，餃子の皮に包んでアップルパイ仕立てにもできそうだな～」というのが，もともとの発想だったのです。

だがしかし……味は本格的で美味しいのですが，学校だとレンジは使えない場合もあるし，包丁も使うし……と，ちょっと二の足を踏んでしまいました。

そこで，「教室でも簡単にできる」というテーマのもとに，スライスチーズや板チョコ，市販のジャムなど好きなものを餃子の皮で包んで焼くだけ，という手軽なおやつ〈はるまっきー〉を考えました。

＊後で調べてみたら，同じようなアイデアは『たのしい授業』の記事にもありました。村上かおるさんの「アップル餃子パイ」（『ものづくりハンドブック8』に所収）です。また山口恵子さんは「餃子の皮ピザ」の追試記事〈タコス風ピザ〉のなかで，春巻きの皮にカスタードを包む応用編も紹介されています（『ものづくりハンドブック6』）。

用意するもの

- クッキングホイル…作業台に敷いたりトースターのトレイに敷く。アルミホイルでも可。
- 小カップ…水入れに。
- 小スプーン…あんこ・ジャム用に。

- 紙皿　・トースター
- 手袋…できたてをトースターから取り出すとき熱いので。
- スケッパー…スライスチーズやスライス生チョコを包装したまま押し切るのに使う。
- 消毒アルコール，タオル…お手ふき，台拭きにあれば便利。

材料

- 餃子の皮またはシュウマイの皮（1枚で一個分）
- スライスチーズ，あんこ，板チョコ（またはスライス生チョコレート），りんごジャムなど好きなもの。あんこもジャムも1個につき小スプーン1杯が適当です。

作り方

①餃子の皮の中央に好きな中身を置いて，両端を重ねる（重なる部分は指に水をつけてすきまなくくっつける。以下同じ）。

②両端は1〜2回折ってくっつける。

③温めておいたトースターに並べて2〜3分焼く。少し焦げ目がついてパリッとすれば出来上がり。〔口絵参照〕

　みやきサークルで紹介したとき，はじめは「おやつ春巻き」と呼んでいたのですが，吉田道洋さん（久留米・小学校）から「〈はるまっきー〉がいいんじゃない？」とナイスアイデアをいただきました。「あっ，それカワイイ！」と即変更。こうしてパイ風スナック「はるまっきー」の誕生となったのでした。

　ここで紹介した作り方以外

に，油やバターをひいて焼いたり，揚げ焼きにしたりしても美味しいので，好みやシチュエーションに合わせて作っていただけたらと思います。おやつやおつまみのない時にもササッとできておススメです。餃子の皮orシュウマイの皮を常備していないとできませんが（笑）。

（初出 No.461, 17・4）
小学2年生と
はるまっきー

日吉 仁
佐賀・小学校

1月はバタバタして，何も食べ物を作ることができなかったので，2月の最初からさっそく新しい食べ物づくりにチャレンジしてみました。その名も「はるまっきー」。資子さんから教えてもらったレシピの中でも，一番簡単なんじゃないかと思えるものでした。

今回は，5時間目の1時間しか時間が取れなかったのですが，1時間で一人3個ずつ作って食べることができました。

簡単なので子どもたちも口々に「レシピちょうだい！」と言っていました。家でもすぐにできるので，ぜひやってみてください。今回はチョコレートでやりましたが，大人はチーズ味がおすすめかもしれません。チョコレートの方は，ぼくが使ったのはキューブ型のお徳用のやつですが，平べったいやつの方が作りやすいので，板チョコとか「ルックチョコレート」みたいなやつがいいと思います。

授業の評価は全員「5．とてもたのしかった」でした。「おいしい，おいしい」と好評だったので，まあ当然の結果かな？（ちょっと自慢）

感想の一部を紹介します。

ゆいなさん⑤ きょう,はるまっきーを作りました。とってもとってもおいしかったです。家でも作りたいです。

こうせいくん⑤ チーズがとろとろして,おいしかったよ。チョコレートもあまくておいしかったよ。

かほさん⑤ たのしかったよ。そしてチョコがおいしかったよ。またしたいです。

はづきさん⑤ トースターにはるまっきーを入れたら,もっちりしてて,食べたらもっちりなってたよ。

あいなさん⑤ はるまっきーをしました。作り方もかんたんで,家で作るのもかんたんと思います。チョコやチーズはトローリとして,ちょっとあつかったけどおいしかったです。家でも作りたいです。

ふうがくん⑤ おもしろかったよ。おいしかったよ。チョコレートおいしかったよ。チーズもおいしかったよ。

あんなさん⑤ とってもとってもたのしかった。5時間目にしたときは,チョコとチーズを中に入れました。家で作るときは,チョコを使おうと思いました。

かれんさん⑤ はるまっきーの中に,さいしょはチョコレートを入れて,つぎにしたチーズがおいしくて,3回目もチーズを食べました。

じゅんぺい君⑤ おいしかった。やくところがおもしろかった。チョコがとくにすきでした。

職員室の大人にはチーズが大変好評だったのですが,やっぱり子どもたちはチョコレートの方が好きな人が多いみたいです。また,家でさっそく作ってくれた子もいたようです。すばらしい行動力。

チョコレートとチーズ以外にもいろいろ入れてみて,何がおいしかったか教えてくださいね。中に入れるもののおすすめ情報をお待ちしていま〜す。

（初出 No.395, 12・7）

ラムネ菓子作り

由良文隆　神奈川・中学校

ラムネ菓子を作ろう！

　中学3年生の最後の理科の授業で「ラムネ菓子」作りをしました。「ラムネ菓子」と言っても，クエン酸と重曹と砂糖をまぜただけのものです。簡単にできて生徒さんは大喜びでした。

　もとはといえば，「ラムネ菓子」という資料を目にしたのがきっかけでした。じつはこの資料を手に入れたのはだいぶ前のことで，どなたが書かれたかもわかりません。東京理科大学でのサークルか催しでいただいたような気もするのですが，はっきりしません。どなたかご存知の方がいたら教えてください。

　資料を手に入れたときは，「作りたいけど材料のクエン酸が高いなあ」と思っていました。しかし最近では，クエン酸が掃除に使われるようになり，ドラッグストアで安く手に入るようになりました。そこで，ラムネ菓子作りをしてみることにしたのです。

用意したもの

・食品添加物のクエン酸（ドラックストアで300g 398円）
・食品添加物の重曹（スーパーで350g 298円）
・砂糖（スーパーで1000g 198円）
＊上記の材料で数十〜数百人分つくれます。
・ポリ袋(200mm×270mm，スーパーで50枚 78円)
・スプーンストロー（先がスプーン状になっているストロー。ダイソーで80本 105円）
・紙コップ
・ティースプーン
・電子天秤
〔価格は2012年当時のものです〕

　クエン酸と重曹は，食品添加物と明記されているものを用意しま

した。お掃除用として安く売られているものには「これは食品ではありません」「食用にしないでください」などと書かれていたので避けました。

「先生、お掃除に使うものを食べてもいいの」と生徒さんから聞かれました。生徒さんたちにとっては「クエン酸や重曹はお掃除用」というイメージが先になっているようでした。そこで「食品添加物」と袋に書かれているのを見せ、「〈もともと食べ物として使うものだから安全にお掃除ができる〉と、最近広まってるんだよ」と説明しました。

さらに、クエン酸のクエンは漢字で枸櫞と書き、果物のレモンの仲間を指す言葉であること、枸櫞＝レモンに含まれる酸なのでその名がついたが、「〈レモン酸〉と呼べばわかりやすかったね」と話しました。

また、重曹＝炭酸水素ナトリウムは、2年生のとき熱分解させて二酸化炭素を発生させる実験で使ったこと、「ふくらし粉」として使われることも説明しました。

作り方

　班（5～6人）ごとにやってもらいました。

1. 各班と教卓に電子天秤を用意する。
2. 各自にスプーンストローとポリ袋を配る。
3. クエン酸を希望者にほんの少し（数粒）なめてもらい、すごく酸っぱいことを確認してもらう。その後、クエン酸を紙コップに6g入れて各班に渡す。各自、ポリ袋にクエン酸をスプーンストローで0.9g量りとる。
4. クエン酸の入っていた紙コップと交換に、重曹を3g入れた紙コップを各班に渡す。各自、ポリ袋に重曹を0.5g、スプーンストローで加える。
5. 重曹の入っていた紙コップと交換に、砂糖を50g入れた紙コップとティースプーンを渡す。各自、ポリ袋に砂糖8gをティースプーンで加える。

　袋の中でよく揉んで混ぜれば出来上がり。スプーンストローで食べる。〔口絵参照〕

電子天秤で量るときは，ポリ袋をのせて0点調節をしてから量ると，加える量がすぐにわかることを説明しました。生徒さんはすぐに理解して使っていました。また，量りとる量は大体でよいことにしました。

最初のクラスで，鈴木君が「先生，死ぬかと思った」とやってきました。「作ったのを全部いっぺんに口の中に入れたら，のどが詰まってむせた」というのです。一度に大量の二酸化炭素が発生してのどを詰まらせたのでしょう。

そこで「いっぺんにたくさん口に入れると二酸化炭素がたくさん発生してのどが苦しくなることがある」と注意しました。それでも面白がってたくさん口にいれる人もいましたが。

生徒さんは酸っぱいのが好きです。「もっと酸っぱくしたい」という人が何人もいました。クエン酸を少量ポリ袋に入れてやると喜んでいました。甘いのが好きという人には，ポリ袋に砂糖を加えてやりました。

今回は，粉末を混ぜただけで固めることはしませんでした（水を何滴か垂らして混ぜれば固まります）。「袋を握っていたら固まったよ」という人もいましたが，粉のまま食べた人がほとんどでした。食べきれない人は，お持ち帰りにしました。教室で食べたり，ほかのクラスの人にあげた人もいたようです。ほかの先生に聞かれたら「クエン酸と重曹で中和の実験をした」と言うことにしておきました。でも，ほかの教員から苦情がくることもなく，生徒さんはうまくやってくれたようです。生徒さんも私も，たのしく終えることができました。

なお，クエン酸と重曹は「丹羽九」という会社のものを使いました（http://www.niwakyu.com/）。各1袋で5クラスやって余りました。砂糖は2袋で足りました。

埼玉の仮説実験授業研究会員，権田信朗さんのホームページには，このラムネ菓子の固め方まで載っています。

⇒「ごんごんの科学の部屋」
http://www5e.biglobe.ne.jp/~gongons/tabemono/ramune.pdf

(初出 No.388, 12・1)

牛乳かん
●残った牛乳を使って，簡単なデザートを！

高橋香織 北海道・中学校

　うちの学校では，特別支援の生徒たちと副担任の先生方が毎日一緒に給食を食べています（全員で16人くらい）。そして給食の牛乳が余るので，「牛乳かん」をよく作っています。

　いつも作っているのは缶詰のミカンを入れたものです。給食に缶詰の洋ナシや黄桃がついてきて，それが余った場合（予備分や出張の先生が多かったりしたときにたくさん残る）は，それを入れて作ったこともあります。

　先週，給食についてきたイチゴジャムを見ながら，ある先生が「ジャムを牛乳かんにかけて食べたらいいんじゃない？」とおっしゃっていました。それを参考に，「ジャムをそのままかけたのでは固い」と思ったので水を加えてゆるくして牛乳かんにかけたところ，おいしく出来ました。

　先日，またイチゴジャムが余っていたので，「牛乳かんの中に直接入れてしまうのはどうだろうか？」と考え，早速作ってみたら，またまた生徒に大好評でした。

　いつもはプリンカップに1個だけしか食べられないので，「自分の分をどんぶりに作って，いっぱい食べる」のが私のクラスの生徒の夢（笑）だそうです。

●**道具** こなべ／はかり／木べら／ゴムべら／おたま／型またはプリンカップなど

●**材料**（プリンカップ16個分）
　牛乳：800ml（＝給食牛乳4人分）／砂糖：60g／粉寒天：4g／みかん缶：大1つ（パイン缶などでもよい），またはイチゴジャム，ブルーベリージャムなど

●作り方
① なべに粉寒天と砂糖を入れて,木べらでよく混ぜる。
② ①のなべに牛乳400mlを加えよくかき混ぜ,火(中火)にかける。焦がさないようゴムべらでよく混ぜる。
③ 沸騰(牛乳が盛り上がってくる状態)したらすぐ弱火にし,15秒間くらいそのまま沸騰している状態を保ってから火を止める。
④ 残りの牛乳400mlを加えて,まんべんなくかき混ぜる。
＊中にジャムを入れる場合はここで入れ,あわたて器を使ってよく混ぜる。
⑤ プリン型に④でできたものを入れていく。手早く入れないと,どんどん固まっていくので注意。おたまで入れるとカップに均等に入れやすい。
＊缶詰のみかんやパインを入れる場合は,寒天液を作る前にカップに入れておくとよい。
⑥ カップのぬくもりが取れるまでは室温に置いておき,取れたら冷蔵庫で冷やす。
⑦ 冷蔵庫で小1時間も冷やせば,完成!

この作り方だと「あまり牛乳くさくなくて食べやすい」とのご意見をいただいています。

生徒の感想を紹介します。
☆みかん入りをどんぶりに作って食べたい。
☆みかん入りより,ジャム入りがすごくおいしい。
☆ジャムがかかっているのも,甘くておいしい。
☆ジャム入りは甘くて,イチゴの種がプチプチするのと,食べた後に少しイチゴのにおいがするのがおいしい。
☆ジャム入りのは,色がうっすらピンクでかわいくておいしい。
☆洋ナシの缶詰が入っているのも,おいしい。

牛乳かん,夏に作るのもいいけど,今の季節(=冬)なら1時間もあれば固まるので作りやすいです。つまり,「いつでもいい」ということですね。

(初出 No.451, 16・7)
カルピスゼリー 1/2（ハーフ）

●「クックゼラチン」を2等分して，おいしく！お安く！

伊藤正道　愛知・小学校

♡人気のものづくり

以前，『たのしい授業』に載った比嘉仁子さんの「あっというまのカルピスゼリー」（『ものづくりハンドブック9』）の口絵写真を見て，久しぶりにクラスで作ってみることにしました。

カルピスゼリーは，簡単にできて，おいしくて，楽しい，3拍子そろった人気のものづくりです。学級対抗の水泳大会で優勝して，「お祝い会をやろうよ！」と子どもたちにせがまれていたので，ちょうどいいタイミングでした。

子どもたちがうきうきと楽しそうにしている姿を見ていると，かわいいなあと思います。まとわりついてきて，「おいしいよ！」「先生，ありがとう！」なんて言ってくれる子もいます。買い物に行って準備した甲斐があったなあとうれしくなります。「そっかー，また楽しいことをたくさんやろうな〜」とつい顔がほころびます。こんなときの自分が好きです。

今回もいい雰囲気で楽しく作ることができました。だけど，中には量が多くて食べきれない子がいたり，ゼリーが固まりすぎて少し食べにくそうにしている子がいたりして，それが少し気になりました。

そういえば以前，井上 勝さん（愛知・小学校）から「クックゼラチン」を2人で分けて作る方法を聞いたことがあります。そこで，すぐに井上さんに電話をしました。さっそく教えてもらった作り方で作ってみると，量も味もバッチリ！ サークルや科学教室でも作ってみたら，とても好評でした。

少々値がはる「クックゼラチン」を2人で分けるので経済的だし，できあがりが少々やわらかめなのが，逆にいい食感になります。ぜひ一度試してみてください。簡単にできますよ。2学期のスタートにどうですか。

♡材料と作り方
〔用意するもの〕
・コップ（人数分）
・スプーン（人数分）
・計量カップ
・計量スプーン
・ポット

〔材料〕（2人分）
・森永のクックゼラチン…1袋（5g）
・水…大さじ1
・お湯…70cc
・カルピス…大さじ4杯（1人2杯）
・氷…5〜6個（1人2〜3個）

〔作り方〕（2人1組で作ります）
① 1つのコップに「クックゼラチン」1袋を全部入れ，水大さじ1杯を加えてよくかき混ぜる。

② ①にお湯70mlを入れてよくかき混ぜ，ゼラチンを完全に溶かす。お湯は熱湯でない方が安全。多少ぬるくてもOK。

③溶かしたゼラチンをもう1つのコップに半分入れて、2等分する。

④それぞれのコップにカルピスを大さじ2杯ずつ入れて、よくかき混ぜる。

⑤氷を入れてかき混ぜる。とろっとしてきたら、10秒ほど何もしないでおいておく。

⑥ゼリーが固まってぷるぷるになったら、できあがり！ 溶け残った氷を出して、「いただきます！」（すぐに食べてしまうなら氷を入れたままでもいいみたい）。

*

カルピスの代わりに、コカコーラ社の「おうちでつくるQoo（クー）」を使うと、さっぱり味のグレープゼリーやオレンジゼリーができます。わが子（高校生）には「Qoo」の方が支持されました。この方法なら、おかわりにもう1つ別の味を作ることも気楽にできますよ。

(初出 No.451, 16・7)

1/2で
久しぶりの
カルピスゼリー
（ハーフ）

蛇谷久美　北海道・小学校

● ● ● ● ● ● ● ● ● ● ● ●

　1学期のお楽しみ会で，クラス（小4）の子どもたちと「カルピスゼリー」を楽しみました。愛知の伊藤正道さんが試してみて好評だったという「クックゼラチン」を2人で分ける「カルピスゼリー1/2（ハーフ）」の作り方が，「カンタンで上手くいってしかも経済的」と聞いて，10年ぶりくらいにやってみようと思い立ったのです。

　準備のときに一番心配したのが，〈「クックゼラチン」（森永）が近所でも売っているのか〉ということでした。でも，いまはだいたいどのスーパーにも置いてあるようで，すぐに見つけることができました。ついでに，「マルハ　ゼライス」も1袋5gだったので買って作ってみたら，同じようにできました。「メーカーが違ってもゼラチンなんだから当たり前か〜」と思ったけれど，やはり実際に作ってみるまで「本当に同じ？」という気持ちがありました。

　あと，以前は紙コップでつくっていたのですが，「お湯は多少ぬるくても大丈夫」ということだったので，今回は，透明で涼しげに見えるプラコップでつくってみました。耐熱温度70℃のもので大丈夫でした。

　氷はスーパーで売っているロック氷を使いました。ロック氷だと1個（小さいものは2個）で十分でした。冷蔵庫の氷よりも溶けづらいし，パッと買って準備できるので，私にはこちらの方がよかったです。

　また，今回行ったスーパーには，グレープ味とパイン味のカ

ルピスも売っていたので，パイン味のものも買ってみました。両方つくる時間がなかったので，子どもたちにはどちらか選んでつくってもらいましたが，どちらの味も好評でした。

◆評価と感想

　子どもたちの評価と感想を紹介します。

```
        4．たのしかった…2人
┌─────────────────────────┐
│  5．とてもたのしかった    │
│             …26人        │
└─────────────────────────┘
```
3．ふつう，2．ちょっとつまらなかった，
1．つまらなかったは0人

```
┌─────────────────────────┐
│  ア．とてもおいしかった    │
│             …28人        │
└─────────────────────────┘
```
イ．おいしかった，ウ．ふつう，
エ．ちょっとおいしくなかった，
オ．おいしくなかったは0人

☆これを教えてくれた人すごいです。かんたんカルピスゼリーは家でも作りたいです。

　　　　　（柚香さん　5・ア）

☆作るのもすごくかんたんだったし，とってもおいしくてすごいビックリ！しました。ありがとうございます。

　　　　　（美咲さん　5・ア）

☆カンタンですごくおいしくて，すごく楽しかったです。家でつくって，パパとママにも食べてほしいです。

　　　　　（桃花さん　5・ア）

☆氷でかたまるなんてすごくびっくりしました。とてもおいしかったです。

　　　　　（隼人くん　5・ア）

☆ゼリーになるかしんぱいだったけど，たべるとすごくおいしかった。たのしかったです。

　　　　　（壮史くん　5・ア）

久しぶりにやってみて，私もプルプルゆれるゼリーに感激し，美味しく食べました。冷たくて夏にぴったりだし，簡単です。子どもたちがよろこんでくれる姿を見て，またやってみようと思いました。

(初出 No.478, 18・6)

いろんなジュースで あっという間のゼリー

比嘉仁子　沖縄・支援学校

☆**カルピスゼリーの革命！**

島百合子さんの『おやつだホイ！』（仮説社）を読んで，ゼラチンと氷を使った「あっという間のコーヒーゼリー」を知りました。その後，カルピスバージョンも登場し，10年以上，長いこと教室で子どもたちと楽しんできました。

さらに，2016年には伊藤正道さんが「カルピスゼリー1/2」(ハーフ)を紹介してくださいました（本書85ペ）。それを読んだ時の私は，まるでコロンブスの卵状態でした。

「そうか，ゼラチンは溶かして半分にしたら，より経済的で子どもたちも食べきってくれる！」――これはまさに革命的な出来事でした。

☆**ない，ない，な～い！**

伊藤正道さんの「カルピスゼリー1/2」の記事の最後にこんな紹介がありました。

> カルピスの代わりに，コカ・コーラ社の「おうちでつくるQoo（クー）」を使うと，さっぱり味のグレープゼリーやオレンジゼリーができます。

実は，クラスにカルピスが苦手なお子さんがいたので，「別の味ができるなんてすばらしい！　試してみたい」と思

い，すぐさま「おうちでつくるQoo」を探しに店に走りました。しかし，ここは沖縄。だからなのか？ ない，ない，ない！

手に入らないことには仕方ありません。少し考えて「普通の100％濃縮還元ジュースで作ったらいいんじゃない？」と思った私は，それを使って伊藤さんの分量でゼリーを作ってみました。しかし！ 味が薄～い！

いくら作るのが楽しくても，やっぱりおいしくなくては。「おうちでつくるQoo」がないとだめなのかな，せめて原液ジュースじゃないとダメなんだな……。そう思っているうちに，半年が過ぎました。

Qooはあきらめてカルピスでゼリーをつくろうかとも思いましたが，今年もカルピスが苦手なお子さんがクラスにいるのです……。そこで，もう一度「おうちでつくるQoo」を探しました。今度はインターネットでも探しましたが，どこも品切れで手に入りません。ゼリーづくりはやめようか。でもやっぱりつくりたい……。

手元にあるものだけでなんとかつくれないか，知恵を絞りました。味が薄いというのはつまり，甘さが足りなくなるのです。それはつくる過程でそのまま飲めるジュースをお湯や水で薄めてしまうから。ということは，甘さを足せばいいのかな。70歳を過ぎた母と私で，さまざまなことを試した結果，なんと，味のあるいろんなジュースゼリーができるようになりました。そのレシピを紹介します。

☆あっという間のゼリー
～すぐにどこでも手に入るジュース編～

〔材料〕（2コップ分）

・ゼラチン…1袋（5g）。クックゼラチン，マルハゼライスいずれも可。

- スティック砂糖（3g入）…
  3本～4本
- お水…大さじ1
- お湯（80℃）…大さじ3
- お好みの市販のジュース
- 氷…6個～10個（大きさによりますが，多めに用意）

〔つくり方〕

① ゼラチン1袋と砂糖3本～4本をコップに入れ，粉のままスプーンで混ぜる。砂糖は，炭酸ジュースならスティック3本，果汁ジュースは4本がおすすめ。

② ①に大さじ1の水を加えて，よく混ぜ，溶かす＆ふやかす。
③ ふやかしたゼラチンに，お湯大さじ3を入れて，ゼラチンと砂糖をさらに透明になるまでしっかり溶かす。
④ ③で溶かしたゼラチンを2つのコップに二等分する。

⑤ ゼラチンを分けたそれぞれのコップに大さじ3ずつジュースを加える（つまり，ゼラチン1袋に対して大さじ6のジュースが必要）。

⑥ ⑤に氷3～5個（普通サイ

ズ。ロック氷なら1～2個）入れて、スプーンで全体が冷えるようにゆっくり30回くらいかき混ぜる。

⑦少しとろみが出たら、かき混ぜるのをやめて、40秒～50秒じっと待つ。これが肝心！

⑧50秒後にはぷるんと固まってできあがり。氷を取り出して、めしあがれ♪

*

この方法だと、普通のジュースや炭酸飲料でもゼリーをつくることができます。炭酸で作ると、ゼリーが口の中でシュワシュワする感じで不思議！ 炭酸ゼリーです。

味が薄いと思ったら砂糖の本数を多くするといいです。大人なら砂糖3本程度でも十分おいしいゼリーができますが、子どもはもう少し甘いほうが好みのようです。砂糖の本数を調整すれば、好みの味に仕上がります。

☆さらにひと工夫！

この原稿の件で、仮説社の向山裕美子さんとメールのやり取りをしている時、「砂糖の調整とともに、レモン汁やクエン酸を加えるといいかも？」というアイディアをいただきました。

そこで、早速試してみました。酸味は好き嫌いがあるので、各自お好みで入れるといいかなと思い、氷を取り出してから、食べる直前にレモン果汁（ポッカレモンなど）をほんの少し入れてみました。

すると、これまた革命！ 酸味がなんともおいしいです。子どもとはまだ試していないので反応がわからないのですが、大人ばかりの我が家では、「これはおいしい！ いける！」と大好評でした。向山さんありがとうございます。

皆さんもぜひお好みのジュースでお試しください。

(初出 No.439, 15・9)

ほんのりシュワっと炭酸ゼリー
●お湯で溶けて常温で固まる！

日吉資子　佐賀・小学校

●涼しいおやつ

　ゼリーといえば，〈ゼラチンを水に溶かしてお鍋で熱した後，冷蔵庫で冷やして作る〉というイメージがありました。ところが，20年ほど前に〈お湯で溶かしたコーヒーゼリー液に氷を入れてかき混ぜながら冷やす〉という作り方を『たのしい授業』で知りました(島百合子「あっという間のコーヒーゼリー」『おやつだホイ！』仮説社に所収)。暑い夏のおやつとしてGood！と，当時，3年生の子どもたちとワイワイいいながら作った記憶があります。最近では，1年生とこんにゃくゼリー，3年生とカルピスゼリーも同じようにして作りました。

　「冷蔵庫で冷やす必要がない」というのは画期的です。45分のものづくりの授業として，教室で作って食べることができるからです。また，溶かしたゼラチンにコーヒーやジュースを加えて氷を入れてかき混ぜると少しずつプルプルした感触に変化する様子を見たり感じたりするのも楽しく，印象に残るものづくりの一つです。

　それでも，ずっとワタシのノーミソの棚に上げていたことがあります。それは，「氷も使わないで作れないかな〜」ということ。

●寒天に目を付ける

　ここ数年，〈教室で作れる簡単おやつ〉のレシピを，サークルや仮説実験授業の夏・冬の大会などで発表しています。新しいおやつ

ネタを見つけるのに、インターネットサイトのクックパッドや図書館などで借りるおやつ作りの本はとても役立っています。

あるとき、図書館で借りた本のなかに、寒天を使ったおやつがありました。その作り方の解説を読むと、「寒天は常温で固まる」らしいのです。「これ、いけるかも～！」と思いました。寒天を使えば、氷を使わないでゼリーみたいなものが作れるのではないかと思ったのです。

そこで、知りたいと思いながら何となくそのままになっていた「寒天とゼラチンの違い」を詳しく調べてみることにしました。

原料や主成分からして違う2つ（寒天は海藻からできており、主成分は食物繊維。ゼラチンは動物の皮や骨からできており、主成分はタンパク質）。私の目を釘付けにしたのは、固まる温度。ゼラチンは10℃以下でないと固まりませんが、寒天は40℃で固化しはじめると書いてあるではないですか！がぜん寒天をテーマにした簡単おやつを作りたくなりました。そのうえ、寒天は海藻から抽出された食品なので体にも優しそうです。

●**プルプル食感を求めて**

さっそく、近所のスーパーに置いてある寒天の材料をいくつか購入して試作を始めました。もちろん、氷を使わずに作ることはできました（やったー！）。しかし、家族やサークルの人たちに食べてもらった反応は、「味はまぁまぁだけど何となく今ひとつ……」。その後も様々なレシピを参考にしながらいくつか作ってみましたが、何か足りない——それは、プルプル感でした。

寒天と比べるとゼラチン系のゼリーは圧倒的にプルプルしています。寒天で作るゼリーは、水ようかんに近い食感です。わたしは、寒天を使ってもプルプル感が欲しいな～と思いました。

そんなとき近所のスーパーで「寒天ゼリーの素」を見つけました（私が買ったのは「A-coopゼリーの素」625g入り、800円程）。

・ポットのお湯（80℃）で溶かすことができる。

・常温で固まる。
・フルーツやジュースなどを加えていろいろと応用できる。

　これらの特徴があります。手軽に作れる上に，プルプル感もあり，いろいろと応用もできそうです。これこそ，わたしの探していた素材でした！　やった～！

　その後，伊那食品工業「かんてんぱぱカップゼリー80℃」という類似商品も見つけました。他にもいろんなメーカーから「寒天ゼリーの素」は出ているようですが，わたしはAコープの「ゼリーの素〈クール〉」が気に入ってます。

　ではお待ちかね。今回はフルーツと炭酸水を加えた〈ほんのりシュワっと炭酸ゼリー〉の作り方を紹介します。炭酸の泡が少し残って見た目にさわやか。でも，冷たくないのでふしぎな感じ。これなら冬でも楽しめそうなゼリーです。

● 作り方（5人分）
〔準備するもの〕
・湯沸しポット
・計量カップ（耐熱温度100℃～）
・はかり
・大きめプラコップ（400～500mℓ）……1つ。マジックペンで100mℓの位置に線を書いておく。
・250mℓ耐熱紙コップ……1つ。
・スプーン……混ぜる用1つ，食べる用5つ。
・小さめプラコップ（100mℓ前後）……6つ。1つは，ゼリーの素を量って入れておく用。

〔材料〕
・寒天ゼリーの素（今回は，Aコープゼリーの素）……50ｇ
・炭酸水……100mℓ（常温。冷えたものだとゼリーがまだらに固まってしまうため）
・フルーツ缶詰（カット済のもの）

〔手順〕
①大きめプラコップに炭酸水100mℓ入れる。小さめプラコップの1つにゼリーの素を50ｇ量っておく。
②熱湯（90℃～）100mℓを耐熱紙コップに量って入れる。そこにゼリーの素を入れ，溶かしきる。
③炭酸水のプラコップに，熱いゼ

リー液を静かに注ぎ入れてゆっくり混ぜる。
④小さめプラコップ５つに③で作ったゼリー液を均等に注ぐ。
⑤カットフルーツをコップ１つにつき３〜５個入れ，10分以上置いて，固まったら完成！

● 「つくってみました！」

サークルで「ほんのりシュワっと炭酸ゼリー」の作り方を紹介したところ，何人もの方が実際に教室でやってみてくれました。実施された方から感想メールや，子どもたちの感想などをいただきましたので，一部紹介します。

大変助かりました。今日は，一番手のかかるＴくんが朝ぐずって遅刻している状態でした。家でも暴れる子だから，お母さんも手を焼いていたようです。
電話で，「今日は炭酸フルーツゼリーを作ると言ってみて」と伝えました。それから程なくして登校。「あ〜，用意していてよかった」と思いました。

学級の子たち（３人）と２つずつ作り，「おいしい」と全員が言っていました。
ありがとうございました！
新たな定番料理になりそうです。　　　　　（今谷清行）

３時間目に「ほんのりシュワっとゼリー」を作りました。時間の制約のある学校の授業にはうってつけのゼリーです。みんなにも好評でした。子どもたちの感想を紹介します。
☆シュワっとゼリーをたべたときは，とてもおいしかったです。また作りたいです。
☆ゼリーをたべたとき，シュワってしたよ。おいしかったよ。たのしかったよ。くだものも入れたらおいしかったよ。またたべたいな。
☆ほんのりシュワッとゼリー，おいしかったよ。家ではコーラを入れて作りたいです。
☆ゼリーが冷蔵室におかなくても固まったよ。
子どもの感想にもありますが，冷蔵庫に入れなくても常温

で固まってしまうところがこのゼリーのいいところです。もちろん,冷やしてもおいしいので,冷蔵庫に30分くらい入れておけば,冷たくていい感じになるんじゃないかなぁ。炭酸水のほんのりシュワッとした感じが,暑い季節にぴったりでした。

(日吉 仁)

●ひとくちメモ

寒天ゼリーは常温で固まりますが,冷蔵庫で冷やしてももちろん美味しいです。2月に作ったときは,10分程度で固まりましたが,4月になって室温が20℃以上になると15分ほどかかりました。室温が高くなるほど固まるのに時間がかかるようです。1つの分量を減らしたら10分で固まりました。本番前には試作をおススメします。

今回使用したAコープの「ゼリーの素」は,〈クール〉という種類で無着色で透明です。味は,フルーツ缶詰のシロップのような感じです。学校給食で出るフルーツポンチにも似ています。他にもいろいろな味がありますが,個人的には,他の材料と合わせやすいので〈クール〉が好きです。一部のスーパーやインターネットなどで購入できます(http://www.jakurashi.com/)。

炭酸水は無糖ですが,レモン・カシス&オレンジ・グレープフルーツ・グレープなどの香料が添加されているものがあります。それも試してみました。味は同じはずなのに,香りがあるだけで味も違って感じるのがおもしろいなと思いました。

一般の粉寒天は無味ですが,このゼリーの素は主原料の寒天以外に糖分と少しの酸味もあって,お湯を加えるだけで美味しいです。が,他の100%ジュースとお湯の組み合わせも美味しかったです。ただし,柑橘類など酸の強いものを加えて加熱すると,固まらなくなります。この場合,寒天液やゼラチン液の粗熱を取ってから加え,手早く混ぜれば大丈夫です。

このほか,好みに応じていろいろと試してみてください。そして,イイものが見つかったら,ぜひお知らせいただきたいと思います。

(初出 No.397, 12・9)

40分で片付けまで終わる調理実習
いももち

加藤千恵子 静岡・高校

やる前は不評だったけど

　高校2年の選択教科「発達と保育」の授業で，幼児のおやつとして「いももち」を作りました。一部の生徒は中学校の時に調理実習でやったそうで，「今度〈いももち〉を作るよ」と生徒に言った瞬間に「え〜，やだー！」「まずいもん‼」という声が聞こえてきました。まあ，今時の生徒たちが素直に「作ろう！」なんて言うわけがないのですが，よほど嫌な記憶があるのか，「実習の日は休む！」とまで言い出す子がいるほどでした。

　でも，当日になって実際にやってみると，あまりの簡単さに驚く声や，「美味しい！」という声が非常に多く，やはりやって良かったと思いました。木曜日と金曜日に2クラスでそれぞれ実習をしたのですが，土日に自宅で作った生徒もいたようで，廊下で「先生つくったに〜！」と報告してくれました。また，こっそり「先生，実は家でも作ったの」という生徒もいて，再現性があってうれしかったです。

用意するもの

〔基本の材料〕
・中ぐらいのジャガイモ　2個
・片栗粉　大さじ2〜4杯
・水　大さじ2〜3杯
・砂糖　・しょうゆ

〔アレンジ用の材料〕
・ミックスベジタブル
・ベーコン
・チーズ
　その他残り物のおかずでも可。

作り方

1．ジャガイモをきれいに洗って芽や青い所を取ってから，電子レンジでふかす。（700Wで5

分くらい。菜箸などを刺してみて抵抗なく刺されば OK)。
2．熱いのに気をつけて，でも熱いうちに急いでタオルやキッチンペーパーでくるんで皮をむき，熱いうちにつぶそう！

　マッシャーを使うときれいにつぶせるけど，なければご飯用の凸凹のついたシャモジだと素早く出来るよ！
3．大さじ2〜3杯くらいの水を足す。多めにいれても気にしないで！ ゆるかったら後で足す片栗粉の量で調整可能。
4．もちもち食感の元である片栗粉を大さじ2〜4杯入れて練る。アレンジする場合はここでアレンジ用の材料を投入！ 耳たぶよりちょっと柔らかいくらいにまとめよう！ うまくまとまらなかったら水と片栗粉を足してこねてみよう。
5．小さめの〈お弁当用のハンバーグ〉くらいの大きさに成形してテフロン加工のフライパンで両面を焼く。子どもの口の大きさを考えてやるのだ〜。

　味付けしたい場合は砂糖醤油を両面に塗って焼くと香ばしいオセンベ味になるよ。
6．両面に焼き目がついたらできあがり!! 出来たてはアツアツなので，ちょっと冷ましてから子どもに食べさせてあげましょう。

感想
・いももちは初めて作って食べたけど，簡単においしくできたのでよかったです。
・丸めるのがすごく楽しかったです！ もちっとおいしくできた。
・いももちはハンバーグをつくるみたいで楽しかったです。形をつくるのも子どもと一緒に作ったら絶対楽しいと思います。
・アレンジに入れたベーコンとチーズの相性がよくおいしかった。
・いももち，チーズがとろりだし，食感もよくて大成功！ もう一回つくりたい!!
・いももちはいろんな具でできるからいろんなものをいれてみたい！ きんぴらいいかも!!!
・作業が単純で家でも作れるって思いました。これなら小さい子も

安全に楽しく作れると思います。
・いももちがおもったよりももちもちで、手でこねる作業が子どもと楽しくできそうでよかった。(←中学で作ったことのある生徒)

　生徒たちはいつも最初は文句を言いますが、実際に作ると大喜びします。今回も悪い感想があるとは思っていませんでしたが、予想通り良い感想をたくさん書いてもらうことができました。たまに予想が外れて大失敗することもありますが……。

マッシュポテトの素もオススメ

　この「いももち」は子育て中の友人から教えてもらいました。いつも適当に作っているそうなんですが、今回レシピの形にまとめてみることにしました。もしかしたら私が知らないだけで、すでに有名なレシピかもしれません。

　生のジャガイモを使っていますが、さらなる時間短縮のためにはマッシュポテトの素を使うといいかもしれません。「野菜フレークの大望」の「じゃがいもフレーク」を使うと美味しいです (http://www.taimou.net/)。

　また今回はテフロンのフライパンで焼きましたが、電気に余裕があるのでしたら、ホットプレートで調理すれば、一切火を使わずに調理をすることができます。その点でも優秀なレシピではないかと考えています。

　また、材料がジャガイモと片栗粉（じゃがいものデンプン）ですので、小麦粉などのアレルギーがある人でも安心して食べることができます。アレンジにチーズを使わなければ乳アレルギーの人も大丈夫です。

　なお、熱いジャガイモの皮をむく危険を考えると、小学生や特別支援の子どもがするときは十分に冷えたジャガイモでやった方がいいのではないか、と提案されたのですが、私はこのいももちの「おいしさ」に重点を置きたかったので、熱いままで行いました。「おいしさ」については α デンプンと β デンプンがかかわっているので、それはまた後日……。

（初出　No.433, 15・4）

あっという間の わらびもち

●片栗粉を使った体にやさしいおやつ

日吉資子　佐賀・小学校

●片栗粉のおやつ

　何年か前に6年生の理科で「植物の光合成」を教えたときのこと。植物の養分としてデンプンが出てきたので、身近なデンプンである片栗粉を見せて、みんなで食べようと思いつきました。

　片栗粉のおやつで思い出すのは、私が小学生の頃、家にお菓子がないときに母が作ってくれたおやつです。片栗粉と砂糖と少量の水をお椀に入れてお湯でといたものでした。お湯を入れてかき混ぜるうちに、急に液体からドロリとした糊状に変化するのが子ども心に面白かったです。

　これと似ている和菓子が〈くずもち〉や〈わらびもち〉です。どれも、〈くず〉や〈わらび〉のデンプンを熱で変化させ、固まりを冷水で冷やしたもの。本物の葛（くず）やわらび粉は高級品らしくて、スーパーなどで販売されているものの内容成分をみると、馬鈴薯澱粉や甘藷（サツマイモ）澱粉などと表示されています。片栗粉で作ったものと「成分的にはほぼ同じ食べ物」と言ってもいいかもしれません。そこで、クラスの子達と、市販の片栗粉で〈わらびもち〉を作って食べることにしました。

　片栗粉の袋にもちゃんと「馬鈴薯澱粉」＝ジャガイモのデンプンと書いてあることを紹介し、「デンプンは植物の養分にもなるけど、人間の栄養にもなるんだね〜」と話してから作りました。紙コップで作ったので、後片付けも楽ちん。子どもたちも大喜びでした。

　〈わらびもち〉は、スーパーや

コンビニではパンの売り場近くに置いてあることが多いです。子どもたちも知っている和菓子なのではないでしょうか。体にもやさしくて、作り方は思った以上にシンプルです。おうちや教室などで一度チャレンジしてみませんか？

●**教室で作る〈わらびもち〉**

道具
・ポット（お湯を準備）
・計量カップ
・スプーン、器……人数分。

材料（1人分）
・紙コップ…1（ホット＆アイス用250mlのもの）
・片栗粉…大さじ1
・水…小さじ1
・砂糖…小さじ1
・熱湯…約50ml
・きな粉（あれば黒蜜も）……きな粉に甘みを加える時は、きなこ大さじ2＋砂糖大さじ1＋塩少々。

作り方
①片栗粉・砂糖を入れた紙コップに小さじの水を加えます。水は厳密にはかってください。片栗粉が完全に溶けてとろりとなるまで、スプーンで混ぜます。
②熱湯を注ぎ、一気にかき混ぜます。混ぜる感触が少し重くなって半透明な軟らかいもちもち状態になればOKです。
③器に盛り、きな粉や黒蜜をかければホットな「わらびもち」の完成！ スプーンで切り分けながらいただきます。〔口絵参照〕

　完全に冷ましたいときは、ポリ袋にわらびもちを入れ、冷水で冷やすといいです。

●**作る時のコツ**

　必ず、沸騰したお湯を使ってください。ポットの場合は、最初に少しだけお湯を捨ててから熱々のものを使うようにしてください（管に残っているお湯がぬるくなってしまっているため）。また、熱湯の量が多いと〈もち〉ではなく〈くず湯〉になってしまいます。

　片栗粉のデンプンは60〜70℃で急速に固まりはじめますので、一気にかき混ぜるのがポイント。手間取っているとムラになることがあります。温度が低いと白い液

体のままですが，この場合，電子レンジで30秒ほど温めると透明でプルプルになります。

また，ほのかに抹茶味のわらびもちもできます。砂糖代わりに加糖タイプの抹茶（「宇治抹茶グリーンティ」などの商品名）を小さじ1杯入れるだけです。

ガスとお鍋で人数分を一気に作ることも可能です。クラスのお楽しみ会やクラブ活動など，シーンに合わせて実施できます。やってみて感想やご意見など，お知らせください！

参考サイト：cookpad（http://cookpad.com/），「葛湯・蕨もち・葛餅」（ウィキペディア），「基本的な調味料とその性質」大阪教育大学（www.osaka-kyoiku.ac.jp/~ioku/foodsite/tyoumiryou.htmlwww.oskyoi）

・・・・・・・・・・・・・・・・・
（初出　No.433，15・4）
授業開きで
おいしいわらびもち

宮地昌倫　佐賀・小学校
・・・・・・・・・・・・・・・・・

3学期の始業式の日，教室に行くとみんな笑顔で冬休みにあったことを報告してくれます。みんなの笑顔に，3学期も楽しいことをたくさんやっていきたいなと思いました。その手始めに，学活の時間に，〈仮説〉の冬の大会で日吉資子さんに紹介してもらった「わらびもち」を作ることにしていました。

子どもたちに，「正月なので，もちを作ります。わらびもちです」と言うと，とっても喜んでくれました。ただ，きな粉が苦手な子2名，米のもちが苦手な子も1名いました。

作り方はとっても簡単です。子どもたちも「簡単だね」と言ってくれました。「家でも作りたい」という子も多かったです。もちやきな粉が苦手な子も，楽しんで作ってくれました。普段は騒がしい子どもたちですが，穏やかな雰囲気で楽しんでいました。

21人の評価は，⑤とてもたのしかったが14人，④たのしかったが4人，③たのしくもつまらなくもないが3人でした（②①0人）。

子どもたちの感想の一部です。
◇わらびもちはやわらかくて，お

いしかったです。(⑤)
◇もちはきらいだったけど,わらびもちはとてもやわらかくて,おいしくて,あまかったです。(⑤)
◇わらびもちを作りました。かんたんだから家でも作りたいです。とてもおいしかったです。(⑤)
◇作るのがまちがえやすかったけれど,楽しかったです。食べきれなかったけど,家の人につくりたいです。(③)

(初出 No.433, 15・4)

やってみました！

あっという間のわらびもち

伊藤穂澄　愛知・小学校

クラス（6年）で日吉さんの「あっという間のわらびもち」をやってみました。大成功でした。

中には「おいしくない」という人もいましたが,ちゃんと食べていたのでまんざらでもなかったと思います。ただ,熱いうちに食べたので,「わらびもち」のイメージがちがったようです。「さませばよかった」「熱かった」という声がありました。

これは,私は一人ひとりに湯をいれてまわっていて,「出来た子からきな粉をかけて食べて」と言ってしまいました。それが「熱かった」原因だったかもしれません。今度から,「ちゃんと冷えてから食べるといい」と言おうと思いました。でも,喜んでくれた子が多くてよかったです。感想のいくつかを紹介します。

◇今日の4限目にわらびもち作りをしました。作り方はけっこう簡単でした。片栗粉とグラニュー糖と水とお湯を入れるだけで,できるのはすごいと思いました。わらびもちの味はとてもおいしかったです。でも,食べている時に,粉のかたまりができてしまいました。ちゃんとまぜればよかったなぁと思いました。

◇今日は4限目にわらびもちを作りました。けっこう簡単にできて驚きました。次,やるときは,お湯を入れてから冷蔵庫で冷やして,いっぱいきな粉をかけて食べたいです。

(初出 No.445, 16・2)

ユニバーサルデザイン（？）な
チョコフォンデュ

●食物アレルギーのある子もたのしんでほしい

松口一巳　福井・小学校

＊子どもの名前は仮名です。

●食物アレルギーのある子

　以前に比べ，アレルギーのある子がクラスの中にいるというのは普通になってきています。いや，もはやクラスにアレルギーのある子がいない方が珍しいのかもしれません。ボクが教員になった頃は，そばアレルギーがたまに話題になるくらいでした。それがいつの間にかエビやカニ，乳製品アレルギーなど色々耳にするようになり，給食でも除去食の提供が行われるような時代になってきました。

　前の職場では小麦アレルギーの先生がいました。出産後に体質が変わってしまったそうですが，小麦というのはなかなか大変で，お菓子やパン，麺類などあらゆるところに使われています。そのため，会議での茶菓子や懇親会等の食事まで，いろいろと大変そうだったことを覚えています。

　さて，ボクのクラスのマキちゃんは人参と大豆油にアレルギーがあるそうです。給食はほぼ毎日除去食を食べています。

　今度，学級イベントでチョコフォンデュをやることになりました。スーパーでチョコを買おうと思って，ふと原材料を見て

みると……はっきりクッキリ「大豆」と書かれていたのです。えーっ！ 市販のチョコにはほぼ全て大豆が使用されているという衝撃の事実です。

　チョコレートに大豆が使われていることを知ったボクは、マキちゃんのお母さんに手紙で聞いてみました。「チョコレートフォンデュは大丈夫でしょうか？」と。するとお返事には、「普段からチョコレートは食べないようにしているので、チョコレートフォンデュはちょっと無理だろう」とありました。むむむ、これはイカン……。

● **ネットで検索**

　こういう時にネットは役に立ちます。クックパッドなどにはアレルギー食品を除去したレシピをアップしてくれている方が結構いるのですね。乳製品アレルギーの方がチョコの代わりにココアでいろいろ作っているレシピがありました。なるほど、ココアか！ そういえば、子どもの頃に、父がココアを作る様子を見ていて、〈少量のお湯で練って砂糖を入れた状態〉が溶かしたチョコみたいだなぁと思った記憶があります。あれをもう少しゆるくのばせばいけるかもしれません。

　さらに検索すると、まさにココアを使って簡単チョコフォンデュを作るレシピもあります。なるほどなるほど。これは一度やってみる価値があります。

● **ココアでやってみた**

　まずは島百合子さんのレシピ通りに板チョコでチョコフォンデュをしてみました（『おやつだホイ！』仮説社、参照）。うむ、ウマイ。これでチョコを使わずにココアでやるとどうなるか、比較実験というわけです。

　島さんのレシピのチョコ部分をココアに変えてみます。甘み

はスティックシュガーでつけてみました。香りは良い感じです。

クッキーをつけて食べてみると……うーん，どうも水っぽいというかシャバシャバした感じです。味の方は悪くはないのですが，苦みも結構感じられるし，砂糖のジャリジャリ感が強いです。何よりトロリとしたまろやかな感じがありません。

そういえば，クックパッドでもとろみをつけるのに片栗粉や水飴を使っているレシピがあったような……。でもそこまでするのは，結構面倒臭いなぁ。

これまで食べもの作りをやってきた経験でいうと，喜ばれたものは子ども達がお家でもやってくれることが多いです。〈もちしゃぶ〉とか〈餃子の皮ピザ〉〈もちもちウインナー〉など，どれもレシピが簡単で，またやってみたい！と思えるものです（すべて『ものづくりハンドブック』に掲載。巻末の総索引をご覧ください）。ココアでいろいろ工夫してもできるかもしれませんが，板チョコでやるのに比べればハードルはぐっと高くなりそうです。これでは，〈アレルギーの子もそうでない子も一緒に楽しめる食べもの作り〉というのはクリアしても，〈簡単で楽しい食べもの作り〉とは言えません。ううん，なんとかしたいなぁ。

●元祖板チョコ

ここでボクはもう一つの選択肢を選ぶことにしました。レシピをネットで検索している時に見つけた，アレルギーの人向けのチョコレートを使うのです。それは「元祖板チョコ」という

もので，乳製品はもちろん大豆も使われていません（辻安全食品株式会社。税込452円。http://www.allergy-food.jp/）。

なんだ，そんなものがあるなら，はなからそれを使えばいいのに！という声が聞こえてきそうですが，アレルギー対応食品って結構お高いのです。「元祖板チョコ」も，200gで400円以上するのです。この値段にビビって選択肢から外していました。

ですが，よく考えてみると，島さんのチョコフォンデュのレシピ（4〜6人分）で使う板チョコは1枚。普通，板チョコは1枚50gなので，安売りで1枚80〜90円ほどと考えると「元祖板チョコ」もほぼ同じくらいの値段です。これなら使えるし，マキちゃん以外の子が家でやろうと思ったら普通の板チョコで作れるから，〈アレルギーの子もそうでない子も一緒に楽しめる食べもの作り〉も〈簡単で楽しい食べもの作り〉も両方OKです。これぞユニバーサルデザイン。よし！　これでいこう！（念のために「元祖板チョコ」ではどうでしょうかとマキちゃんのお母さんに確認し，許可をもらいました）

●チョコフォンデュ大成功

さて，さっそく，さきイカやポテトチップス，マシュマロ，バナナ，クッキーなど，人参・大豆油を使っていないものを用意して，教室でチョコフォンデュをやりました〔口絵参照〕。子ども達の感想はどうだったでしょうか。

まずはマキさんから。

♥マキさん⑤　先生が材料を言ったとき，これつけておいしいのかなー？と思ったけど，後からチョコをつけて食べると，どれもすごくおいしかったです。他にもどんなものをつけるとおいしいか，実験したいです。

――フツーに楽しんでくれたようですね。ヨカッタヨカッタ。では続けて他の子の感想も一部ご紹介します。

♥ミナさん⑤　今日のチョコフォンデュはみんなと話をしながら楽しくできたので良かったし，とっても楽しかったです。チョコには合わないかもって思っていたものもあったけど，どれもとてもおいしかったです。私は特にマシュマロを焼いてチョコにつけて食べるのが，やわらかくておいしかったです。とかすのは，こげてしまいそうでこわかったけど，うまくとけて良かったです。とっても楽しかったので，またしたいです。

♥ユリカさん⑤　私はチョコフォンデュをやったことがなかったけど，今日初めてしてみると，とてもおいしかったです。特にマシュマロを焼いてチョコをつけると，とってもおいしかったです。とちゅうでハプニングがありましたが，それも学習にもなったので良かったです。そして，今日面白かったのが，イカとポテトチップスはチョコにあうことです。とても面白くておいしかったです。また，この体験をいかして，家でもお母さんとしてみたいです。

♥リカさん⑤　始める準備も楽しかったし，みんなといっしょに食べたのが楽しかったです。私はフルーツだけにあうのかな～と思ったけど，ポテトチップスとかフルーツじゃなかったので，びっくりしました。ポテトチップスだけじゃなく，いろいろな味も楽しめてどれもチョコにあったのでおいしかったです。簡単にできたので家でも

やってみようと思いました。

♥アイナさん⑤　私は、あんなにたくさんの物をチョコにつけるのは初めてでした。意外だなと思ったのは、ポテトチップスです。正反対の味なのであまりあわないと思っていたけど、意外とおいしかったです。チョコをとかす時に、協力ができて良かったです。1つの班がチョコをこぼしてしまったのを見てこぼれやすい事が分かり、2人がお皿を押さえ、後の2人はチョコをとかしていました。すごく楽しかったです。

♥タクミ君⑤　チョコにつける物がたくさんあったので、とてもわくわくしました。さきイカやポテトチップスはどんな味だろうと思ったけど、食べるとどちらもおいしかったです。とてもたのしかったです。またこういうのをしたいです。

ということで、他の子達の感想も軒並み良くて安心しました。チョコフォンデュ自体は喜ばれるだろうと思ってはいましたが、アレルギーフリーの材料でも同じように美味しくできるか心配だったので、ホッと一安心です。

　放課後に職員室でもやりましたが、校長先生を始め、多くの先生方が喜んで食べてくれました。「元祖板チョコ」に関心を示してくれた先生もいたので、今後アレルギーがある子がいた時に思い出して使ってくれるかもしれません。そうだと嬉しいな。

　さて、次回の学級イベントはたこ焼き（笑）。これまた一般的なソースにはほぼ人参が使われています。また、サラダ油にも大豆が使われている可能性が……。でも経験値を上げたワタクシは、準備を着々と進めているのでありました。

(初出 No.457, 16・2)
残ったご飯もおいしく食べよう
ライスケーキ

島　百合子　富山・小学校

● ご飯でつくるケーキ

　今年は5年生を担任しています。サル年にぴったりの元気な子どもたちで，キャッキャと毎日にぎやかです。

　春に社会科と総合的な学習で地域の田んぼをお借りして，60名の子どもたちと「米作り」を体験しました。できたお米を農家の方からたくさんいただいたので，家庭科の調理実習で，鍋を使ってご飯を炊きました。それでも，まだ，たくさん余っていたので，ライスケーキを作って農家の方にプレゼントしたり，家庭へのおみやげにしたりしました。

　ライスケーキは，できたてはフワフワ。冷めるとしっとりモチモチでおいしいです。「ケーキ」とついていますが，一般的な洋菓子の味とは違います。

　作り方は簡単。レシピはネットで検索して出てきたものをいくつか作ってみて，自分好みの材料と分量にしました。

　子どもたちにも好評でした。

● 評価と感想
◆ 楽しさ度（5段階）
　⑤とても楽しかった（27人）

④楽しかった（23人）
③ふつう（9人）
②楽しくなかった（1人）
（①は0人）
◆おいしさ度（5段階）
　Ⓐとてもおいしかった（27人）
　Ⓑおいしかった（21人）
　Ⓒふつう（8人）
　Ⓓおいしくなかった（1人）
　Ⓔまずかった（3人）

感想の一部をご紹介します。
★米がふわふわしておいしかったです。（ライマさん⑤・Ⓐ）
★とてもお米とは思えない。おいしかった。（須藤くん⑤・Ⓐ）
★私は料理が好きなので楽しかったです。くるみが入ってモッチリしていました。
　　　　　　　　（池田さん④・Ⓑ）
★クルミの味がきらいです。
　　　　　　　（ザヒドさん③・Ⓔ）
★お米でケーキが作れるのか不安だったけど、おいしそうなケーキができてびっくりしました。（草嶋くん④・Ⓑ）
★ミキサーがおもしろかった。めっちゃおいしい。
　　　　　　　　（伊東くん④・Ⓐ）

● 「ライスケーキ」の作り方
〔材料〕（5合炊き炊飯器用）
・卵（Lサイズ）……2個
・はちみつ……70g
・牛乳……30g（約大さじ2）
・塩……小さじ2分の1
・すりゴマ（白）……35g
・ご飯……250g（茶碗2杯）
・くるみ……30g
・サラダ油……適量
　好みでシナモンやチーズを入れてもよい。

〔用意するもの〕
・ミキサーまたはフードプロセッサー
・炊飯器
・はかり，小さじ
・ナイロン袋
・キッチンペーパー

・ゴムベラまたはスプーン

〔作り方〕
① 材料を卵から紹介順にミキサーに入れていく（液体が下だと混ざりやすいため）。はちみつと牛乳はナイロン袋で混ぜてから入れるとムダがない。さらに塩→すりゴマ→ご飯まで入れる。

　ご飯は，温かくても冷めていてもどちらでもいいが，温かい方が混ざりやすい。
② 全体がなめらかな感じになるまで，30秒〜1分ほど，ミキサーで混ぜる。全体が混ざったら，くるみを加え，5秒ほどサッと混ぜる。くるみを細かく砕く必要はない。
③ 炊飯器の釜にキッチンペーパーを使って油をぬる。
④ ゴムベラまたはスプーンを使って，②のタネを釜に入れ，「炊飯」のスイッチを押す。

　炊けたら一度中を確認し，まだドロドロしている場合は再度，炊飯のスイッチを押す。
⑤ 釜を逆さにして中身を出す。

出にくいときは，周りをゴムベラまたはスプーンで押すようにするとよい。切り分けたら完成！〔口絵参照〕

　なお，ミキサーの片付けは，水を入れて回すと簡単です。

＊

家庭でも，残ったご飯があれば，ミキサーと炊飯器で手軽に作ることができますよ。

あなたも作ってみませんか。

（初出 No.399，12・11）
アレルギーの子どものためのおやつレシピ

かぼちゃモンブラン

峯岸育美　群馬・幼稚園

●**アレルギーでもおいしいおやつ**

我が家の子どもは小さい頃、「卵アレルギー」がありました。成長とともに治ったので、今はもう問題ないのですが、小さい頃は食べ物に色々と悩みました。

群馬に引っ越す前、東京の東村山市に住んでいて、そこにあった〈子育て支援のコミュニティカフェ〉で、育児のことなどいろいろ情報交換をしていました。ある時、そこで「アレルギーの子どものためのおやつ講座」が開催され、「かぼちゃモンブラン」のレシピを教えてもらいました。

元はパティシエをしていた方が考案されたレシピのようで、「卵や牛乳を一切使わないレシピなのにおいしい」と評判でした。子どもにも好評で、家でも何回か作りました。今回、コミュニティカフェの方に許可をいただいたので、ご紹介します。

●**材料（4個分）**

お弁当のおかずをいれるような耐熱性の紙カップ（100均などで売っています）…4つ

土台：上新粉…80g、三温糖…大さじ1と1/2、ベーキングパウダー…小さじ1/2、塩…少々、水…80cc、サラダ油…大さじ1

かぼちゃクリーム：かぼちゃ…150g、絹ごし豆腐…60g、三温糖…大さじ1と1/2

＊スーパーでよく売られている「かぼちゃ1/4カット（約400g）」は、種と皮をとるとおよそ300gになります。

●作り方

☆土台☆

① 水と油以外の材料をボウルに入れ，泡立て器で混ぜ合わせる。
② ①に油と，水の2/3を注いで混ぜ合わせる。残りの水は少しずつ加え，ホットケーキの生地より少しやわらかい程度にする。
③ 紙カップに生地を4等分にして流し込み，電子レンジに1分半かける。

　竹串をさしてみて生地がついてこなければOK。ついてきたら，10秒ずつ様子を見ながら再度レンジにかける。

☆かぼちゃクリーム☆

④ かぼちゃの種と皮をとり，薄くスライスして耐熱容器に入れ，電子レンジで柔らかくなるまで加熱する（大体2〜3分）。
⑤ かぼちゃが熱いうちにフォーク等でつぶしながら三温糖を加える。
⑥ ⑤のあら熱が取れたら，絹ごし豆腐を加えハンドミキサーに滑らかになるまでかける。長めにミキサーにかけたほうが，泡を含んでふわふわのクリームになります。
⑦ 土台の上にかぼちゃクリームを絞り袋で絞れば出来上がり♪
〔口絵参照〕

＊土台はパン・クラッカーで代用してもいいです。その場合は，お子さんのアレルギーに注意。
＊かぼちゃクリームでハンドミキサーを使いますが，ミキサーがない場合は泡立て器やすりこぎを使ってもできます。口当たりを滑らかにしたいときは，かぼちゃを裏ごししてください。

(初出 No.403, 13・2)
とろけるおいしさ！
じゃがりこグラタン

伊藤善朗 愛知・小学校

驚くほど美味しい！

　同僚の小嶋智香先生が考案したすてきな教室料理をご紹介します。簡単で驚くほど美味しいミニ・ポテトグラタンです。お菓子の「じゃがりこ」を使うところがミソ。あなたも教室やご家庭でぜひどうぞ〔口絵参照〕。

◆材料と道具

・カルビーじゃがりこ（1箱で約4人分。何味でもOK）
・8号のアルミカップ（人数分）
・小さめのビニール袋（人数分）
・ピザ用のとろけるチーズ（四角いタイプなら1枚で3人分。ボロボロ状のものなら適量を）
・牛乳（1クラスで500mlもあれば十分。給食の余りがあればそれを利用するのもよい）
・オーブントースター

◆作り方

① ビニール袋にじゃがりこを10本入れて、げんこつで砕きます。そんなに粉々にしなくても、そこそこで十分。

② それを8号のアルミカップに入れたら、じゃがりこ全体が軽く浸るくらい牛乳を入れます（大さじ2杯ってところ。牛乳が多いと出来上がりが柔ら

かくなるし,逆に少ないと固くなる)。

③ その上に,表面がかくれるくらいの感じで「とろけるチーズ」を乗せる。

④ オーブントースターで6〜8分ほど焼く。上面のチーズがぶくぶくと泡立って,軽く焦げ目がついてきたらOK。

⑤ ちょっと熱いが,アルミカップの両端をつまんで出して,少し冷めるのを待つ。スプーンで食べてもいいが,手でなんとか持てるくらいになったら,アルミをはがしながら熱々を「ハフッ!ハフッ!」といただくのが美味しい(冷ましすぎると固くなります)。

おいしい笑顔がいっぱい

材料がお菓子とはとても思えない,かなり本格的なポテトグラタンが味わえます。考えてみれば,この手のスナック菓子は,どれもじゃがいもを粉にして味を付けて固めて油で揚げたものだから,それが元に戻ると言えばそれまでなのですが,その変化というか,意外性がおもしろいし,なによりも簡単でおいしいのがいいです。

考案者の小嶋智香先生は,『たのしい授業』に掲載されたお料理などに積極的に挑戦してくださる,とっても素敵な先生です。彼女のクラスはいつもやさしくておいしい笑顔でいっぱい。

あなたも「じゃがりこグラタン」で,またひとつ,まわりに笑顔を増やしてみませんか?

(初出 No.413, 13・11)
「だんだんケーキ」のレシピ
●島 百合子著『ゆりこさんの おやつだホイ！』を参考に

小谷内寿信 富山・小学校

　これまでの，私のクラスの子どもたちや，学年の子どもたちと一緒に作った料理の中で，バツグンに人気があり，家庭や学級でのリピート率の高いものに「だんだんケーキ」というものがあります。これは，小学校で先生をしていらっしゃる島百合子さんが『ゆりこさんの おやつだホイ！』（仮説社）の中で紹介されているものを大いに参考にしたものです。

　すごく簡単に，楽しく作れて，ボウルを逆さまにしてぱかっとあけた瞬間，「おぉーーっ！」「すげーーーっ！」と歓声が上がり，「ケーキ屋さんのケーキみたい！」って思わず口に出してしまうぐらいステキになります。誰が作ってもそうなります。

　しかも，ビックリするのは，材料に「食パン」を使っているところです。食べるときには「えっ!?本当に食パン使ったの？」ってなるところです。これは，食べてみてのお楽しみです。

　さぁ，みなさん！ ぜひ，「だんだんケーキ」を楽しんで作ってみてください。そして，できあがるまでの「待ち時間」（冷蔵庫で冷やす……というよりもケーキとして固める時間が約2時間）もいいもんですよ。その待ち時間があるからこそ，できあがりのときのワクワク感が増します。できあがるときの喜び，食べるときの喜び，この全ての過程を楽しむことができるのがこの「だんだんケーキ」のステキなところです。

　以下は，子どもたちに配ったレシピです。

用意するもの

- ボウル（小さめのもの）
- ラップ
- 食パン（1袋…6枚 or 8枚切）
- バナナ（4本ほど）
- イチゴ（やや大粒を8個ほど）
- ホイップクリーム（250ml, 1つ）

（写真にあるもの，およそ8人前）

作り方

① ボウルにサランラップを敷く（十字型に敷くと，うまくいきます）。
② 下図のように，イチゴを薄く切って敷きつめる（このとき，ボウルの中心から外側へ向かって敷きつめていくようにするとうまくいきます。これで，だいたい用意したイチゴは使い果たしてしまいます）。

③ 下の写真のように，ホイップクリームをスプーンの背中などを使いながら伸ばしてぬっていく（イチゴが動いてしまうけど，元にもどしながら，地道にやっていきます）。

④ その上に，バナナをうすく切って，イチゴを並べたときと同じように中心から外側へ向かって並べていく（バナナの切り方は，写真では細長く切っていますが，輪切りにしてもいいです。

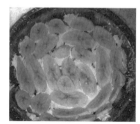

ただ，輪切りだと並べるのに時間がかかります）。
⑤その上に，またホイップクリームをぬっていく。

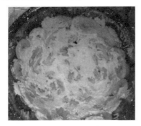

⑥その上に，食パン（パンの耳は取り除いたもの）を小さくちぎりながら敷きつめていく。

⑦「イチゴ→クリーム→バナナ→クリーム→パン→イチゴ→……」これを繰り返していく（ただし，イチゴがなくなったらバナナだけでいいです。ここで注意しておきたいのが，食パンの最後の1枚は残しておくこと！最後に「ふた」として使います）。

⑧残しておいた1枚の食パンを細かくちぎって敷きつめて終了！

⑨ラップを上からかぶせて，皿などを上から乗せて重しとします。冷蔵庫に2時間ほど入れておけば，できあがりです。〔口絵参照〕

できあがり！

だんだんケーキ

121

(初出 No.449, 16・5)
スピード スライムもち

又吉理奈 沖縄・小学校／NPO法人 たのしい教育研究所 研究員

はじめに

昨年度，校長先生から「特別支援のクラスを持てないか，少し考えてくれませんか」という打診がありました。その面で力のある方たちが多い中，「どうして私に？」と悩みました。

そこで，「たのしい教育研究所」のメンバーに相談すると「きっと，リナ先生にそういう力があると校長先生が思ってくれたんだよ。それに，たのしい教育はハンディのあるなしを問わないよ」と背中を押してくれました。「どっちに転んでもシメタを探せ，だよ」と言ってくれた人もいました。

＊「たのしい教育研究所」は，学校の先生方や子どもたち，おじいちゃんおばあちゃんまで幅広くみんなが元気にたのしい教育活動を普及させようと活動をしているNPO法人。代表は喜友名一先生。

そうやってスタートした特別支援のクラスは，普通学級で味わってきたたのしさと違うたのしさにあふれていました。まさに「どっちに転んでもシメタを探せ」です。担当して約十ヵ月が経ちましたが，新鮮な日々が今も続いています。

わたしが受け持たせてもらっているのは，知的な面で支援が必要とされる子どもたちです。普通学級で工夫してきたものとは違う形の教材が必要とされるのですけど，わたしの目標は同

じです。「子どもたちがたのしく力を高めてくれる」ということです。「先生のクラスでよかった」と感じてもらいたいと思っています。

これまで，いろいろな取り組みをしてきたのですけど，今回は保護者も一緒に盛り上がった〈スピード スライムもち〉を紹介させていただきます。

スピード スライムもち

ちょうど年の変わった1月，わたしの学校では日曜参観が設定されていました。

「保護者も一緒にたのしめる教材がないだろうか」と探していると，同じ学校の先輩・N先生が〈スライムもち〉を紹介してくれました（國廣悦子「スライムもち」『ものづくりハンドブック5』仮説社）。「自信を持っておすすめするよ」とのこと。

実は，わたしも以前，作ったことがあったのですけど，その時使った道具はカセットコンロとフライパンでした。火を直接扱うのは，特別支援教育にまだ慣れているとは言えない私にとって高いハードルです。

たのしい教育研究所の勉強会で相談したところ「ホットプレートでできない？」という案が出ました。それから研究所の喜友名先生は，これまでビーカーで何千人にも〈スライムもち〉を作ってきたそうで，ノウハウをかなり持っていました。「シメタ」です。

どの授業で？

特別支援のクラスでは普通学級より幅のひろい取り組みが可能です。自立活動的な内容であったり，周りの人たちをもてなすということで〈スライムもち〉を取り上げることも可能だと思います。

普通クラスの場合には，理科の応用編として取り上げている

123

先生もいるそうです。植物がつくるデンプンにヨウ素液を垂らして反応をみたりするそうですけど、紫色に変わったところを見て終わりということではなく、「デンプンは動物たちの栄養になっている」ということや「デンプンは熱で固化する」ということを説明するのに「スライムもち」をして、とても喜ばれているそうです。「自由研究」の題材の一つとして紹介したり、家庭科には「おやつ」という単元もありますから、そこで取り上げるという可能性も探れます。

今回わたしが取り組んだように、親子行事的に取り扱うというのもおすすめです。

学校によってもいろいろな取り組み方があるはずなので、ぜひ学年会などで話題に出してみるとよいと思います。

○材料（4～5人分）

次の材料で、一口サイズのスライムもちが20個くらいできます。

・牛乳：200cc（給食用の牛乳パックがちょうど200cc）。
・かたくり粉：大さじ4はい。
・砂糖：大さじ2はい。
・きなこ：大さじ4はい。

○用具

・ホットプレート：ホームセンターで二千円くらいのもので十分。
・大皿：きなこをまぶしながら丸める時に使います。
・木ベラ。
・スプーン：4つ以上（プラスチックではないものが最低2つ）。ホットプレート上で利用すると、プラスチックのスプーンはとけてしまう可能性があります。
・つまようじ：人数分。食べる時用。

○つくり方〔口絵参照〕

人数を〈ホットプレート班〉と〈きなこで丸める班〉とにわけて作業するといいです。

①電源オフの状態でホットプレートにかたくり粉（大さじ4）と砂糖（大さじ2）と牛乳（200ml）を入れて木ベラで混ぜる。こなこなが見えなくなったらOKです。

②お皿にきな粉（大さじ4）と砂糖（中さじ1程度）を入れてまぜておきます。この皿に一口サイズのスライムもちが次々やってきます！

③ホットプレートの電源をON（Maxにする）。木ベラで底をすくうようにまんべんなくかきまぜます。すると1〜2分で底から固まるので、それをすくいとる。「まだ柔らかいかな？」という段階で早めにすくって皿に移していく、というのがコツです！

④全体が固まるまで待たず、部分的にとろっとしてきたところを木や金属製のスプーンで一口の大きさにすくって、皿にどんどん移していきます。皿の上では、モチにきな粉をからめながら転がしてまるくします。とろとろなのできれいな球状にはなりません。

まんべんなくきな粉がつけばOKです。

柔らかいスライムのようなプルプルしたもちの出来上がり。

いただきます

ひとつずつ、できしだい食べるやり方だと、まぜている人たちは食べることができません。そこで、いったん全部きな粉と

まぶしてから「いただきます」というのがよいと思います。

　まずはだまされたと思って食べてみてください。柔らかくて本当に美味しいんです。スライムという名前がぴったり！

　なお、アレルギーのある人がいるかもしれませんから、そこは注意してくださいね。

　特別支援の子どもたちの中には「牛乳は苦手」という子もいましたが、かたくり粉を入れる所から一緒に作業し、ホットプレートの上でもサポートします。混ぜる所も一緒に体験することで、みるみるうちに固まっていくスライムもちを見て、みんな大興奮でした。苦手だといっていたその子が「もっと食べたーい」といってくれてびっくりしました。ちなみに子どもたちだけでなく保護者のみなさんも大はしゃぎでした。

　ためしてみると、その名の通り本当に「スピード」で出来上がることに驚くと思います。

　「キューピー３分クッキング」という番組がありましたが、そこで取り上げても見劣りしないと思います。45分の授業では時間があまる可能性があるので、たとえば「カタクリ粉・砂糖・牛乳」を「ビニール袋」に入れてまぜるという方法もおすすめです。こんなに水みたいな状態のものが「熱」によって固まってくる、という変化は、子どもたちにとっても教師にとってもたのしいですよ。

　たのしいおいしい「スライムもち」、おすすめします。

　なお、中級編として「クルミ入りスライムもち」「ピーナッツ入りスライムもち」などいろいろなバリエーションもたのしめます。

＊「たのしい教育研究所」の公式サイト（http://tanokyo.com）にも「スピードスライムもち」の記事が載っています。

3 サプライズ！な ものづくり

(初出 No.464, 17・6)

コケコッコー！

●ヨーグルトカップで作る「にわとりおもちゃ」

河井美恵子　岡山・(元)小学校

●**大きな鳴き声にびっくり！**

　ヨーグルトカップを使って「コケコッコー！」と鳴くにわとりを作り始めて，2年になります。いろいろな所で子どもたちに作ってもらったり，友だちにプレゼントしたりしていますが，みなさん，大きな鳴き声にびっくり！　そして，「どうやったらうまく鳴くか…」と夢中になってくれます。

　このにわとりのおもちゃ，元はボランティアグループ「津山おもちゃ図書館」の研修で訪ねた「日本玩具博物館」で尾崎織女さん（134ペ参照）に見せてもらったものです。しめらせた布で糸をこすり，その振動をカップで増幅させて音を出します。

〔準備するもの／1羽分〕

- 紙製のヨーグルトカップ80gサイズ…1個（3連1組で売られているのがこれくらいの容量。70～100g位でも可）
- 20番手のもめん糸…約40cmを1本
- 厚めの画用紙または白ボール紙…八つ切りサイズの1/4
- にわとりの型紙（文末に掲載）
- おしピン…1本（持ち手が長い方が使いやすい。千枚通しでもよい）
- つまようじ…1本
- セロテープ　・のり
- 両面テープ（幅1cmのもの）
- マジック（赤／黄／黒）
- もめん布（5×10cmくらい。ティッシュでも可）

作り方

（1）カップの底面の真ん中におしピンで穴をあけ、もめん糸が通るよう、つまようじを使って穴を押し広げる。

（2）この穴へもめん糸を通し、カップの底側から出ている糸のはしっこに、つまようじを結びつけ、テープでとめる。このとき、糸をまず一結びして直径1cm弱の円を作り、その中につまようじの持ち手を差し込んでからしばるとよい。ほどけないよう、さらにもう一結びしておく（結ぶのがむずかしい場合は、つまようじに糸を巻きつけた状態でセロテープをはる）。

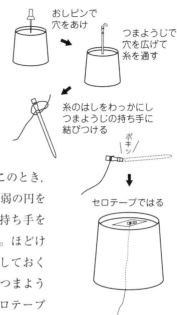

（3）八つ切り画用紙を4等分した物を半分に折り、にわとりの型紙を使って片面にりんかくを描く。このとき、とさか（①）と尾（②）の上部で裏表の紙がつながるように描く。

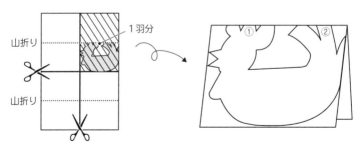

（4）画用紙を切る。一筆書きのようにつなげて切るよりも，右図の矢印のように，チマチマ切った方がきれいに仕上がること，はさみは刃の根元の部分（支点の近く）を使うこともアドバイスするとよい。太線のところは切らないように気をつける。

（5）紙の裏側ののどの下と尾にのりをつけて（右図斜線部），両面をはり合わせる。カップの口側の側面2箇所には，両面テープを幅1cm×長さ2cmくらいはっておく。

（6）画用紙の両面に色をつける（下図）。

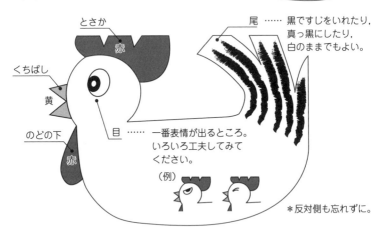

（7）カップとにわとりを合体させる。
まず，にわとりの胸と尾を持って
カップにかぶせ，画用紙に丸くクセ
をつけたら，いったんカップから外
す。両面テープのはくり紙をはがし，しっかり丸め
てカップにかぶせ，そっとくっつける。

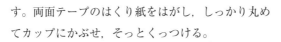

＊模様のない白いカップを使えば，カップに直接絵を描ける
ので，（3）〜（7）の工程を省くことができます。給食で白いカップが
出たときは，絶対に確保しておきましょう。

うまくいきましたか？　糸を手でこすっても布でこすってもたい
した音は出ませんが，ぬらした布でこすると大きな声で鳴きます。
ではやってみましょう。**コケコッコー！**

〔追記〕

このにわとりおもちゃ，最初は日本玩具博物館で見たものを思い出しながら，200mlの紙コップとたこ糸で作りました。そのときはちゃんと鳴いた（と思った）ので，ボランティアグループで紹介し，他のメンバーに作ってもらいました。

すると，「おもしろーい！」と喜んでくれる人の中に，「私のはカエルの鳴き声みたい」という方がいました。言われてみれば，確かに声が太い……。

これはまずい！　だれが作ってもにわとりの声でなければと反省し，材料を変えて試作を繰り返しました。カップは大きなものから小さなものまで，材質も紙やプラスチック，発泡スチロールなど，手に入る物をかたっぱしから調べ，糸も材質や太さの違うものを試しました。

そしてこの試作の過程を授業

書形式にして「たのしい授業かがみのサークル」に持っていきました。当たったり外れたり，皆さんとても楽しんでくれましたが，その結果をここで言っちゃうのは申し訳ない気がします。自分で調べる方が絶対楽しいですものね。結果を知りたい方は，下の点線で囲んだところを見てください。

さて，あれこれ試行錯誤した後で，良さそうな組み合わせを選び，かがみのサークルの皆さんに聴いてもらいました。その結果，「一番にわとりらしい」と言ってもらえたのが，今回紹介した「80g入り紙製ヨーグルトカップ」と「20番のもめん糸」の組み合わせです。

課題としては，こすり始めとこすり終わりで音の高さが少し変わることです。こすり方を工夫すると少し気にならなくなりますが，もっと満足できる鳴き声を追求したいと思います。

今回，私は小学生が楽しんで作れるやり方を紹介しましたが，これにとらわれず，自由に作ってみてください。大きなカップとたこ糸で作り，カエルの顔を描けば，元気なカエル君の出来上がりです。

最後に，尾崎織女さん，すてきなにわとりを紹介してくださり，ありがとうございました。昔，ヨーロッパで生まれたおもちゃが中南米に伝わり，それを日本に持ち帰る人がいて，日本の子どもたちが鳴かせて遊ぶ。「世界はつながっているな〜」とワクワクします。

----

* ニワトリ〔大きさ〕：大体子どもが持てる用具が。〔素材〕：プラスチックなどが選ばれチロリーチョウなどの唯名君が，にわとりの鳴き声っぽくはないかも？
* ※〔大きさ〕：大体子どもが持てる用具が。〔素材〕：紙や，濡れた紙が多い／チャイロイト※…トラやしまうまなど／※…ライオンなど／※…こする部分が長くなる／※…ぐっと引くと音が長くなる。

コケコッコー！

コケコッコー！専用型紙

*ボール紙（お菓子の箱などでよい）にこの型を写しとってご使用ください。原寸大のため、このまま画用紙に印刷してもお使いいただけます。なお、この型紙が使えるカップのサイズは、底面の直径が5.5cmまでのものです。また、仮説社HP「ダウンロードコーナー」からは、ハコ切り画用紙に直接印刷可能なデータをダウンロードできます。

(初出 No.464, 17・6)
鳴く鶏のおもちゃ
●リオデジャネイロで出合った摩擦太鼓

尾崎織女(あやめ) 日本玩具博物館・学芸員

今から20年以上前のことです。私の勤める日本玩具博物館は、ブラジルの三都市（サンパウロ・クリチーバ・リオデジャネイロ）を巡回して、日本の伝統玩具を紹介する展覧会を開催しました。展示準備のために渡伯した私は、仕事の合間にリオデジャネイロの玩具事情の調査に出かけ、街の玩具店で素朴な鶏の玩具に出合いました。厚紙の筒の片面にトレーシングペーパーを張り、その真ん中に紐を通したつくりはまるで糸電話のようですが、筒の周りを飾りつけて鶏らしく造形してあります（タイトル横の写真）。

玩具店に来ていた子どもたちに「どうやって遊ぶの？」と尋ねると、親指と人差し指に黄色い松脂の粉をつけ、リズムよく紐をこすって見せてくれました。「コッコッコッコッ、コケコッコーッ！」と、鶏そっくりの鳴き声を立てることにはもうびっくり！ リオのカーニバルでは、子どもたちがこうした鶏の玩具を鳴かせて祝祭広場を賑やかに盛り上げるそうです。

イースター（＝復活祭）の鶏

海外の文献を調べてみると、チェコのプラハで1951年に出版された『*Folk toys*』（Emanuel Hercik 著）の中に、同じ仕組みの玩具が"イースターの鶏"として紹介されています（右図）。

鳴く鶏のおもちゃ

　かつて、キリスト教国では、キリストの復活を喜び祝うイースター当日に至るまでの数日間、深い悲しみを表現するため、教会の鐘は鳴らさないことになっていました。ところが、鐘の音は共同体に時を知らせる役割を果たしていたので、鐘が鳴らないと皆困ります。そこで、子どもたちが鶏の玩具を持って教会の鐘の代わりに時刻を知らせてまわったというのです。プラハで作られたイースターの鶏も、数年前、日本玩具博物館のコレクションに加わりました。

ワークショップの人気題材に

　こうしたおもちゃは、"摩擦太鼓（フリクション・ドラム）"というリズム楽器に着想を得たものではないでしょうか。摩擦太鼓は、張った膜の真ん中から棒や紐が飛び出した不思議な造形で、棒や紐をこすることを発音源として筒状の共鳴器で拡声し、高く低く独特のリズムを刻みます。欧州や中南米ではよく親しまれており、摩擦太鼓をまねた郷土玩具も数多く作られてきました。玩具になると、音色は豚や馬をはじめ動物の鳴き声にもたとえられ、どんどん楽しい工夫がなされていくのです。

　この鶏たちをまねた玩具を子どもたちと一緒に作れないものかと思案し、日本玩具博物館のおもちゃ教室で初めて紙コップを使った「鳴く鶏」を紹介したのは1997年のこと。仕組みの簡単さと鶏の声の本物らしさに子どもも大人も目を丸くして驚き、以来、とても人気のあるワークショップの題材です。松脂の粉の代わりに濡らした布片や濡れティッシュで紐をはさんでこすっても、よい鳴き声を奏でてくれます。

　共鳴器にヨーグルトカップを使うという河井美恵子さんのアイディアも素晴らしいですね。

(初出 No.471, 17・12)
ニワトリの鳴き声コップ
コケコップ

田辺守男

埼玉・ルネサンス高校(代々木)

「コケコッコー！」をもとに

　本書128ページに河井美恵子さん(岡山)の「ニワトリの鳴き声がでるおもちゃ／コケコッコー！」が紹介されています。びっくりするほど大きな，そしてニワトリそっくりの鳴き声が出るのです。

　河井さんは〈鳴き声優先〉で，よりニワトリらしい鳴き声の出る「ヨーグルト容器」を使い，さらに厚紙で作ったニワトリをかぶせていましたが，僕は〈用意のしやすさ〉を優先して「紙コップ」で作り，ニワトリの絵を貼るだけにしました。紙コップで作るので「コケコップ」と命名しました。ぜひ試してみてください。

用意するもの

・紙コップ（200ml程度のもの）
・たこ糸（太さ1mm，長さ50cm）
・つまようじ
・ウェットティッシュ
・穴あけ用押しピン（コンパスの針でも可）
・ハサミ　・ノリ

作り方

① 紙コップの底（真ん中辺り）にピンで穴を開ける。
② ①の穴が小さい場合は，つまようじで穴を大きくする。
③ たこ糸を紙コップの底の方から穴に通す。
④ たこ糸を飲み口の方に引っ張りあげ，半分に折ったつまようじをしばりつける。
⑤ つまようじが紙コップの底にぴったりくっつくよう

にたこ糸をひっぱる。

⑥コップの側面にニワトリの絵を描いて色を塗ればできあがり！〔口絵参照〕

＊右下のニワトリの絵をコピーして貼り付けても可。仮説社のHPから印刷用データをダウンロードすることもできます。また206ページには補足情報もありますので，そちらもご覧ください。

遊び方

①紙コップを片手で持って，紙コップの底近くのたこ糸を，ウェットティッシュ（またはしめった布）でつまみます。

②ウェットティッシュを強くつまんで，たこ糸をこすります。

③一定の速さでたこ糸をこすると，「コケェ～～～～～ッ！」と，なんとも言えない大きな「鳴き声」が鳴りひびきます。

④速さを調節して，「コケコッコー！」と鳴るようにするとたのしいです。

「クエッ！ クエッ！ クエッ！」と，短く止めて鳴かせると，「餌に群がるニワトリの鳴き声」や「カエルの鳴き声」に聞こえませんか？ 糸の引き方やつまみ方の強弱を調節して，いろんな鳴き声に挑戦してみてください。

絶叫!? びっくりボンド

(初出 No.423, 14・7)

市原千明　名古屋・特別支援学校

面白いオモチャを考えました。ボンドがビュッ！と飛び出して服にかかっちゃいます。ボンドの空容器が学校や家にあったら作ってみてください。周りの人を驚きと笑いの世界にお招きすることができます。

用意するもの

・木工用ボンドの空容器（できれば大きいものがよい。私はいつも500gのものを使っています。500円程度）。

・ボンドの穴より細めの白い紐，約1メートル。穴から飛び出るかどうか確認する。私は前記のボトルに対応する紐を探して100円ショップ「ダイソー」の「もこもこもーる〈あむコロ〉」という安くて，ふわふわとしている毛糸を見つけました。季節によっては入手しにくいかもしれません。

・ハサミ　・接着剤少々

つくり方

①空容器の中をしっかりと洗っ

てきれいにする（水分も乾燥させる）。
②空容器のふたの部分をはずして，紐を通す。

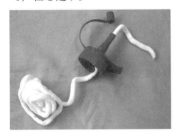

③先端に結び目をつくり，接着剤で丸く固めて穴から抜けないようにする。

④根元の方は，少し長めの所で結び目を作る。

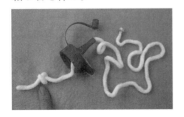

⑤紐を中にしまいこんで，ふたをしめる。
⑥ボンドのおなかをギュッと押してビュッ！と勢いよく紐がとび出したら完成。

私がオモチャを思いつくとき

　この〈びっくりボンド〉は，ある日ふと思いついて，10分も経たないうちに出来上がりました。私の通っている名古屋仮説サークルや仮実研の2014年の冬の大会の売り場などでみんなに声をかけては，驚かせて遊んでいました。そして多くの方から「これは売ってないの」とか「手に入れたい」という声をたくさんいただきました。その度に「これは売ってないんです。ボンドの空容器が近くにあったら作ってみてください」と答えていました。

　そして「市原さんはどうやってこういうのを思いつくんですか？」ともよく聞かれました。

「なんとなく」とか「ふとした出来心で」なんて適当に答えていました。

でも，本当はちょっと違うので，これを思いついた時のことを書いておこうと思います。何かの役に立つかも知れません。

私は科学オモチャをたくさん集めています。それを，重力，水，回転，空気といった科学の原理別に19種類に分類して収納しています（ごちゃごちゃと詰め込んであるのですが）。

私のコレクションの一つに，ずいぶん前にコスモ物産の平野良明さんからいただいた昔のオモチャの詰め合わせがあります。これは，びっくり箱などが何種類か詰まっています。説明書などはすべて英語で，おもちゃの底には「MADE in JAPAN」と書かれています。日本で作られて主に欧米に輸出されていたものだと推測されます。

その中に，今回ご紹介した「びっくりボンド」と同じような感じで，ケチャップとマスタードの飛び出すボトルがあります。裏を見ると「特許出願中」との刻印もされています。多分これがオリジナルなのでしょう。

このケチャップとマスタードが，何となく私の記憶の中にありました。そしてある日，学校の美術の時間に使って空になっ

た木工用ボンドのボトルと白い紐がたまたま一緒の場所にあるのを見たとき、ピピッ！と〈びっくりボンド〉がひらめいたのです。

セレンディピティとは

「セレンディピティ」という言葉があります。『広辞苑』によると「セレンディピティ：思わぬものを偶然に発見する能力。幸運を招きよせる力」だそうです。

私はたくさんオモチャを集めていたので、ボンドの空容器と白い紐から偶然楽しいオモチャを思いつくことが出来ました。多くの人は「空容器と白い紐」があってもそのまま通り過ぎます。多分こういうことを「セレンディピティ」というのだと思います。

もしかするとこのことは、仮説実験授業をしている先生たちにも言えるかもしれません。子どもに高圧的になれず、授業もうまく出来ず、学級の子どもとの関係に悩んでいたときに、たまたま本屋で『たのしい授業』を見つけて仮説実験授業に巡り合った、という人の話をよく見聞きします。『たのしい授業』でもよく記事になります。

でも、そういう先生は潜在的に「楽しく子どもと過ごしたい」と思っていたからこそ、仮説実験授業の素敵さに気づけたのだと思います。そうでなければ、隣で楽しそうに授業書やもの作りをしている人がいてもスルーしてしまうものです。

だから多分いま、この雑誌を読んでいるあなたは、これからも〈楽しいこと〉に巡り合う可能性が高い人でしょう。それは偶然のように見えて、必然なのかもしれません。　　（2014.5.29）

(初出 No.468, 17・10)

チョコっと
ボイスチェンジャー

金子あゆみ　愛知・高校

「２３５５」というテレビ番組をご存知ですか？月曜日から金曜日の，夜23時55分からNHK教育（Eテレ）でやっている５分間番組です。歌あり，アニメあり，犬・猫の投稿コーナーあり，ぎゅぎゅっと濃い内容の５分間。私はその時間には寝てしまっているので，録画して見ています。ちなみに「０６５５」もあります（朝の６時55分にやっています）。

その「２３５５」では，毎週金曜日に科学の香りがする「夜ふかしワークショップ」のコーナーがあります。爆笑問題が担当で「短いけど（から？）頭を使って，つい見入ってしまうプチ実験」が紹介されます。その中でも特に気になったのは，2017年６月９日放送の「あの声の作り方」でした。「あの声」とは，声を変える機械〈ボイスチェンジャー〉を通した声のこと。犯人が身代金要求の際に，電話越しで使うヤツです。

やり方はいたって簡単で，<u>紙コップに「マーブルチョコ」を８個くらい入れる</u>だけ。そして，紙コップ内のチョコが偏らないようにコップを立てたまま，顔を下向きにして，紙コップの口に自分の口を近づけてしゃべり

ます。すると，声の振動でチョコが揺れて，ビリビリした声に変身！ おお！ なんてかんたんなのでしょう～！ かんたんなの，大好き！

これを今年の「たのしい障害児教育・夏の合宿研究会」で紹介したところ，大盛り上がり。えっ?! これで?!という意外性もウケるのでしょうね。簡単にできちゃうこのボイスチェンジャーを，浦木久仁子さん（大阪・中学校）が「チョコっとボイスチェンジャー」と命名してくださいました。

すかさず，会場にあった他のお菓子でも試しはじめる反応のよい人々よ！「プラカップでやったら，中のお菓子が揺れる様子が見えて楽しいかもね」という意見もありました。

後日，家にあるものでいろいろと試してみました。研究会で試したものも含めて，以下に挙げます。すべて声を変えられましたよ。

ベビースターラーメン，柿の種，米，小豆，コーヒー豆，コーンフレーク，グラノーラ，アーモンド（粒），ビオフェルミン，ボタン

それから，テレビではフツーの紙コップでやっていましたが，コップのサイズや素材もなんでも大丈夫みたいです。外側がエンボス加工（？）されている熱い飲み物対応用のやや大型のものでもあっさりできました。5歳のムスメもできていましたよ。おそらく，紙コップの底に振動が伝わって，底にのっているツブツブのお菓子などが踊ればいいのでしょう。

お楽しみ会等でコップを配る際や，〈音と振動〉の授業，《タネと発芽》で豆を配ったときにちょっと脱線して楽しんでみたりなど，いろいろなシーンで遊べそうな気がします。ぜひ楽しんでみてください。　　（2017.9.11）

（初出 No.465, 17・7）
指先で回る風車
●紙切れ一枚でできるスゴ技☆

加子 勲　愛知・小学校

↓実演動画
goo.gl/U2Y4ev

指先でクルクルクル

「YOUは何しに日本へ？」というTV番組で，外国人が指先でタバコの巻紙をクルクル回しているのを見かけました。私はそれを見て「これはFlype（フライプ）というおもちゃと同じようなものだ」と思いました。

Flype（右図）は，とても薄いプラスチックの カードで，指先にのせて風を当て，クルクル回して遊ぶフランスのおもちゃです。同じようなものが紙でできることが分かったので，インターネットで作り方を調べ，マネして作ってみることにしました。

＊参照したサイト⇒ goo.gl/uWYK67

「軽くて薄い紙がいいだろう」と考え，はじめはトレーシングペーパーでやってみたら，時々回りました。6年生の子どもに教えてみたところ，何人かは回りましたが，全員が回るというわけにはいきませんでした。

その後，豊橋たのしい授業サークルでもやってみたところ，「薬包紙はどう？」という意見が出ました。後日，試してみると，これが大当たり。とても回しやすく，成功することが多くなりました。また，セロファン紙でもうまく回りました。

工作クラブでやったときにはほとんどの子がうまく回せ，両手で2つの紙を回す子もいました。ゆっくり歩きながら回し続

け る 子 も い ま し た 。

　と て も 面 白 い の で ， 作 り 方 ・ 遊 び 方 を 紹 介 し ま す 。

〔材料〕
・10 × 10 cm の薬包紙…薬包紙には，素材やサイズ，紙厚で複数の種類があります。できるだけ薄くて軽いものがいいので，「パラフィン紙（パラピン）・薄口」がオススメです。100 円ショップのセロファン，あぶらとり紙でも OK です。

〔編集部〕紙厚は用紙重量で表されています。薬包紙購入の際の目安：パラフィン紙の薄口（25.8g/㎡），厚口（30.5g/㎡）。

****

〔作り方：薬包紙の場合〕

①まず半分に切り，10cm × 5 cm のサイズにする。

②長辺，短辺のそれぞれを 7 ㎜程度内側に折り，折り目をつけて開く。

③四隅にできた正方形部分も，対角線で折り目をつけて開く。

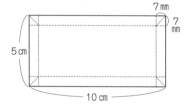

④四隅をつまむように折り，トレイの形になるように整える（下図）。

＊けっこう雑に作っても回るので，寸法はアバウトで大丈夫だと思います。セロファン紙，あぶらとり紙の場合も，大体同じくらいの比率で折れば，うまくいきます。

〔遊び方〕
・トレイ内側の中心に親指，外側の中心に人差し指の先を当て，はさむように持つ（指の腹ではなく，指を立てて指の先を当てる）。
・親指を離すと同時に，人差し指の先で紙を前方に押す〔右図＆口絵参照〕。はじめは自分の体を回転させながら指先で押すようにするとやりやすい。

・慣れてきたら，ゆっくり歩きながら回してみたり，体の前方で8の字を描くように押して回してみたりする。
・薬包紙を使う場合は，半透明の白色なので，カラーのマジックで模様を描いて楽しむこともできる。
・うまく回らない時は，トレイの形になるようにもう一度整えてやるとよい（工作クラブでやったときには，うまく回らない子には，私が形を整えてあげたり，折った紙をあげたりしました）。

子どもたちの感想

☆ダブルで回すことや上下に動かすことが楽しかった。

☆最初は難しかったけれど，いっぱいやったらできた。楽しくて，また作ってみたい。

☆薬包紙，セロファン紙，あぶらとり紙の中で一番やりやすかったのは薬包紙。目が回って気持ち悪くなったけど，楽しかった。またやりたいです。

☆こつが分かると，きれいにクルクルと回るので，とても楽しかったです。

〔追記〕練習の結果，薬包紙より厚いトレーシングペーパー（40g/㎡）でも回せるようになりました。初めての人は，薄くて軽い紙でやるに越したことはありませんが，慣れてコツをつかめば多少厚くてもけっこう回せるようです。

達成感，半端ない！！ （初出 No.472, 18・1）

ゆびさき風車

●手巻きタバコ用ペーパーは超優秀

横山裕子　神奈川・小学校

『たのしい授業』2017年7月号に紹介されていた「ゆびさき風車」（本書144ぺに収録）。薬包紙などの薄い紙をトレイ状に折って，指先でクルクルと回す遊びです。

7月の川崎仮説サークルでやってみたところ，私には回せませんでした。8月，「川崎たのしい授業体験講座」のガイダンスの際，仮説社の伊丹さんに頭上回し，8の字（∞）回しなんて技も披露してもらいましたが，私には相変わらず難しかった……。

ところがその後，体験講座に参加してくれた友だちが「できるようになったから教えてあげる」というのでお願いすることにしました。

その結果，私にも15分で8の字に回せるようになってしまったのです！　私ができるってことはほとんどすべての人ができるに違いありません。その時に伝授されたコツをお伝えします。

超優秀！　タバコの巻紙

まず，紙。これは手巻きタバコ用ペーパーが超優秀だそうです。彼女が持っていたのは，「MASCOTTE（マスコット）手巻きタバコ用ペーパー」（50枚入×5パック）。Amazonで500円位だから，1パック（50枚）＝100円ぐらいですね。

次に大きさ。以前『たのしい

授業』で紹介されたサイズ（10×5cm）は，初心者にはちょっと大きすぎるかもしれません。タバコの巻紙のサイズは長さ6.8×幅3.6cm。8の字で回そうとした場合，小回りの利き方が違います。

この巻紙の各辺に5mmずつくらい折り目をつけ，角はつまむようにして折って完成です。

こっち側から中心を押す

練習①．真下に押す

人差し指と親指でOKマークを作って巻紙の中心を挟む。まっすぐ，地球の中心を指さしながら指の先で押す（指の腹はダメ）。最初は真下に押し下して，回る感覚と適切なスピードをつかみます。

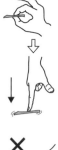

それが出来たら，下から上につきあげる～！ まっすぐ～のイメージ！

練習②．8の字を描く

最初は風車を使わず，指だけで8の字を描く練習をする。人差し指をまっすぐ立て，肘を伸ばし，手の甲を自分に向ける。相手に向かって「チッチッチ」ってやるときのスタイル。

指先が進行方向を指し示すように肘を伸ばしたまま8の字を描く。向きを変えるところが難しいので，体の横まで大きく手を振る。ポイントは「手の甲がいつも自分に向いていること」。

イメージ図

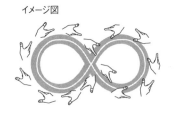

8の字ができたら頭上旋回も

簡単です。指先でまっすぐ押し込んでいくイメージを持っていれば，勝手に風車がついてきます。

また，鉛筆のお尻（尖ってない方）で8の字に回すのは，劇的に簡単です。多分，鉛筆の縁に「点で」支えられるせいだと思います。風車が勝手に中心を見つけて回ってくれます。軸が長い分，指にぶつかって落ちることもありません。スイスイ8の字。きもちいい〜。

ハンドスピナーより難しいけど，達成感は半端ないです。

（初出　No.472, 18・1）

補足情報

編集部　伊丹　淳

Amazonで販売されているMASCOTTEの手巻きタバコ用ペーパーにはいくつか種類があります。

①マグネット付ダブル・エクストラ・スローバーニング（長さ6.8×幅3.6cm，厚さ12.0 g/㎡）

②ピュアオーガニックヘンプ・無漂白・スローバーニング（6.8×3.6cm，14.0 g/㎡）

③ワン＆クオーター・ピュアオーガニックヘンプ・無漂白・スローバーニング(7.8×4.4cm，14.0 g/㎡)

①，②は実際に試してみましたが，薬包紙・薄口（25.8 g/㎡）よりも軽いため，初めての方でも比較的簡単に回せると思います（③は未検証）。

＊ケースに入っている1枚めの紙は，巻紙ではなく保護紙です。また，GIZEHというメーカーのペーパーを1種類買ってみたところ，こちらは長辺の片側の角が丸く欠けていました。回せないわけではありませんが，風車には不向きです。

なお，手巻きタバコ用ペーパーは薄くて小さいため，折るのが少し難しいかもしれません。こんなときは，一回り小さ

めの厚紙を用意して，このフチに沿って折り目をつけてあげるのがオススメです。これなら小さなお子さんでもキレイに折れて，バランス良く安定感のある風車に仕上がります。

"素振り"が大事

横山さんも書かれている通り，風車を回し続けるにはイメージトレーニングが大切です。頭で考えるより先に身体が動くよう，指を立ててクネクネ練習してみてください。急旋回しないよう，大きな弧を描くのがポイントです。

最後に，8の字に回す際の練習法を紹介します。

まず，自分の正面に直方体をイメージします（右図）。右利きの人は，「D→F→A→G→D…（繰り返し）」，左利きの人は「A→G→D→F→A…（繰り返し）」の動きを繰り返すといいでしょう。F→A（またはG→D）の動きが難しいかもしれませんが，D→F（A→G）で自分の体の横まで大きく手が振れていると，F→A（G→D）の動きのときに余裕を持って旋回できるはずです。

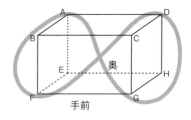

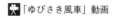「ゆびさき風車」動画

goo.gl/DvbtHG
仮説社公式フェイスブックページ
（どなたでもご覧いただけます）

(初出 No.454, 16・10)

☆クラスパーティにぴったり☆
紙コップクラッカー

金井美澪　神奈川・小学校

　今まで担任したクラスでは，お誕生日係のような，お祝いしたりクラスのイベントを盛り上げたりする係が必ずできていました。子どもたちが企画したイベントをやるたび，子どもたちが飾りつけた教室で，パーンという景気のいい音とともにキレイなテープや紙吹雪が舞ったらもっと盛り上がるだろうなぁと思うのですが，クラッカーは火薬を使っているし，においがあるし，音もなかなか大きいし，しかも使えるのは1回こっきり……と，いざ使うには二の足を踏んでいました。

　そんなとき，『ものづくりハンドブック6』（仮説社）で，福田茂夫さんの「紙コップクラッカー」というものづくりを見つけました。火薬の代わりに輪ゴムを使ってはじく方式です。これを少し改良しながらつくってみたら大好評。

　主役には内緒で，みんなで紙コップクラッカーを作るなんていうのもステキですよね。これからの時期，「お誕生日会」はもちろん，「運動会打ち上げ」「クリスマスパーティ」「卒業祝い」など出番がたくさんあると思います。ぜひクラスでもつくってみてほしいです。

☆材料（1つ分）
- 紙コップ……1つ。
- 輪ゴム……2本。
- ゼムクリップ……2こ。
- ビニールテープ。
- ストロー……軽いカラフルなもの。2本くらい。

☆道具

目打ち or キリ or ボールペン（穴があけられればなんでもOK），はさみ。

☆つくり方
①下図のようにクリップに2本の輪ゴムをひっかける。

②紙コップの底から2cmくらいのところに目打ちで穴を2つあける。穴はちょうど対面になるように気をつける。

③輪ゴムをかけたクリップのはしを少し開き，②であけた穴にひっかける。反対側も同じようにひっかける。

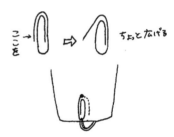

④ビニールテープをクリップの上からぐるぐると巻いて，固定する。

⑤ストローを3cmくらいの長さに切って，紙コップの中に入れたら出来上がり。

輪ゴムを下に強く引っ張ってから手を離します。すると輪ゴムが紙コップの底にあたって、パンッという大きな音がしてストローが飛び出します。

引っ張った輪ゴムを一気に離すようにすると、中に入れたものが飛びやすいです。

☆もっと簡単にしたい場合は…

輪ゴムを切って１本のひも状にし、紙コップの外側にビニールテープで貼り付けてしまう方法があります。

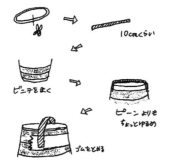

このとき、クリップに比べて輪ゴムが引っ張られやすいので、「①輪ゴムにつける前に、一度紙コップにビニールテープを巻くこと、②輪ゴムを張るのではなく、気持ちゆるめに貼り付けること」の２つに気をつけてください。

☆中に入れるもの

・ストロー……これが一番良く飛びました。ものにもよると思いますが、飛距離は１〜２ｍくらいです。３㎝くらいという大きさが絶妙で、見つけやすいし床板の隙間などにも入らなくて片付けやすいです。

・折り紙……飛ぶというより舞うという感じ。飛距離は30㎝くらい。１㎝ほどの三角片にしないと飛びませんでした。入れすぎも注意です。後片付けは……広い心でお願いします（笑）。でも、色々な色を入れると舞っている様子がきれいです。

・すずらんテープ……静電気でくっついてしまうのか、まったく飛びませんでした。

・モール……2～3cmに切りました。ストローほどではありませんが，飛びます。

片づけが大変そうでやっていませんが，ビーズを入れてもいいかもしれません。

（初出 No.454, 16・10)

やってみました！
紙コップクラッカー

沢田雅貴　神奈川・小学校

運動会の練習が続く日々。ちょっと息抜きしたいところですよね。子どもたちも張りつめた空気で疲れてくるころです。そういうときは子どもたちと笑顔になれることを！　そう，わたしの得意な"ものづくり"です。今回は金井先生から教えてもらった「紙コップクラッカー」を作ってみることにしました。

ちょうど，誕生日月の子たちをお祝いする機会があったので，そこで使おうと考えたのです。それは，もう盛り上がりに盛り上がりました。

「誕生日おめでとう!!」

「パンッ！パンッ！パンッ！パンッ！」

音は鳴るし，中のストローがきれいに飛ぶしで，お祝いが倍増します!! 簡単ですので，ぜひ作ってみてください。火薬を使わないので安全安心です！

子どもたちの感想の一部です。

☆音もなるしストローがとぶしおもしろかった。

☆ちょうど今日友だちの家にいくので使えます！　先生つくってくれてありがとうございました。たのしかったです！　またものづくりやってください。

☆もっとつくりたいので，家でもっとつくって弟にみせてあげます。

簡単・楽しい・盛り上がる！おススメのものづくりです！

(初出 No.444, 16・1)

パタパタ飛び出す！ゲンシマンお祝いカード

小笠原 智
北海道・養護学校

仕掛けを考えるのは楽しい！

ボクは学習発表会の出し物の仕掛けを考えるのが大好きです。かぶりものや大きな垂れ幕，くす玉などを，養護学校の生徒さんが簡単に操作できるようにマジックテープや磁石を使って作ります。他の学年からもよく仕掛けの相談が来ます。

先日，〈引っ張ったら旗が次々出てくる方法〉を聞かれました。「くちゃくちゃにならないで旗がパッと出てくる方法はないかな」というのです。ばね仕掛けかな，と思いましたが，ばねなんて簡単には買えそうにありません。プラバンでやるか，とも思いましたが，すぐこわれそうです。で，「おめでとう」と印刷した紙をラミネートして丸めておいて，引き出したらパッと開くかな，と，ためしに小さいものを作ってみたところ，思ったよりうまくいきました。ゆっくり引っ張ると「おめでとう」と1文字ずつでてきます。

ところが，さっそく見せに行ったら，もう話は変わっていて，「旗はやめてくす玉にしよう」ということになっていました。不採用になってしまってめげたものの，これはこれでいいアイデアと思うので，「ものづくり」にすることにしました。

その後，念のため舞台用の大きいのも作って見せたところ，くす玉はうまくいってないようで，今度は採用となりました。

めでたしめでたし。

　では，以下に作り方をご紹介します。

用意するもの

・型紙（158ペ掲載，好きな絵や文字で作ってもよいです）

・ラミネートフィルム（小さい版を作る時はＡ４を１枚，大きい版はＡ３を１枚とＡ４を文字数×枚数）

・水糸（工事現場などで水平を測るのに使っている黄色のポリエチレンの糸。日曜大工店にあります。100m300円くらい）

・セロテープ　・ラミネーター

　糸はタコ糸でも手芸用のカラーひもでもいいのですが，からみにくくセロテープでくっつくので水糸が便利です。一番安いし。前崎彰宏さん（札幌）から「ものづくり用には，水糸がからまないし安くていい」と教えてもらいました。

作り方（小さい版）

①型紙をＡ４のラミネートフィルムに挟んでラミネート。

②①から文字の書かれたカードと筒をハサミで切りとる（筒はラミネートせず画用紙等で作ってもよい）。

③筒の「両面テープ」と書いてあるところに両面テープを貼って，くるりと巻いて円筒形にし，とめる。

④水糸を60cmの長さに切る。

⑤水糸の片端を抜けにくいように玉結びして筒の内側にセロテープで貼る。

⑥水糸に文字の書かれたカードを１枚ずつ貼っていく。文字と文字の間を５cmずつ開けるようにする。

⑦もう片方の水糸の端を引っ張りやすいように輪にする。

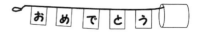

⑧「お」の文字が上になるように文字をそろえる。

⑨ 5枚全部を丸めて筒にいれる。

⑩ 水糸の輪をゆっくり引っ張ると文字が1枚ずつペロンペロンと出てきます。

「大きい版」はＡ４のラミネートフィルムに文字を1文字ずつはさんでラミネートし，筒はＡ３で作ります（画用紙や厚紙でもいいです）。水糸は3ｍ使い，文字と文字の間は20cmくらいあけるようにします。その他の作り方は「小さい版」と一緒です。

使い方

以前ボクがPTA会長をやっていた中学校が30周年ということで，記念式典に呼ばれました。会長時代は毎回出し物付きあいさつをしていたので，祝賀会の時，久々の出し物付きごあいさつをすることにしました。「○○中学校30周年」と言いつつ「ゲンシマンお祝いカード」を出して，「お・め・で・と・う」と言いながらカードをペロンペロンと引っ張り出し，最後に「ございまーす」という感じです。

この挨拶をしてみて，これは宴会芸にも使えるなあと思いました。宴会あいさつ用に「おつかれさま」というのを用意して，さらに「おつまみ」や「おつきさま」なども用意してボケれば，宴会は盛り上がるに違いありません。学習発表会の打ち上げはこれだ！

追記：思いついて正月バージョン（「あけましておめでとう」）も作りました。

▼筒になる　　　　　　　　　　　線で切り離して文字カードに▼

＊200％に拡大するとＡ４になります。「小さい版」の型紙として使えます。
　なお，〈ゲンシマン〉とは原子分子が活躍するマンガ「アトム戦隊・ゲンシマン」（小笠原 智さん考案）に登場するキャラクターです。

カウントダウンクラッカー

(ゲンシマン) (初出 No.447, 16・4)

小笠原 智　北海道・養護学校

クラッカーをつけました！

『たのしい授業』2016年1月号で紹介された「ゲンシマンお祝いカード」(紐を引くと「お」「め」「で」「と」「う」と書かれたカードが，筒の中からペロンペロンと音を立てて飛び出してくるカード。本書155ぺに収録)は，「北海道たのしい授業講座」でも参加者のみなさんに作ってもらい，「なぜゲンシマン？」と突っ込まれることもなく，好評でした。

で，その時，丸山秀一さん(苫小牧・高校)から，「〈おめでとう〉のカードが出たあと，クラッカーがなったらいいなあ」と言われました。

どうかなあ，おもしろいかなあ？ ま，やってみましょう。

「おめでとう」「バン！」というのも芸がない。それより「カウントダウン」の方がはらはらするかなあ……。そんなことを考えながらさっそく作ってみると，結構簡単にできました。筒を長めにして，クラッカーを抜けないようにしっかり固定したらでき上がりです。

ゆっくりとひもを引っ張ると，お祝いカードと同じように1枚ずつカードが出てきて，さらに引っ張ると，「バン！！」と音がして反対側からテープが飛び出します。

「カウントダウン」「5」「4」「3」「2」「1」という順番にカードが出てきますが，「〈0〉はい

らないだろう」というサークルのみなさんの突っ込みを期待して、「0」のカードも作りました。予想通りというか、みなさんは「0」を省いて作っていました……（昔のアニメに「3，2，1，0，発射！」っていう歌があったんだよね）。

　作ってみると、思っていたより好評でした。自画自賛ながら、「これはクラッカー会社に売りつけたいくらいのいいアイデアじゃないの」という出来です。

　サークルで紹介したら、古山園美さん（札幌・中学校）がクラスの入試の合格祝いにやってくれました。ボクは「カウントダウンカード」と呼んでいたのですが、古山さんが「カウントダウンクラッカー」と名付けてくれました。メインはクラッカーなので「カウントダウンクラッカー」の方がいいですね。

用意するもの
・型紙（163，164ぺに掲載。好きな絵や言葉で自分で作ってもよい）
・ラミネートフィルム（Ａ４）
・ラミネーター
・水糸（工事現場などで水平を測るのに使っている黄色のポリエチレンの糸。ホームセンターで買えます。100m300円くらい）
・セロハンテープ
・クラッカー

作り方（1人分）
①型紙をラミネートフィルムに挟んでラミネートします。
②文字とドーナツ型の円、筒をハサミで切ります（筒は画用紙・厚紙で作ってもよいです）。
③筒の「両面テープ」と書いてあるところに両面テープを貼り、くるりと巻いて円筒形にします。

④水糸を120cmの長さに切ります。

⑤水糸の片端を引っ張りやすいように輪にします。

⑥水糸に,「カウントダウン」「5」「4」「3」「2」「1」「0」と書かれたカードを5cm間隔でセロテープで貼ります（「0」をつけるかどうかはお好みで）。

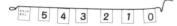

⑦「カウントダウン」の文字が上になるように文字をそろえます。

⑧ドーナツ型の円の点線をハサミで切り，円錐形に丸めて両面テープでくっつけます。これを下図のように，③で作った筒にテープで貼ります。

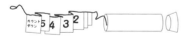

⑨ ⑦でそろえたカードを少し丸めて筒にいれます。水糸の輪になっていない側が筒の反対側からでるようにします。

⑩クラッカーのひもを伸ばして，出てきた水糸としっかり結びます。クラッカーをすり鉢状のところに押し込んで，セロテープでしっかりとめればできあがり。

遊び方

①水糸の輪をゆっくり引っ張ると文字が1枚ずつペロンペロンと出てきます。

②「0」まで出てきたら,最後に思いっきり水糸を引っ張ると,クラッカーが鳴ります。

＊クラッカーは人のいない方に向けてください。なお,クラッカーを取り替えれば何度でも使えます。

生徒さんからも大好評！

「特別支援学校なので,音に弱い子もいるからなあ」と思いつつ,誕生会でやってみたら大好評でした。一緒にカウントダウンするのがたのしいようです。やってみるものですね。

小樽の小浜真司さん（小樽・小学校）から「ゲンシマンファンの子どもたちに会いに来て」と言われて遊びに行き,紙芝居とゲンシマンクイズ大会とサイン会をしてきました。その時もカウントダウンクラッカーは好評でした。テンションをあげるにはピッタリです！

＊次ページに「カウントダウンクラッカー」の型紙があります。

カウントダウンクラッカー

ドーナツ型に切り離して「両面テープ」のところで貼り合わせる▼

▶線で切り離してカードに

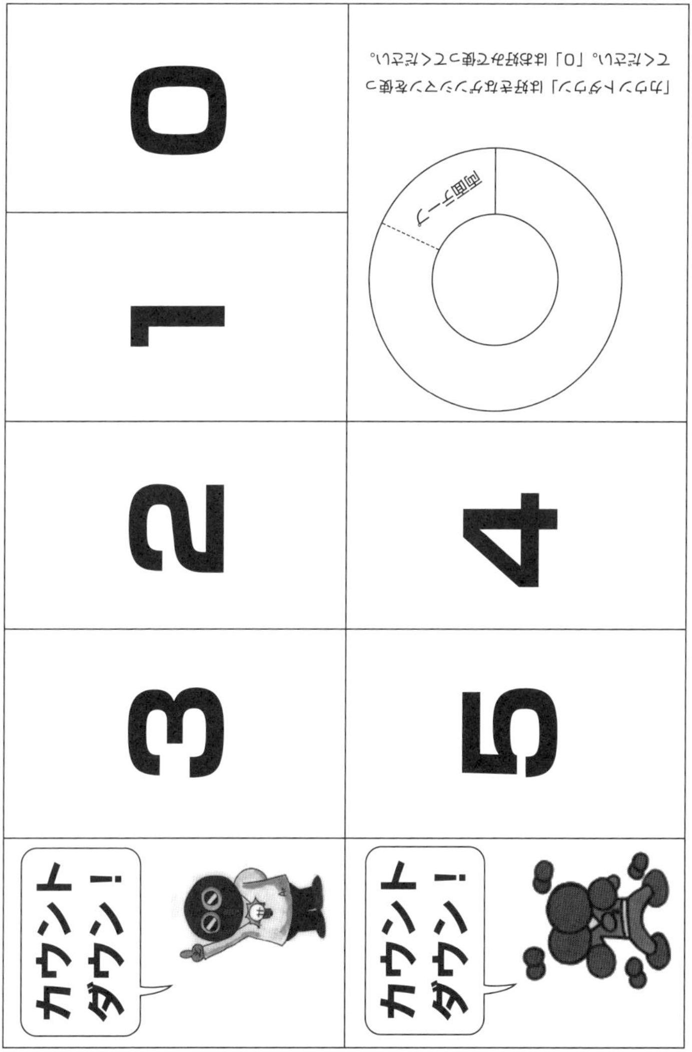

0	「カウントダウン」は数字が書かれている面を表にしてください。「0」になったらひっくり返してください。
1	(両面テープ)
2	4
3	5
カウントダウン！	カウントダウン！

＊200％に拡大するとA4になります。

▼切り離して「両面テープ」のところで貼り合わせて筒にする

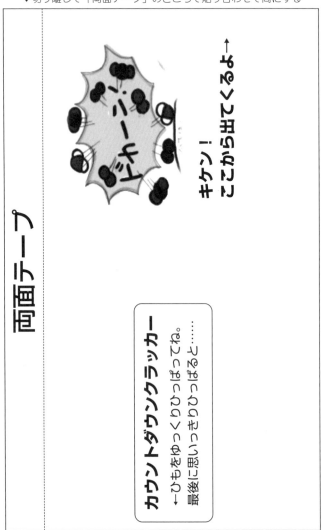

両面テープ

キタッ！
ここから出てくるよ→

カウントダウンクラッカー
→ひもをゆっくりひっぱってね。
最後に思いっきりひっぱると……

＊200％に拡大するとＡ４になります。

(初出 No.447, 16・4)
不思議な飛行体 リボンドロップ

松口一巳 福井・小学校

　昨年末，NHKのBS 2で放送された，ザ・プレミアム「たけしのこれがホントのニッポン芸能史（4）」を見ました。NHK年末恒例の紅白歌合戦についての番組だったのですが，その中で紙吹雪の演出についていろいろと見せてくれました。息ができないくらいの猛吹雪とか，本物の雪のように見える「泡」吹雪？ 雪らしく見えるのは2cm角の大きさである…等々興味深かったのですが，その中で「リボンドロップ」という紙吹雪に目が止まりました。2012年，「いきものがかり」のステージで使用したものだそうですが，普通の紙ではなく金や銀のテープで作ったもので，落ちるときにクルクルと回転し，生き物のような動き（だから「いきものがかり」の時に使ったのかも）をするのです。

　「これは面白い」と思い，手近にあった紙を切って作ってみたら，簡単にできちゃいました。何かに使える機会があるかもしれないので紹介します。

作り方…の前に

　「誰もが知っているのだったら紹介の必要もないな」と思ってネットで検索してみましたが，ほとんどヒットしません。僅かに「これはそうだな…」と思ったのは，ブライダル関係の演出会社のもの（下記）でした。

　「ゆっくりとした飛行が感動を呼び起こす。

　天井から放たれたリボン

が，会場全体をゆっくり飛び交い，イベントの雰囲気を一層盛り上げます。

空間演出といえば，シャボン玉，バルーンが代表的ですが，今，ミラクルウイングにつづく新たな演出〈リボンドロップ〉。

雪が舞い降りてくるような演出で，天井から静かにくるくると舞い降りてくるリボン状のアイテムは，雪を見上げているときのように〈ふわぁっ～～〉っとゆっくりと降りてきてなんだか幸せな気持ちになります」(有限会社セルム，https://goo.gl/wYf5Rk)

かそれとも昔からあるものなのかよく分かりませんでした。作り方自体はさほど難しいものではなく，テープ状の紙や紙テープなどそのままを糊などで無限大∞のような形にするだけです。〔口絵参照〕

大きさについては5cmくらい（材料は12cm）のがクルクルとよく回っていいかも。大きいとゆっくり回るようです。先に紹介した会社の説明では，大量のリボンドロップをバズーカ砲のように打ち出すようですが，学校なんかでやるときは「大型送風機やブロワーでやるといいんじゃないかな？」と予想しています。

作り方とか

この会社のリボンドロップは，うすい発泡スチロール製だそうです。ぼくがテレビで見たのと形は同じですが，ここが元なの

どことなく「アルソミトラの種型の飛行機」などのものづくりにも似ているし，何かおもしろい遊び方が見つかるといいなぁとも思っています。

(初出 No.437, 15・7)
不思議でたのしいものづくり
バランスペンスタンド

前崎彰宏 北海道・小学校

◆ヤジロベエ的ものづくり

　見た瞬間,「えっ?!」と思ってしまうヤジロベエ的なものづくり,それが「バランスペンスタンド」です。〔口絵参照〕。

　数年前,豊田泰弘さん（札幌）が「簡単なんだけど,意外と知られていないんだ」と紹介してくれたものです。その時は,方眼の工作用紙に作図して作ったのですが,小学生の子たちには,線を引くのも大変です。そこで,お手軽にできるよう型紙（下図,原寸です）を作りました。型紙は上質紙に印刷すれば,色鉛筆などで色が塗りやすくなります。簡単に作れて不思議でたのしいものづくりです。ぜひやってみてください。

◆作り方

① 型紙をコピーし,厚紙（または工作用紙）にスティック糊で貼ります。水糊を使うと,乾くのに時間がかかるのでおススメしません。子どもたちの実態によっては,予めスプレー糊などで型紙を厚紙に貼り付けたものを切って配ってもいいです。

② 型紙に色鉛筆などで色を塗ります。切り取るので，線からハミ出して塗っても大丈夫です。
③ 定規とボールペンを使って，点線の所に折り筋をつけます。この作業も，あらかじめやっておいてもいいでしょう。
④ 太線に沿って，周りをていねいに切り取ります。私は，「曲がらないように，太い線の真ん中を切るように，切った紙の両方に黒い線が残るように…」と声かけをしています。特に，先端の三角の部分がしっかり切れていないとうまくできないので，注意が必要です。
⑤ 折り筋に合わせて山折し，灰色の三角の部分を切り取ります。ここが難所です。勢い余って灰色の部分以外も切り落としてしまうことがあります。もし切り落としてしまったら，慌てず騒がず，セロテープで補強してあげます。それでは納得できない子には，新しい型紙を渡します。

◆遊び方

おろしたての長めの鉛筆が必要です。短い鉛筆ばかり持っている子もいるので，あらかじめ長めの鉛筆を用意しておきましょう。太さがあえばボールペンなどでも大丈夫です。

スタンドの折り目を90度くらい折り，三角の穴の部分に鉛筆を差し込みます。鉛筆の差し込み具合を変えてバランスを取りながら，うまく立ててみましょう。

最初はうまくいかなかいこともあるのですが，『たのしい授業』で何度か紹介されている「卵立て」（机の上で卵を立てる作業）と同様で，だれか一人が成功すると次々とうまくいくのもおもしろいです。ただし，全員成功するのは難しいようです。なので，立てられない子がいたら，代わりに立ててあげて，「ほら！ 立つよ！」と言ってあげれば，その後，自分でも立たせられるようになることが多いです。

＊〈卵立て〉の授業プランは『生きる知恵が身に付く道徳プラン集』仮説社，に収録されています。

◆うまく立たない場合

　このものづくりのポイントは，スタンドの接地している（先端の三角の）部分です。「もう少しでうまくいきそう！」と思ったら，そこ（接地部分）を指で押すようにして広げたり，つまんで狭くしたりして，折り目の角度を変えるようにするといいです。一方，そこが左右対称に切れていない場合は，折り目で2つにたたんだ状態で，真っ直ぐ切り直してあげるといいです。

　鉛筆を差す三角の穴の部分が大きすぎると，うまくいきません。鉛筆が傾いてしまい，バランスがとりにくいのです。そんな時は，穴にセロテープを貼って一旦ふさぎ，そこに鉛筆の先で穴をあけて押し込むといいです。

　子どもたちは新陳代謝（？）が素晴らしいので，チャレンジしているうちに汗で厚紙がブヨブヨになることがあります。その場合は，乾くまで待つしかありません。「これは筆箱に入れておいて，乾いてからやってみようね」と伝え，用意しておいたスタンド（先生が作ったもの）を渡しましょう。

〔余談〕

　子どもたちは「不思議」が大好きです。「えっ？！」と思ったことが自分や仲間たちが「できる」ことにワクワクします。そしてそれは，〈一緒に学ぶ仲間〉が傍らにいるからこそのことだ，と気付いていきます。

「できた！見て！」
「あ！〇〇ちゃん，すごーい！」
「僕だって！」
　……

　そんなやり取りが可能な〈場の設定〉が，私たちの役割であり，楽しみごとだと思っています。

(初出 No.441, 15・11)
コロコロリングをつくろう
●錯覚を楽しむ伝統的なおもちゃ

池上隆治 愛知・小学校

昔からあるおもちゃ

ここにリングが二重になった1本の鎖があります。

右手で一番上のリングを持ち,次に左手でその下のリング一つを持ってから右手を離すと,不思議,不思議,一番上のリングがコロコロと下まで落ちていくように見えます。〔口絵参照〕

「こんなの簡単にできる」と思ってやってみると……どっこい,途中でひっかかって,下まで落ちていきません。そんな,不思議で(いらいらしてしまうけど)楽しいオモチャがコロコロリングです(YouTube でコロコロリングを検索すると〈マジシャンがコロコロリングをやっている動画〉を見ることができます)。

コロコロリングは 100 年以上も前からあるおもちゃです。古くは,1890 年に出版された科学実験遊びの啓蒙書『コロンブスの卵』という二巻本に掲載されていました(エディ・ランナースという人が埋もれていたその本を再刊。日本語訳は 1987 年,朝日出版刊,現在

絶版)。

　ところで，このコロコロリングは，私が1987年に発見した〈8の字リング組み合わせ法〉で，簡単に作れます。ぜひ，挑戦してみてください。そして，できたコロコロリングで子どもたちと楽しんでください。

〔準備するもの〕
・リング20個

　カードリングでもできますが，「二重リング」がおすすめです。私は，SANKEI KIKOM 製 No.27 の直径27mmのリングを使っています。リングの数は，6個以上の偶数個なら何個でもいいのですが，今回は20個で作ります。

・爪楊枝1本（必要な人だけ）

　二重リングを組み合わせるとき，リングの隙間は爪を使って広げます。力が弱い人の場合，右図のように爪楊枝を使うとラクに広げられます。

・しるし用の細い紙（とても重要）

　画用紙かそれより厚い紙で，2色。今回は赤と黄の2色使います。幅1cmぐらいで長さはリングの直径より2倍以上の長さが必要です。リングの隙間にはさんで二つ折りにします。直径27mmのリングの場合，長さは8cmあるとよいです。

〔作り方〕

① リング2個を組み合わせると数字の8の形になります。この組み合わせたリングを「8の字リング」と名付けました。リング20個のうち18個を使って8の字リングを9組作ります（組み合わせてないリングを2個残しておきます）。

組み合わされる側を下，隙間を広げてリングを通す方を上にして，十字形になるような位置で組み合わせると，やりやすいです。

② 残っているリングのうちの1個と8の字リングを組み合わせます。

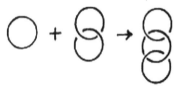

③ 真ん中のリングを持つと図のような1個のリングに2個のリングがぶら下がっている形になります。

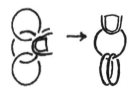

④ ぶら下がっている2個のリングをいっしょに8の字リングと組み合わせます。

リングの数でリングの形を表現すると,上から1,2,8の字となります(下図)。

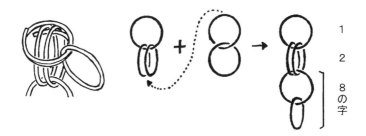

⑤ ここが作り方の中で大事なところです。

まず,持っている一番上のリングに赤の紙をはさみます(リングの隙間を広げてはさみ,動かないようにし,半分に折ります)。次が特に大事です。図の●の位置(左の前)に黄色の紙をはさみます。位置を間違えないようにしてください。

リングは自由に動くので,印が短いと輪をすり抜けて移動してしまい,二つの印の位置関係が変わってしまいます。そのようなことが無いような長さにしているのです。作っていて「なにかおかしいな」と感じたら,作る途中で印がリングをくぐりぬけてしまっているかもしれませんので,右手で赤を持ってみて,黄色がこの位置にあるかどうか確認してください。

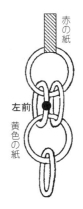

⑥ 右手で赤を持ってから左手で黄色を持ち,赤を離すとリング

がコロッと落ちて，図のように1, 2, 2の形になります。

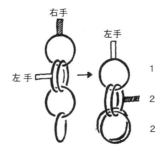

⑦ 下の2個にまた8の字リングを組み合わせます。

組み合わせた後に黄色を持つと，下図(左)のように1, 2, 2, 8の字になっています。

次に赤を持って黄色を離すと，またリングが落ちて，下図(右)のように1, 2, 2, 2になります。

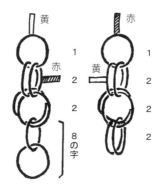

⑧〈一番下の2個に8の字リングを組み合わせてからリングを落とす〉ということを繰り返して，9組の8の字リングを全て組み合わせます。

⑨ 9組目の8の字リングを組み合わせてリングを落とし，1, 2, 2, 2, 2, 2, 2, 2, 2, 2, 2となったら，一番下の2個に残っている1個のリングを組み合わせて出来上がりです。

残っていた1個

このように，コロコロリングは〈8の字リングを組み合わせて落とす〉という単純な操作の繰り返しでできるのです。これを繰り返せば，どれだけ長いコロコロリングもできることになります。

私は，このコロコロリングのでき方（作り方ではなく）にとても感動しました。そして次のようなことを思いました。

「コロコロリングは自らの法則性によって自らを形作っていく。人間はその手助けをするにすぎない」と。

リングの落とし方

コロコロリングの作り方が，そのままリングの落とし方になっています。まず，2色の目印を使ってやってみましょう。

二つの印を右手と左手で持ったまま，交互に上げたり下げたりするとリングが交互に下に落ちていき（落ちていくように見え）ます。じつは，コロコロリングを持つ位置は，この2カ所なのです。その内の1カ所は一番上で決まっていますから，残り1カ所，上から2番目のリングの持つ位置を見つければいいわけです。

赤のリングを右手で持ったまま，黄色のリングを持ち上げてみてください。コロコロリングの片側だけが持ち上がります。次に黄色のリングの隣のリングを持ち上げてみてください。今度は全

部のリングが持ち上がってきます。このとき，手に感じる重さが違います。この重さの違いを利用すると，目を閉じていてもリングを落とすことができるようになります。

　このようにして，まず，上から2番目のリングのうち，片側だけ持ち上がるリングを見つけます。次に一番上を右手で持ったときに，片側だけ持ち上がるリングが左側になるようにすると準備完了です。

　黄色を持って赤を離すとコロコロとリングが落ちていきます。ところで，リングが落ちた後の赤の印はどこにありますか？ 右側の後ろになっているはずです。黄色は前で赤は後ろというように，左右の位置だけでなく，前後も変わるので，初心者にとって落とせるリングを見つけるのが難しいのです。

　コロコロリングを逆さにしてもリングの位置関係は変わりませんから，印を直接持って練習したり，コロコロリングを逆さにして印に頼らず練習したり何度もやってみてください。繰り返すうちに当初見分けがつかなかったリングの組み合わせ方が見えてくるようになります。コロコロリングで〈繰り返すことで見えなかったものが見えてくる〉という体験もできるのです。

コロコロリングの紹介例

　コロコロリングが落とせるようになったら，他の方にも紹介してみませんか？ 私は牧野英一さん（愛知・元中学校）の紹介方法を取り入れながら次のようにしてコロコロリングを紹介しています。参考にしてください。

ここにリングを組み合わせて作った鎖があります。引っ張ってもはずれません。(左右に引っ張ったり，上下に振ったりします)
　(印のついていない方を上にして)普通は1番上のリングを離しても下まで落ちません(わざと落ちない部分を持って一番上のリングを離す)。

　けれども，ちょっと呪文をかけると，このようにコロコロと落ちていくのです(今度は正しい部分を持って落とす。1度2度3度と何度か連続して落とす)。

——やってみたいという人にやらせるが，偶然にできても連続で落とせない。そこで，リングを逆さまにして印のついている方を上にして，印を持ってやるとできることを知らせます。「印の無い方でもできるように挑戦してみよう」と言って渡します。

　<u>印を持ってやると，印のついたリングは，一つ下に落ちるだけで，一番下まで落ちて行くわけではないことが分かってしまいますが，たとえ分かっても，〈リングが下まで落ちていくようにしか見えない〉という不思議さが分かればいいと思います。</u>

　印のないコロコロリングだと，落とせる法則のヒントが全くなくて，法則を見つけようとする意欲そのものがなくなってしまいますが，印があることで，分からなくなったら印に帰ることができます。

コロコロリングのような連続的な動きをするものとして「板返し」や「パタパタ」と呼ばれているおもちゃがあります(『ものづくりハンドブック2』仮説社，所収)。

　コロコロリングも板返しも，「同じ形のものが順に動いていく

ことによって，移動していくように見える」という一種の錯覚を使ったおもちゃと言えるでしょう。

おわりに

コロコロリングは100年以上も前からあるオモチャで，売られていたこともあります。ですから，その作り方は当然発見されているわけですが，今回紹介した〈8の字リング組み合わせ法〉を私は1987年に独自に見つけました。このような方法での作り方はそれまで公表されたことは無かったように思います。そして，リングが落とせない人に作り方を教えるには，印の紙を使えばいいことに気がつき，コロコロリングの作り方を多くの人に紹介することができるようになりました。

〔付録　上級編〕

以下の文章はコロコロリングをマスターした人用です。

コロコロリングの作り方の⑤では，黄色を左の前につけました。そして，⑥赤を右手で持ち，次に黄色を左手で持ってから赤を離しました。そして⑦8の字リングを組み合わせました。これを右手用のコロコロリングとしましょう。

右手用があるなら左手用もあるでしょうか，どうでしょう。

じつは，左手用も簡単に作れるのです。左手用は⑤で黄色を右の前につけます。そして⑥赤を左手で持ち，次に右手で黄色を持ってから赤を離します。それに8の字リングを組み合わせれば左手用のコロコロリングができあがるというわけです。

左右対称形のコロコロリングの完成です。

(初出 No.410, 13・8)

牛乳パックで作る
簡単！ マジックミラーでのぞき箱
● 《光と虫めがね》のあとにおすすめ

湯沢光男　栃木・小学校

● なぜマジックミラーなのか

　『たのしい授業』No.95に載った，小笠原智さんの「マジックミラーでのぞき部屋」（『ものづくりハンドブック3』仮説社，に再録）を簡単に作る方法を考案したので紹介します。

　そもそも，マジックミラーを子どもたちに紹介するのはどうしてかというと，小笠原さんの記事にも最初に書いてありますが，授業書《光と虫めがね》の第4部には「ものが見えるのはどうしてか」というこの授業書の最も根源的なお話があり，その中に

・ものが見えるのは，そのものが光を出していて，その光が私たちの目にはいるからだ。
・ふつうのものは，自分で光を出していないが，まわりからくる明るい光を四方八方にはね返して光を出している。
・そこで，ものをよく見るためには，それを見ようとする人が明るいところにいることが大切なのではなく，見ようとするものが明るいところにあって，自分は暗いところから見た方がよい。

ということが書いてあります。そして，その解説書である『授業書研究双書〈光と虫めがね〉』（仮説社）には，「できれば，こ

こでマジックミラーの実験をみせたい」と〈マジックミラー〉の話が出てきます。

　小笠原さんの製作記事では、牛乳パック2箱を組み合わせて人形を2つ入れたり、豆電球の照明を入れたりと、とても凝った作りになっています。が、製作は容易ではありません。今回、ワタシが開発したのはその簡易バージョンです。牛乳パックは1個で、電球などの照明は使いません。人形も使わないので、材料代はマジックミラーフィルムとプラ板、黒画用紙ぐらいです。

　実は、数ヵ月前、この小笠原さんの続きの記事「みたくないのぞき部屋」(『たのしい授業』No.97、『ものづくりハンドブック3』に再録)をまねて、「恐怖ののぞき部屋」を作りました。それを作っているとき、ふと牛乳パックで簡単にできるのではないかとひらめきました。とい

うのは、《光と虫めがね》で牛乳パックカメラを作るとき、牛乳パックの中に黒画用紙を丸めて入れるという一工夫をすると、カメラ内部がとても暗くなって、像が見やすくなります。そこで、逆に牛乳パックの半分を黒い紙で被い、それを動かすことで牛乳パックの中を暗くしたり明るくしたりできるのではないかと気がついたのです。

　で考えたのが、次の構造。

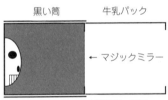

奥が暗く、手前が明るいのでガイコツは見えない。自分の目が鏡に映っている。

黒い筒を右に移動すると、手前が暗くなり奥が明るくなる。すると、ガイコツが見える！

●作ってみた

で，早速作ってみたところ，見事にできたので，作り方をまとめてみました。

〔材料〕牛乳パック（1ℓ）…1個／マジックミラーフィルム／透明プラ板／黒画用紙（八つ切り）1枚で2個分／発泡スチロール球3.5cm…半分

〔道具類〕はさみ／セロテープ／木工用ボンド／両面テープ／マジックなど

〔準備①〕マジックミラーフィルムとプラ板のカット

クラス分の材料を用意するなら，マジックミラーフィルムをプラ板にはってから，6cm×6cmの大きさにカットしておくと，ムダが少ない。タミヤの透明プラ板はB4の大きさなので，1枚で24個分作れる。

マジックミラーフィルムをプラ板に貼るところもやらせるときは，マジックミラーフィルムを6cm角，プラ板をそれより一回り大きいサイズに切っておく（具体的にはB4プラ板を縦3等分，横5等分に切るとよい）。

マジックミラーフィルムは，ホームセンターのカー用品のコーナーに，車の窓ガラスに貼るウィンドーフィルムが各種おいてある。その中の「マジックミラータイプ」とか「ミラータイプ」という種類のものが使える。

透明保護フィルムが貼ってあり，それをはがすとプラ板にそのまま貼り付く。透明保護フィルムがはがしにくいときには，端の両面にセロテープを貼り，そのセロテープをはがすとくっついてきて，保護フィルムがはがせる。大きい透明プラ板に貼りつけるときは，中性洗剤を水で薄めた

ものをプラ板に吹き付けておくと、しわや空気が入ったときやり直しができる。1人分の小さいプラ板に貼るときはそのまま直接貼りつけるとよい。

〔準備②〕黒画用紙のカット

　黒画用紙は八つ切りで、B4より大きい。そこで、次のようにまとめて切断しておくとムダが少ない。

ア．横の端を7cmカットし、7cm角の用紙をつくる。

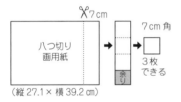
（縦27.1×横39.2cm）

イ．左側の残った紙の上5cmカットし、さらに半分（幅約11cm）にカットする。

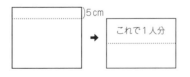

〔作り方〕

①牛乳パックの口を開いて、押しつぶし、上部（折り目から1cmのところ）をカット。角にV字の切り込みを入れておく（牛乳パックカメラと同じ。下図参照）。

②牛乳パックの中央（下から9～10cm）のところで、2つに切る。

　定規で切断の線を書いておき、牛乳パックを押しつぶして切るとよい。

③半分に切った発泡スチロール球に黒マジックで絵を描く。ガイコツ、パンダなど、白黒でわかるものがよい。

スチロール球を半分に切る

目や鼻を黒く塗ってガイコツやパンダに

④黒画用紙（7cm角）の中央に、ガイコツを貼る（木工用ボン

ドなどで)。
⑤それを牛乳パックの底に両面テープで貼りつける。

牛乳パックの口の四隅を1cmぐらい切り込んでおく。

⑥マジックミラーフィルム（7cm角）を透明プラ板に貼る。周りのあまったプラ板は切り取る。

マジックミラーフィルムは透明な保護フィルムをはがしてから，その面をプラ板に向けて貼りつける。

マジックミラーフィルム

⑦マジックミラー板を牛乳パックの口のところにテープで貼りつける。

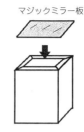
マジックミラー板

⑧牛乳パックの底の口の切り込みを少し開いて，ミラー板を貼った方を差し込み，テープで貼る。

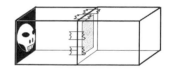

⑨黒画用紙1人分を牛乳パックに巻き付けて，テープで貼る。両脇に指1本ぐらい入るよう，ゆるゆるに巻き付ける。
⑩いったん黒紙を抜いて，ぺたんこに折り，さらに折り目を合わせてぺたんこに折ると，四角の黒い筒ができる。
⑪この黒い筒をかぶせてできあがり。〔口絵参照〕

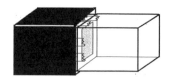

〔あそび方〕

①黒い筒をガイコツの方にかぶせておき，中をのぞくと，鏡に自分の目が映って見える。

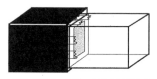

手前が明るいので，自分の目が映る

②のぞきながら，黒い筒を手前に動かすと，中のガイコツが浮かび上がる。

黒い筒を動かす　➡

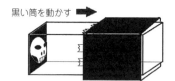

奥が明るくなって，ガイコツが見える

③スムーズに動かすコツは，左手で牛乳パックの底を押さえて，おでこに押しつけ，右手で黒筒を動かすとよい。

④完成したら，筒の上側ののぞき口部分を少し丸く，おでこの形に合わせて切り取っておくと，のぞき口の四隅から光が入らなくなって，さらに見やすくなる。また，箱の上下の目安にもなる。

● 子どもたちの乾燥

小1の子どもたちの，のぞいてみての感想です。「こわかった。びっくりした」「たのしかった。ふしぎだった」「おもしろかった」「くらかった。すごかった」「心臓がとれそうになった」（印南千明先生にご協力いただきました）。

〔編集部〕本文では透明プラ版を使った作り方を紹介していますが，その後，湯沢さんから「透明プラ板なしでも作れる」というおたよりが届いています。この場合は，183ページの行程⑥〜⑦で，7cm角のマジックミラーフィルムをそのまま牛乳パックにテープでとめればOKです。

(初出 No.453, 16・9)
どこでもATM
●お金が無限に？出てくるカード

市原千明 愛知・特別支援

知人からこんなものをもらいました。直径5cm弱の円に取っ手がついています。円の中心からは放射状に線が描かれていて、さらに白と黒で交互に塗られています。裏側には「1円玉製造こま」と書いてあります。

取っ手の部分を持って、3～5cmぐらいの円を描くように回すと、円の中央部あたりに灰色の固まりのようなもの（1円玉？）が見えてきます。目の錯覚を利用して、〈1円玉が浮かび上がってくるように見せるおもちゃ〉のようです。

もらった時には説明書も何もなかったのですが、私はこれに改良を加えカードサイズにして、お金が出てくるイメージから「どこでもATM」という名前をつけました。裏側には使い方も書きました。

作り方

この文末にある型紙をコピーして切り取り、真ん中で半分に折って裏側にノリをつけて貼り合わせます。薄さが気になる方は間に厚紙をはさむと丈夫になります。ラミネート加工してもよいです。

演じ方・遊び方

「どこでもATM」を下の図のように持ちます。模様のある方が表面です。裏面には，人差し指とカードの間に落ちない程度に1円玉をはさみます。あんまりしっかり挟むとうまくいきません。

ぐるぐる……

裏面

表面

「これをよく見ててね，これさえあれば一生働かなくてもお金がどんどん出てくるからね」などと言いながら「どこでもATM」を相手に向かって差し出し，3cmから5cmぐらいの円を描くように相手の目の前ですばやく回転させます。

図形の中に灰色の円が見えてきたところで，机の上などにポンとたたきつけます。その反動で1円玉が，まるで紙の中から現れたように転がり出ます。

ポンと叩くと……

お金が出てきた！

応用編

その1：もう片方の手に何枚か1円玉を隠し持っていれば，どんどん「補給」して，連続して1円玉を出すことができます。
その2：「これいくらでも出せるんだよ」といって，1円玉の代わりに隠し持っておいた「イクラのお寿司の模型（ダイソーの寿司マグネット・イクラがおすすめです）」を出す。

みんなの反応は？

学校で見せると「わ〜すごい」とみんな驚きを隠せません。その中で一人，サユリちゃんだけは「何だか先生のポケットが怪しい」とまさぐられ，1円玉を見つけられてしまいました。

まあそれならそれで，「どちらに転んでもシメタ」とばかりに，「じゃあ今度はサユリちゃんが友達の前でやってごらん」と言ってコツを伝授しました。サユリちゃんは近くにいた級友のカナエちゃんを相手に，上手に演じていました。最後にはカナエちゃんにもネタをばらしてやり方を教えて楽しく遊べました（生徒名は仮名です）。

別に「100円玉が出る」といってもよいのですが，教室でやって紛失しても嫌だし，「1回で1円しか出ない」という方がユーモラスなのでそういう口上で演じています。

1円玉が見えてくるわけ

1円玉が見えてくる原理は，いわゆる「錯視図形」というものです。よく似たものにはベンハムのコマというものがあります。こちらは右のような図形で，白黒で描かれた図形なのに回転させると様々な色が見えるというものです。

我が家にあるオモチャや視覚

やデザイン関係の本を調べましたが,「ATM」と同じものは見つかりませんでした。パズル研究家の平野良明さんに聞いたところ,「ずいぶん昔,マジシャンの名刺に使われているのをもらったことがある」と教えてくださいました。どうやら古くからある錯視図形のようですが,詳細は分かりません。

手品と科学と私

　私はたくさんの科学オモチャをコレクションしています。正確に数えたことはありませんが,8000点ほどあると思います。それらを科学の原理別に「重力・空気・水」といったように19の分野に分けて展示と保存をしています。その中には「手品」という分類のものもあります。しかし,私は「手品」そのものはそんなに好きではありません。大掛かりなものはなおさら好きになれません。それは,「手品」というのは頭の中に「あれっ?」という疑問を残して終わることが少なくないからです。大昔はそれを逆に利用し,国王の権力や霊的能力を誇示するために使われていたこともあるようです。

　私の集めているオモチャは,「あれっ?」と思う現象のものがあっても,その謎は「科学の原理」で説明がつくものばかりです。個人的な考えですが,そういったものの方が,子どもの好奇心や科学に対する楽しさを育てるのではないかと思っています。そういった理由から,手品も他愛ないもののほうが好きです。この「手品」は「錯視図形」を使っていて,ネタそのものは結構バカバカしいので,お気に入りの一品です。

　7月の仮説実験授業全国大会で,仮説社の竹内三郎さんも「こういう,ネタが簡単なものは,〈教室手品〉とでもいうべきも

ので，ネタがばれても面白いし，繰り返してやっても楽しいのがいいんですよね」と評価してくださいました。

（2016.7.12，改訂2016.7.31）

おまけ

興味のある方はいわゆる手品ショーのパロディとして私が演じた「大マヂックショウ」をYouTubeにて検索してみてください。

| 大マヂックショウ | 🔍 |

「どこでもATM」の使い方

①表面の「T」の部分をしっかり持ち，直径5cm程度の円を描くように素早く回転させてください。
②灰色の円がしっかり見えたら，机等の上に打ち付けると1円玉が出現します。

＊1回で引き出せるのは1円です。
＊1回に10秒かかるとして
1日に引き出せる限度額は
60秒×60分×24時間÷10＝8640円
程度で，個人差があります。

不思議が楽しいオモチャの研究所
yonobunte59@gmail.com

どこでも
ATM

(初出 No.422, 14・6)
錯視おもちゃ
スパイラルテール

大和田健介 北海道・小学校

☆不思議なおもちゃ

「スパイラルテール」という不思議なおもちゃをハワイの夜店で発見しました。銅の色をした金属のうずまき部分に，透明なスーパーボールのようなものが入っていて，うずまきをクルクル回すと，中に入っている玉が上がったり下がったりするように見えるのです。「面白いなあ」と思い買ってきたのですが，いろいろな人に見てもらったところ，過去にダイソーで似たような商品を売っていたことや，北海道での仮説実験授業の集会でも売られていたことがわかりました。

これは自分でも作れそうだと思い，100均の針金とボールを使って作ってみました。なかなか見事なものが簡単に作れました。そこで，作り方をご紹介します。ちょっと眺めていると面白いというくらいのものですが，簡単に作れるので大目に見てください。

サイズはどんな大きさでもできますが，うずまきの中に入れる玉をピンポン玉くらいのサイズにすると作りやすいですし，使う針金も短くてすみます。必要な材料は基本的にすべて100

均で揃います。大体，30人分で2000円くらいでできます。

☆**材料と道具**（1人分）
- ダイソーの「アルミ自在ワイヤー」太さ3mmのもの……ワイヤーは色々な種類がありますが，オススメは太さ3mm以上で，赤や金などの目立つ色のもの。
- ボール1つ……小さいサイズだとダイソーの「卓球ボール6個入」，大きいサイズだとダイソーの「カラフルボール10個入」がオススメ。大きいうずまきに卓球ボールを入れても大丈夫です。
- 輪ゴムやたこ糸などの紐……ワイヤーの上につけて吊るためのもの。
- ワイヤーをきれいに巻きつけるための型……円錐に近い形のものがいい。例えば，小さいサイズなら「キッコーマンのしょう油さし」，大きいサイズなら「ペットボトル」など。色々試した中では，ダイソーの「パーティーとんがり帽子」や「三角スタンド（小）」がよかった。
- カラーマジック……玉に模様や絵をかく場合。
- ラジオペンチ

☆**作り方**
①アルミワイヤーを切る。中に入れるボールが小さければ長さ60cmくらい，大きいサイズだと100cmくらいは必要。長いほうが見栄えが良くなる。切ったら，片方の端をラジオペンチで丸める。

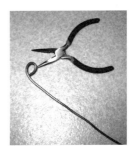

②ワイヤーをきれいなうずまき

になるように、型に巻きつける。ラジオペンチで丸めた部分を型の頂点にひっかけて巻いていくときれいに巻ける。

最後は数センチほど巻き付けずに残しておく。巻き終わったら、縦長のらせんになるように、ひっぱって少し伸ばす。

③巻き付けずに残した部分を、ラジオペンチで山なりに曲げて、輪ゴムや紐を引っ掛ける部分を作る。山なりにした部分がうずまきの中心にくるように調整する。

④中に玉を入れて、一番上に輪ゴムをストラップの要領でつけるか、紐を縛りつけて完成。

――なんとなく作ってもそれなりに見えますが、うまく作るためのコツがあるので紹介します。下記の2点です。

（1）まず、らせんの作り方ですが、横から見ると少し斜めのらせんになるように、上から見ると中心がずれないよう

に気をつけます。らせんの間隔は2～3cmくらいの等間隔になるといいです。

(2)次に、ボールの位置ですが、おススメは下から3周目のワイヤーにボールの下部が乗っかるように置き、4周目のワイヤーにボールの上部がかかるように置くと、よく動くように見えます。

☆楽しみ方

輪ゴムや紐を持って軽くねじると、うずまきがクルクルと回ります。すると中に入っている玉が、回転する方向によって、上がっていくように見えたり、下がっていくように見えたりします。目の錯覚ですが、ちょっと不思議です。

小さいスパイラルだと、ピンポン玉に限らず、水分子やおもちゃ、コーヒーに入れるクリープなど、まん丸でないものを中に入れても、上がったり下がったりして見えます。いろいろ入れて確かめてみましょう。

また、中に入れる玉に模様や絵をかいて、自分だけの作品にして楽しむのもいいかと思います。

(初出 No.469. 17・11)
おとなから子どもまで「なんでだろ〜?」

「しゃかしゃか磁石」と「不思議キャップ」

山口俊枝 熊本・小学校
山口 薫 熊本大学教育学部1年

●「しゃかしゃか磁石」ができるまで

　学期の終わりにいつも〈ものづくり〉をしています。科学に関係していて,お金がかからず,家に帰ってもたのしめるものや使えるものです。いままで「スライム時計」「バランスとんぼ」などをやってきましたが,そろそろ新ネタをしたいと思っていました。そこで,ものづくりのヒントをネットで探していると「磁石は,どんなに小さくなっても磁石である。磁石を小さく砕いてごちゃごちゃにすると,磁界の向きがバラバラになって鉄を引きつけられない。でも,強力な磁石(学校によくあるドーナツ型のフェライト磁石)などで,磁界を同じ向きに向けることができる」という記事をいくつか見つけました。

　この性質を利用した「不思議磁石」というものづくりを京都府総合教育センター北部研修所のHPで発見しましたが,フィ

ルムケースが必要とのことで材料調達が難しそう。身近にあるものでなにかできないかと考えていたところ、大学生の息子が「ペットボトルのキャップでいけるかも！」とアドバイスしてくれました。

そこで、二つのキャップの間に、小さく砕いたフェライト磁石を入れ、ビニールテープでくっつけてしゃかしゃかしてみると……キャップの底にクリップはつきません。次

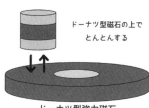

にドーナツ型の大きな磁石の上でトントントントン。ペットボトルのキャップがちょっと厚いので、うまくいくかなぁとドキドキしながらクリップに近づけてみると……ついた！

思わずふたりでガッツポーズ。

ただ、ドーナツ型の強力磁石ではできますが、小さい磁石ではうまくいきません。家に帰っても遊べるものにしたいのに。

ここで、ふたたび助けてくれたのが、ペットボトルのキャップです。円柱形の磁石を3個つなげてペットボトルのふたに入れると、大きな強力磁石と同じ役目をしてくれました。

名付けて「しゃかしゃか磁石」＆「不思議キャップ」。

小学3年生で「磁石」について学習するので、それまでの子たちには「磁石」に興味関心を持たせられますし、学習した子どもたちには「磁石は、どんなに小さくなっても磁石である」「N

とＳの性質」などの復習にもなります。

　「しゃかしゃか磁石」＆「不思議キャップ」は「マジック」としても年齢を問わず喜んでもらえます。このものづくりを考案したあと，知人宅の小学５年生と中学１年生の兄弟に見せて練習してもらい，家族の前で披露してもらいました。お兄ちゃんは巧みな話術と小技（ポケットから魔法の粉をパラパラとかけるふりをするなど）で大うけ。弟は終始無言でも表情や目の演技で拍手喝采。ビデオを撮っておかなかったのが悔やまれます。

●「しゃかしゃか磁石」＆「不思議キャップ」の作り方
〔用意するもの〕（１組分）
・ペットボトルのキャップ……同じもの２つを２組（計４つ）。合わせたときにぴったりくっつくものがいい。洗っておく。
・フェライト磁石……直径２cm×厚さ３mm程の円柱形のもの４〜５個（100均でも買える。「強力マグネット」25個入）。
・ビニールテープ……クイズ形式で１人何cm必要かを計算させると，算数の勉強にもなる。
・両面テープ，ティッシュペーパー。
〔作り方：しゃかしゃか磁石〕
①フェライト磁石を１個，紙や布にはさんで金づちで砕く。破片が２mm以下になるようにする。大きいとうまくいかない。
②砕いたものをペットボトルのキャップに入れる。キャップ

の種類によっては、磁石1個では力が弱くなることがあるので、その場合はもう1個砕いて追加する（1.5個弱くらいがベスト）。また、教室でやるときには、飛び散ったり、紙などにくっついたりして量が減ることもあるため、あらかじめ砕いたものを用意しておくといい。

③もう1つのキャップ（同じもの）を合わせてビニールテープでとめる。

〔作り方：不思議キャップ〕

④フェライト磁石を3個、両面テープなどで、キャップに固定する。

⑤磁石の周りのすき間を、ティッシュペーパーなどでうめる。

不思議キャップ　　しゃかしゃか磁石

⑥もう一つのキャップにもティッシュを詰めて、2つのキャップを合わせ、ビニールテープでとめて完成。

「不思議キャップ」の片面（磁石がある方）で「とんとんとんとん」することで「しゃかしゃか磁石」を磁石に変えることができます。反対の面ではできません〔口絵参照〕。

材料費は1セット20円ちょっとでできます。ペットボトルの

キャップの中には,不思議キャップに向かない(磁石がキャップにぴったりつかない)ものもあるので,多めに用意して事前にチェックしておくといいです。

　磁石は,あらかじめ砕いておけば,低学年でもできます。磁石を砕くのは少し大変ですが,子どもの人数や,スキル,学級の様子に合わせて,できる範囲で行えばいいと思います。

　また,時間がある時は,ビニールテープではなくボンドを使うと見た目がきれいです。厚紙をクルッと巻いてキャップの内側につなぎとして入れて,紙とキャップの隙間にボンドを流し込み,接合面にもボンドを塗って貼り合わせ,万力で1日くらい固定しておく(板にはさむとうまくつく)とくっつきます。

● 「しゃかしゃか磁石」のひみつ
(1) しゃかしゃかすると・・・

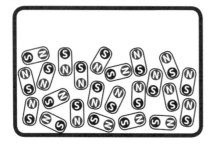

つかない!

　どのような仕組みになっているか,少し解説をします。

　磁石のつぶひとつひとつのN極とS極が引き合い,並び方がバラバラになる。するとNとSの方

向がまざりあって，どちらの力も下の面にうまく伝わらないので，クリップがつかない。

(2) 不思議キャップでトントンすると・・・

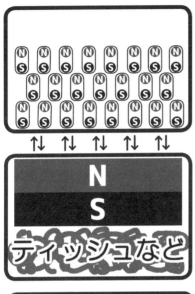

「不思議キャップ」の中には強力磁石が入っているので，不思議キャップの上をN極とすると，いれものの中の磁石のつぶのS極が引きつけられてきれいに並ぶ。

いれもの全体で見ると1つの大きな磁石のようになり，下の面のSの力が強くなって，クリップがつく。

反対の面でトントンしても詰め物のせいで磁力が弱く，きれいに並ばないのでクリップがつかない。

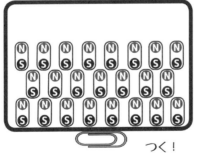

つく！

(3) 磁石はどんなに小さくなっても磁石。N極とS極ができる！

●**念願の授業当日**

 ものづくりの準備が整い，1学期の最後になんとか1時間確保することができました。5年生7人との授業です。

 授業では，まず無言でマジックをやってみせ，タネを考えてもらってからものづくりをしようと考えました。子どもたちの中から磁石が関係していることが出てくればいいなぁ。

 授業当日。子どもたちを集めて，無言でおもむろに「しゃかしゃか磁石」と「不思議キャップ」を取り出し，マジック開始。

 マジックのやり方はこうです。①しゃかしゃか磁石を振ってからクリップに近づける→つかない。②しゃかしゃか磁石を不思議キャップの磁石がある方で「とんとん」してからクリップに近づける→つく。①と②を子どもの反応を見ながら繰り返します。たまに〈不思議キャップ磁石のない方で「とんとん」してからクリップに近づける→つかない〉というのも混ぜました。

 マジックの途中で，「あ，わかった。これ，この間テレビでやってた！」「ぼくも見た！」「わたしも！」と，次々に声が上がりました。

 （えっ，テレビでやってたの？　これはまずいぞ。楽しみが減っちゃう）

 それでも，何も言わないように指を口に当てて，何度か繰り返しました。

私「キャップの中がどうなっているか，考えてみて。相談して

もいいですよ」

子ども「緑の方にはクリップが入っています。黒の方には磁石が入っていて、トントンすると、クリップがつくようになると思います」

子ども「ぼくも同じです」「ぼくも！」

私「う〜ん……中に入ってるの、クリップじゃないんだよね」

子ども「え〜、テレビでやってたのに〜！」ぶ〜ぶ〜！

　そのあと、7人が自然と3グループに分かれて、絵を描きながら話し始めました。「わかった！」と声が上がるたびに、私はそのグループの近くまで行って、意見を聞きました。

子ども「電池が入ってる！」

私「電池にはクリップがつかないね。ざんね〜ん！」

子ども「電気が送れる仕組みが入ってる。少しの間、磁石の力が入ってる」

　2学期にやる電磁石のことを、少しだけ知っているようです。

私「その仕組みをこの中に入れるのは、ちょっと無理かなぁ。できても、お金がかかるよ。ちなみに、これ2つで材料費は25円くらい」

子ども「ええ〜！　それじゃできないだろうなぁ」

子ども「針金が入ってる」

私「それ、クリップと同じだよね……ざんね〜ん！」

　なかなか正解が出ません。でも、子どもたちは一生懸命に考

えてくれます。そのとき，ある子が，ぽそっと言いました。
「磁石……じゃないですよね？」
「ぴんぽーん！　正解！」
「やったぁ！」
　そのグループに「しゃかしゃか磁石のひみつ」[*1)]のプリントを渡しました。すると「なるほど，そういうことかぁ！」と声が上がります。ちゃんと読んで，理解してくれたようです。続けて，必要なテープの長さを計算してもらい，製作開始。
　そのあたりで時間が迫ってきたので，他の2グループにも「しゃかしゃか磁石のひみつ」のプリントを渡して，簡単に仕組みを説明します。ポイントは，磁石は切っても切ってもN極とS極があって，引き合うこと。3年生で学習したことを思い出してもらいました。
　途中で，子どもたちは「これ持って帰っていいんですか？」と聞いてきました。「もちろんだよ。家の人にもマジックを見せてあげて」と言うと，子どもたちの目が，キラッと輝きました。
　全員が完成したら，マジックの練習。自分でできるようになると，とてもうれしそうでした。「4年生に見せよう！」（複式学級なので同じ教室）とか「担任の先生にも見せる！」という声があちらこちらで聞こえました。
　持ち帰り用には，新聞紙よりもちょっと厚手のタブロイド紙（二重）で作ったエコバックを用意しました。ランドセルに入

れるとわからなくなるのと，磁力が強いので他のものに影響を与えるかもしれないと危惧したからです。

* 1）198〜199ぺを別刷りにしたもの。仮説社サイトから（www.kasetu.co.jp/）ダウンロード可。

● どういう反応がもどってくるか，とても楽しみです

最後に子どもたちに「評価と感想」書いてもらいました。

5段階評価は，全員「5．とてもたのしかった」でした。うれしい！ 感想を紹介します。

☆1つのキャップの中にじしゃくを入れて，もう1つのキャップに入れるじしゃくをつけるだけで，クリップがついたから，不思議だなぁ〜と思いました。この「しゃかしゃかじしゃく」と「不思議キャップ」を作って，家族をまきこみたいです。

（ほのか）

――「家族をまきこむ」というのは，私がよく言う言葉です。考える問題や，ちょっと難しい問題などを「家族や近所の人まきこんで考えてきていいよ」と声をかけています。

☆まさか，くずれたじしゃくが入っているとは思いませんでした。一点に集中してNとSに分かれるのですごいと思いました。ぼくは初めてやったので，すごく楽しかったです。　（こうた）

☆ふるとバラバラになるけど，NきょくかSきょくにすると一気に集まるのが，子どもが先生が来た時にあつまるみたいでおも

しろいな〜と思いました。　　　　　　　　　　　（りゅうき）

☆3年のころに，NとSのことをやったのをわすれてた。きょうの理科，とってもおもしろかった。お母さんや兄ちゃんやねぇちゃんがしらなかったら，じまんしてやる。トントントントンするだけで，クリップつくのをはじめてしった。　　（はるひ）

☆しゃかしゃかじしゃくで，強力じしゃくがないと（クリップが）つかなかったので，不思議でした。なので，親や友達にもやってみたいです。そして，とてもおどろかせて「どうして出来たの？」と言われたいです。どういうはんのうがもどってくるか，とても楽しみです。　　　　　　　　　　　　　　（ゆうと）

☆しゃかしゃかじしゃくのひみつがおもしろかったし，みんなのいろいろな発言がとってもおもしろかったです。初めて知ったことばかりだったので，理科の授業はとても楽しみでした。二学期になっても，おもしろい発言をたくさんしたいです。

　　　　　　　　　　　　　　　　　　　　　　　（ふうり）

☆あまり授業ではもの作りはしないので，ひさしぶりにやったから，とても楽しかったです。じしゃくはばらばらにしても，NきょくとSきょくがあるということがびっくりしました。くだいたじしゃくのまとまりをふったら，とてもふしぎなさわりごこちでした。クイズ〔ビニールテープの長さを計算したこと〕も楽しかったです。習ったことを，もの作りでいかせるのがうれしかったです。　　　　　　　　　　　　　（あやね）

理科専科非常勤講師としてこの学校に赴任して4ヵ月。週3時間だけの授業で、子どもたちと関わる時間も限られています。早く子どもたちといい関係を築きたくて、いろいろがんばりすぎて空回りの日々。なかなか授業も進みません。でも、きつかった1学期を乗り越えたら、少しずつ手応えを感じられるようになりました。

　学期最後のものづくりも最初はうまくいくか不安でしたが、子どもたちが思っていた以上によく考え、発言してくれたことがうれしかったです。仕組みを理解しようとしてくれた姿や、思いをしっかり書いてくれた感想文。夏バテの心が、す～っと楽になりました。

　それから、今回のものづくりに大きな力を貸してくれたのは、現在大学で教育を学んでいる息子です。授業の進め方も一緒にシミュレーションしてくれました。小さな頃から「親子仮説」で育ってきた息子と一緒に、理科の授業やものづくりの教材研究ができて、とても幸せな気分です。

＊フェライト磁石には、表裏がNSになっているもの（A）と、まれに表裏ともにNSが細かく分かれて着磁されているもの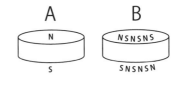（B）があります。この工作にはAタイプのものを使用してください。

◆サプライズ！なものづくり◆
追試・補足情報
〜 作ってみた感想，子どもたちの反応など 〜

（初出　No.472，18・1）
コケコップ

神奈川　横山裕子

　コケコップづくりは直感的にもわかりやすいから，道具さえそろっていれば楽勝。すぐにできたが……鳴らない。感動的に鳴らない。瀕死の老鶏の喘ぎみたい。

　ところがいい音がする一団がいた。そこは，使いさしのウェットティッシュがなくなったので，新しいのを開けて配ったグループ。どうやら湿り具合が違う。そこで，ウェットティッシュをぐっしょり濡らしてやってみたところ……劇的に若返った！　みずみずしさ大事ぃ〜〜〜！　その後の理科室は，まるで放し飼いの養鶏場でした。

コケコッコー
＆コケコップ

編集部

　2017，18年と夏の書店フェアの一環でコケコッコー作りのワークショップを実施し，たくさんのお子さんに楽しんでもらうことができました。このものづくりを紹介してくださった河井さん，本当にありがとうございます。

　200羽近くのニワトリ作りを実施した中で，いくつか気づいたことがありましたので，ご紹介いたします。

▷コケコッコー！
（1）両面テープの代わりにホッチキスを代用

ホッチキスをとめた跡が気にならなければ，ニワトリを型紙から切りぬいてから，「①喉元」「②お尻」の二箇所，そしてカップにかぶせた状態で「③おなか」をとめると楽です（下図参照）。

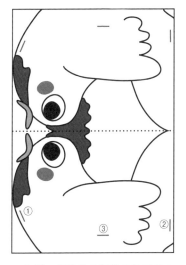

ただ，未就学の年齢のお子さんにはホッチキスの操作はまだ難しい様子でした。

なお，上の型紙はイラストレーターのいぐちちほさんにワークショップのために描いてもらった特注品です。型紙データは仮説社HPから無料でダウンロードできますので，ぜひご活用ください。

▷コケコップ
（2）糸の向きで鳴き声の高さが変わる

コケコップの作り方の行程③で，糸を下図のように通すと鳴き声が甲高くなります。「鳴き声がニワトリっぽくない」と感じた場合は，こちらの向きに糸を通してお試しください。

（初出 No.445, 16・2）
ゲンシマンお祝いカード

大阪　西岡明信

今日から3学期が始まりました。新年ということで，「ゲンシマンお祝いカード」をすることを昨晩思いつき，学校についたら朝

イチで作って試し，仕込んでから朝の会でやってみました（ラミネーターを温めるのが一番時間がかかったかも…というくらい簡単に作れました）。

紐をひっぱると，筒の中かあら「ペロン，ペロン……」と「お」「め」「で」「と」「う」のカードが続いて出てきます。

「音や動きに派手さがないので，僕の教えている子たちにはウケるのかなあ？」と思っていましたが，よ～くみてくれました。

何より，ひっぱるだけなので，僕が筒を持ち，子どもに紐をもってもらうことで，クラス全員ができて，たのしいヒトトキが過ごせました。

自分で作ってやってみただけでは，このものづくりのたのしさはわかりませんでした。

しかし，〈多くの子どもたちができる・たのしめる〉ということがわかり，僕の定番メニューがまた一つ増えました。新年早々，うれしくなっています。

「おめでとう」以外にも応用できますし，カードを大きくできるところもすばらしいです。

時々，〈カードの角〉に紐がひっかかり，カードがまとめて出てしまうことがあるので，カードの角を丸めておくといいのでは？と思っています（まだ試していません）。

〈お祝いカード〉，なかなかよさそうです。オススメします。

4 飾って魅せる ものづくり

〈初出 No.432, 15・3〉

ふわふわビーズで作る
ミニいもむし君ストラップ

小浜真司　北海道・小学校

はじめに

　以前，〈ふわふわのぽんてん〉でかわいいいもむしを作る「ぽんてんで作るイモむし君」というものづくりを発表したことがあります。「ぽんてんに穴をあけてアルミの針金を通していもむしのようにする」というものでした。その後，ぽんてんに穴があいたような「ふわふわビーズ」というものを発見したことをきっかけに，もっと簡単にできる「ミニいもむし君」を開発しました。

　すぐに小樽サークルや小4の子どもたちと作ってみたところ，とても楽しくでき，いい評価をもらうことができました。そこでそれを2014年1月の「北海道〈たのしい授業〉講座」でも発表したところ，興味をもって下さった菱直幸さん（札幌・中学校）と吉田義彦さん（室蘭・小学校）から貴重なアドバイスをいただき，さらに簡単に作れるようになりました。それが，今回ご紹介する最新の「ミニいもむし君」です（芯を針金ではなく細モールにしたのですが，そのこともその加工方法も，菱さんのアイデアによるものです）。

　では，以下に「ミニいもむし君」の作り方をご説明します。

用意するもの（1人分）

・ふわふわビーズ(小)×5コ（「創&遊」という会社で買うことができます。何色か入ったものが60個セットで250円，税・送料別。http://soandyou.co.jp/）
＊100円ショップのキャンドゥで売っている「ほわほわビーズS」16コ100円でも作れますが，在庫があまり無いことが多い

上，割高になります。
- 細モール（3 ㎜）× 15cm
＊100円ショップのダイソーで購入。太すぎるものは穴を通らないので，注意。
- 動眼（3 ㎜ぐらいのもの）2 コ（無ければビーズでも可）
- ストラップ（ダイソーで購入）又はひも
- つまようじ
- 接着剤か両面テープ

作り方

①好きな色のふわふわビーズ5コを選んでおく。

②モールの片方の端を右図のようにM字型に折る。

③折り曲げたモールの先をまきつけ，♡型にする。さらに，それをつぶしておきます。

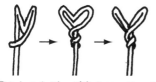

④ふわふわビーズを5コ，モールのもう一方の端から通す。最初に入れたビーズが，頭部分になります。

⑤ビーズを通して，あまったモールを半分に折る。モールをねじって巻きつけ，ふわふわビーズが落ちないようにする。

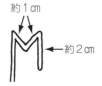

⑦動眼やビーズなどの目を接着し，完成。ストラップやひもを♡型の片側のモール部分につける。

その際は，つまようじなどで隙間を広げるとつけやすい。しっぽの側のモールにつけてもよい。〔口絵参照〕

(初出 No.432, 15・3)

ミニいもむし君ストラップ
はオススメです

道端剛樹

北海道・高校

「いもむし君ストラップ」の作り方を知ったのは，2014年9月，「おたる仮説サークル」でのことでした。小浜真司さんのアイデアです。

作ってみるとこれはかわいい！　めんどくさがりで，いつもは道具をそろえてまでものづくりをしようと思わない僕ですが，これは作ってみたくなりました。

さっそく家でも作り，10月には札幌での教育イベントに来た小学生の子どもたちに作ってもらうことにしました。慣れると3分くらいで作れます。子どもたちは喜んで持って帰りました。

小浜さんはその後，アルミ線の代わりにモールを使い，子どもたちにも作りやすく長持ちするようにした改良型のいもむし君ストラップを紹介してくれましたが，僕は初期型の方がアルミ線を巻いたところが口のようになってかわいいので好きです。

最近では高校3年生の最後の授業で，ラブレター（＝1年間の授業の感想）を書いてくれた生徒さんにあげました。もちろんみんな喜んで持って帰りましたよ。

(初出 No.393, 12・5)
モールで作るアリくん

小浜真司　北海道・小学校

はじめに

　以前,「すき間テープを使って作ったアリくん」という資料を考案,発表したことがあります。それを応用して,今回はモールを使ってアリを作ってみました。うまくできたので,ご紹介します。

　「アリの模型」については,先行研究として,『たのしい授業』で斉藤裕子さん(愛知)の「発泡スチロール球とモールを使ったアリの模型」が紹介されています。その後,「ボン天とモールを使ったアリ模型」を,蛭田朋子さん(神奈川)が考案されています(ともに『ものづくりハンドブック9』に収録)。

　僕がなぜアリの模型にこだわっているかというと,それは,仮説実験授業《足はなんぼん?》の第1部で,アリの足や種類について詳しく取り上げられているからに他なりません。今受け持っているクラスは特に虫嫌いのお子さんが多く,アリのビニール模型を見せるだけで,「ぎゃー」と大騒ぎして泣く子が出る始末。アリの模型を教室に飾って3ヵ月ほどたって,ようやく抵抗が少なくなってきた感じです。

　以前考案した「アリの模型」の〈すき間テープに針金の芯を入れてアリの模型の材料にする〉というアイデアは,前崎彰宏さん(北海道・小学校)のアドバイスによるものです。これはよく考えると市販されているモールの構造に似ています。また,すき間テープはその用途上,黒やグレーの地味な色のものがほとんどですが,モールなら様々な色のものがあります。「アリが苦手!」というお子

さんでも、「カラフルなアリなら作ってもらえるかもしれない」と思いました。

用意するもの（アリ１体分）
・モケモケ極太モールタイ：２本。本体に使います。100円ショップのキャンドゥで買えます。20cm 30本入り。太さ９㎜×長さ24cm（または30cm）のモールでも作れます。
・細モール：２本。足や触覚などに。太さ３㎜×長さ30cm。太いモールと同色のものを。
＊モール（９㎜、３㎜）は教材会社の「ウチダ」でも買うことができます。質がよいです。
・動眼（人形用のくるくる動く目）：手芸店、100円ショップなどで買えます。
・はさみ
・両面テープまたは接着剤

作り方
①極太モール１本を曲げて、〈あたま〉〈むね〉〈はら〉の芯部分を作る。〈あたま〉はふた巻きぐらいしておにぎり型に形を整える。

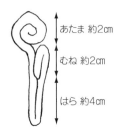

②〈はら〉部分にもう１本の極太モールを巻きつけ、〈はら〉にボリュームをつける。〈むね〉の方から巻きつけ、真ん中あたりが太くなるようにする。

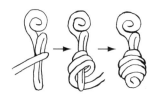

③〈あし〉を作る。細モール２本を半分ずつに切り、そのうち３本を（残り１本はあとで使う）真ん中で折って、３本まとめてねじってとめる。

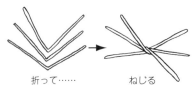

折って……　　　ねじる

④束ねた細モールを〈むね〉に巻きつける（1回でよい）。

⑤〈あたま〉の先端に残りの細モールをとりつけ，口と触覚を作る。巻いた極太モールのすきまからモールを通し，ねじってとりつける。

⑥〈あたま〉にとりつけた細モールを根本から5mmぐらいのところで折り返し，口部分を作る。

⑦折り返した細モールの先端を，〈あたま〉のすき間から左右に通し，触覚を作る。

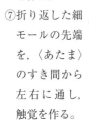

⑧動眼を両面テープか接着剤でつけ，足や触覚の形を整えれば完成。足の向きや形は，《足はなんぼん？》6ペ（一番下の図）を参考にするといいと思います。〔口絵参照〕

完成！

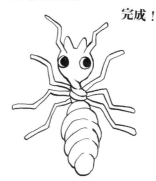

↑はら部分を少し曲げると感じが出ます。

《足はなんぼん？》6ペの図

(初出 No.391, 12・4)

タンポポ綿毛のドライフラワー

●母の日のプレゼントに

高橋朝美　福井・小学校（イラストも）

写真提供：松口一巳

ビンが課題だった

　光村図書の2年の国語の教科書に，「たんぽぽのちえ」という単元があります。「たんぽぽがちえを使ってタネを飛ばす説明文」なのですが，これにちなんで2年担任になったら「是非やろう」と思っていたことに，タンポポドライフラワーがありました（平間芳樹「タンポポ綿毛のドライフラワー」『ものづくりハンドブック8』収録）。今年は，その2年生担任。早速，やってみました。

　材料は，タンポポとビン（ふた付きがよい）。ちょうどよい大きさのビンを30個近く用意するのがまず最初の課題でした。参考にした作り方には，「（ビンは）100均などであります」とのことだったのですが，私の住んでいる地域が田舎なせいか，ちょうどいいビンがなかなか見つかりません。そこで頼りになるのが，ネット。検索すると，ありました。その名も「ジャムびん．com」！（⇒ http://www.jam-bin.com/）

　1個から注文できて，代金引き換えです。ビンの大きさも画像で分かりやすく表示されていて，比較的選びやすいと感じました。ちなみに，私が使ったのはコルクのふたつきのもので（型番は「V48×72」），1個税込147円でした。

摘むタイミングにご注意

　そしてタンポポドライフラワーをするのにさらに大事なのが，中に入れるタンポポです。タンポポは気をつけてみていると，冬以外はどこかには咲いている身近な花

なのです。

それでも，やはり数が多く見つけやすいのは春です。私が勤務する学校の周りには，春になるとたくさんのセイヨウタンポポとシロバナタンポポが咲くので，タンポポを見つけるのに苦労はしませんでしたが，子どもたちと花を摘みに行く時期には気を使いました。

タンポポを摘むタイミングは，つぼみの先に白い綿毛が見えていて，「あ，明日開くかなっ?!」という時です。2年生の子たちでも，「先に白いのが見えてて，明日開きそうなつぼみをとるんだよ」と言えば，よく分かったようでした。

2〜3日で開きます

さて，とったつぼみですが，そのままビンにぽとんと入れて置いておけばよいのです。軸の部分はビンに入れる前に切り取ってしまいます。

今回は少しかわいらしさを出すために，梱包用の〈隙間に詰める細長い紙〉を，2本ほどビンの底に敷きました。

2年生たちと授業で取り組んだ際は，タンポポを見つけるのとビンに入れるので2時間かかりました。

タンポポを入れてしまったら，ビンはあまり激しく動かしたくありません。だから，ビンを配ったらすぐ裏（底）に名前ペンで名前を書いてもらい，それからタンポポを入れました。

タンポポを入れたビンは，教室の後ろの棚に並べておいたので，いつ開くかと，2年生たちは1日に1回は，にこにこしながら見ていました。

ビンにタンポポを入れて（ふた

をしないで)、明るいところに置いておけば、2～3日でぷわっと開きます。つぼみが横になっていてもちゃんとまあるく開いてくれるのが、とっても不思議で、子どもたちもびっくりしていました。

母の日のプレゼントに

ここでひとつ賭けのようなことになったのが、タンポポの綿毛が〈実際開いてみないとどんな大きさなのか分からなかった〉ところです。ビンの中いっぱいいっぱいになるくらい大きな綿毛になった子もいれば、ちょこんとかわいらしくひらいた綿毛になった子も。どちらもそれはそれで味があるので、そのせいでケンカになったりトラブルになったりはしませんでした。それでも出来上がりに不満そうだった子がいたので、そんな子には、私が予備にいくつか作っておいたものと交換してあげました。

さて、タンポポが開いたら、しばらくそのままおいて乾かします。さわらないで、放置しておく状態。そんなにじめじめした季節でなければ、乾燥剤など入れなくてもタンポポに変化はないようです。

タネの部分が乾燥して黒くなったころコルクのふたをしました。そして、少し遅くなっていたのですが、「母の日のプレゼント」として、子どもに持ち帰らせました。

子どもたちの評価と感想を紹介します。

子どもたちの評価

③ふつう、①とてもつまらなかった、は0人

一言感想

・白い綿毛が出たとき（ひらいたとき）、小さかったので悲しかったけど、ママに見せたら「かわいいね」と言ってくれたのでうれしかったです。（女子・4）
・タンポポを見つけに行ったとき、白い綿毛が中にいっぱいつまってて、だから「かわいいな～」と思いました。（女子・5）
・（金曜日につめて）月曜日には

開いていたので、びっくりしました。とてもうれしかったです。
（女子・5）
・最初先生に見せてもらった時、どうやって（タンポポをビンに）入れたのか分からなかったけど、やってみたらとても簡単でした。おもしろかったです。
（男子・5）
・綿毛になりかけのつぼみを入れるのが楽しかったです。
（男子・5）
・母の日には遅れてしまったけど、ママにあげたらとても喜んでくれてうれしかったです。
（女子・5）
・家に帰っておかあさんにあげたら、「すごいね！」と言われてうれしかったです。（女子・5）
・ビンに入れたとき、花がかわいかったです。（女子・5）
・学校に朝来たら、綿毛が開いていてうれしかったよ。（女子・5）
・タンポポのビン詰めをしてから、学校に来るたびにつぼみが大きくなってくるのがうれしかったです。母の日にはちょっと遅れたけど、お母さんが喜んでくれてうれしかったです。
（女子・4）
・おかあさんに見せたら「うわ、すごいね！」と言われました。
（男子・5）
・学校から帰って、おかあさんに見せたら「それどうしたん？！」と聞かれてうれしかったです。
（男子・5）
・タンポポはビンに入れてもひらくんだなあと分かりました。ビンは制服のポケットに入りました。
（女子・5）
・先が白くきれいになっているのを見つけて、ともみ先生に見せたら「きれいだね」と言ってもらえてうれしかったです。その通りにきれいに咲いてうれしかったです。 （女子・5）
・綿毛がちょっとだけ出ているやつは、ちぎっておいてもひらくことは知らなかったです。
（男子・4）
〔2011/07/07〕

(初出 No.368, 10・8)
おはじきアート

福田美智子 大阪・小学校

●おはじきアートとは

　「おはじきアート」とは,「マニキュアやアクリル絵の具を使って,おはじきに絵を描いて,いろいろなアクセサリーを作る」というものです。名称は,2002年の夏に私が初めて発表したときに,つけたものです。おはじきは,100円均一の店で売っているものを使います。

　「おはじきアート」と名づけましたが,じつは,いろいろなものに応用できます。すでに,たくさんの方が実践してくださって好評ですが,その後,塗料の使い方などに工夫したこともあるので,改めてご紹介します。

●アクリル絵の具を使う

　少人数の実践なら,マニキュアを使うと光沢のある作品ができますが,人数が多くなるとマニキュアを準備するのが大変です。

　そこで思いついたのが,アクリル絵の具でした。アクリル絵の具だと,いろいろなものに描けて,混色もできるので,最低3原色に白・黒があればOKです。また,乾燥によって耐水性が出るので,汗や水にぬれても大丈夫です。100円均一の店で,トールペインティング(家具や小物入れに好きな絵を描くこと)の絵の具としても売られています。

　多人数の学級でする時,パレットがあれば,絵の具をグループで使うことができます。子どもたちにも使い慣れたものなので,細かい指導も必要ありません。しかし,パレットの場合,アクリル絵の具が乾くと,色が落ちにくいというデメリットがあります。そこで,

はがき半分くらいに切ったクリアファイルなどに，アクリル絵の具をのせてみました。使用後は捨てればいいので楽です。この場合でも，2〜3人で1枚程度（はがき半分サイズ）のクリアファイルは必要でしょう。

細い線は，竹ぐしに絵の具を少しつけて描いていきます。鉛筆の感覚で竹ぐしが使えるので，かなり細かい絵も自由に描けます。広い面を塗りたい時は，筆を使ってもOKです。

なお，アクリル絵の具には，「乾くと艶がなくなる」という欠点があります。そこで，マニキュアのトップコート（表面を保護するためのマニキュア・無色透明）を使います。作品に艶も出て，絵が消えにくくなります。トップコートは，仕上がった絵に，担任が一塗りしてあげるといいでしょう。

●いろいろなものに描ける

おはじきだけでなく，身の回りを探してみると，絵を描きたくなる材料がいろいろと見つかります。例えば，100円均一の店には，ガラス製品がたくさんあります。「風鈴」もそうです。風鈴には無色透明のものがあり，絵を描くことで自分だけの風鈴が作れます。

その他，ガラス製の紙押さえやいろいろな形のビンなど，絵が描ける材料はいっぱいありますが，ガラス製品にこだわる必要もありません。クリップ式のマグネットもおすすめです。ハート・星・丸・四角などがあり，色も形も豊富です。100円均一売り場をうろうろしていると，いろいろな材料が見つけられます。

●準備するもの
◎印は必ず必要
○印は，あれば便利なもの
〔絵をかく材料〕
◎おはじき（ドロップ型・扁平型）
ドロップ型のおはじきは，100円均一でインテリア用品などのコーナーで，ガラス玉（ミラーマーブル）として売られている。
○クリップ式のマグネット
○空きビン
〔ペイント材料〕
◎アクリル絵の具　最低5色（赤・

青・黄・白・黒）
○マニキュア
○ステンドグラスペン（ガラスに描けるペンで，乾くと線に立体感が出る）
〔金具（おはじきにつける時）〕
◎木製クリップ（3.5cmぐらい）
○ペンダント金具
○ブローチ金具（2cmぐらい）
○押しピン
〔接着剤〕
◎エポキシ系2液混合のもの（ガラスなどを接着するもの）
　「ボンドクイック○」（○には固まるまでの時間（分数）が表示）などの名称で売られています。短い時間だと作業が大変です。
〔その他〕
◎竹ぐし・つまようじ
◎ティッシュペーパー
◎パレット
○クリアファイル
○筆
○除光液（マニキュアを落とす液）

●作り方
①おはじきに金具を2液混合の接着液でつけ，乾燥させておく。木製クリップをつけると紙ばさみ，ペンダント金具をつけるとペンダントやストラップを作ることができる（チェーンやストラップのひもが別に必要）。おはじきに押しピンやマグネットをつけると，壁や黒板にも貼れる。
②描きたい絵をおはじきに描いていく。まず全体の形からアクリル絵の具で描いて，細かい部分は最後に描くようにする。竹ぐしの先に少しだけ絵の具をつけると，目やひげの細かい部分も描きやすい。ちがう色を使う時は，竹ぐしの先が乾いてから描くこと。しめっていると，色が混ざってしまうので注意が必要。
③絵が乾いたら，仕上げにトップコートを一塗りするとよい。

●役に立つテクニック
　失敗したと思っても，乾いていないときならば，ティッシュでふき取ることができます。乾燥したあとは，除光液で落とすことができます。
　ステンドグラスペンで描いた場合も，同様。乾燥したあとは，爪

で削り取ることもできます。

ハートなどの形を描きたいときは，●●と離れた点を2つ描き，乾く前に竹ぐしでそれぞれの点をつないで，ハートにしていきます。

一例として，トトロの描き方を紹介しておきます。

① 全体の形を描く
アクリル絵の具またはマニキュアを使う

※耳から描くと，描きやすい

② おなか・目の形を描く
アクリル絵の具またはステンドグラスペンを使う

③ 黒目・ひげを描く
アクリル絵の具またはステンドグラスペンを使う

※おなかの模様も描く

●おはじきアートの感想

樽谷晃・⑤たいへん楽しい

はじめはティッシュでふいてばっかりやったけど，たのしかったです。

仁尾孝平・⑤たいへん楽しい

オリジナルやし，いろんなんつけて楽しかった。

灘　円香・⑤たいへん楽しい

小さい物に絵をかいたので，ブルブル手がふるえながらかいた。ガタガタになってしまったので，むずかしい。

永田佳代・④楽しい

ガラスに絵をかくのははじめてだから楽しかった。またしたい。キーホルダーが一番上手に絵がかけた。その次はクリップ。

＊

どれも本当にオリジナルだし，世界に一つしかないものです。どの子も，作る時に楽しんでいるのがよくわかりました。みんな，しゃべりながらしていましたが，なんだか話し声はいつもより小さめで，それぞれの作品を見せあい，ほめあっている姿がほほえましかったです。

(初出 No.435, 15・5)

消しゴムで原子スタンプをつくろう

平尾二三夫　大阪・小学校

スタンプが大好き！

　子どもはスタンプが大好きです。先生から返してもらったノートに,「ウサギのイラスト」と「がんばったね」と書かれたスタンプが押してある——そんなスタンプを子どもたちは楽しみにしています。特に低学年の子どもたちは「こんなスタンプが押してあるよ」「ほんとだ」とうれしそうに見せ合います。

　また,子どもたちは自分でスタンプを押すのも好きです。みなさんの教室にも,スタンプを押している教師の手元を見て,「先生,押させて！」と言う子どもがいるでしょう？　絵を書くことが苦手な子でも,スタンプ台でインクをつけて,「ポン！」と押すだけで簡単にきれいな絵や文字が現れるのですから,押したくなるのもわかります。

　子どもたちのスタンプ好きを証明するように,文房具売り場やおもちゃ屋さんをのぞいてみると,可愛いスタンプがたくさん売られています。

化学の授業に原子スタンプ

　仮説実験授業に《不思議な石,石灰石》という授業書があります。この授業書は「お話」だけで構成されています。授業では文章を読み,そこに登場する石灰石の実験をしながら,石灰石の不思議な２つの性質,「希塩酸をかけると,泡を出して溶けてしまう」「強く熱すると燃えたようになって〈白い塊（かたまり）〉になる」ということをさぐっていきます。

この度，この授業に出てくる4種類の原子のスタンプを，消しゴムで作ってみました。そして，それを使って授業書に出てくる分子を授業書の余白に押させてみたところ，子どもたちは本当にたのしそうにスタンプを押していました。

授業後に「スタンプがたのしかった」と感想文に書いてくれた子どもたちが何人もいました。

つくる前に

原子スタンプは，消しゴムを円形に切って作ったスタンプで，大きさと押す時のインクの色を変えることで，授業書に出てくる原子・イオンを表すことができるようになっています。分子をつくる時はこれを重ね押しして分子の形にするわけです。

それぞれの原子スタンプの円の直径とスタンプ台の色は以下のようになります。

　カルシウム……8㎜・オレンジ
　炭素　　　……12㎜・黒
　酸素　　　……10㎜・赤
　水素　　　……8㎜・黒(輪郭)

例えば《不思議な石，石灰石》に出てくる炭酸カルシウムの場合，下のような感じになります。

発泡スチロール球で分子模型を作るときは1億倍の大きさが一般的でしょう。でも，スタンプでそこまで大きくするとあまり可愛くありませんし，授業書やノートに授業の内容をまとめるために押すには大きすぎます。そこで原子の大きさを3千万倍した大きさのスタンプを作りました。1億倍の約3分の1の大きさです。

それでは，以下に作り方をご説明します。

用意するもの

・消しゴム

切ってスタンプにします。だいたい縦25㎜，横55㎜×厚さ10㎜ぐらいの大きさで，1人前には充

分です。この大きさを目安に，比較的大きなものを使ってください。百円均一店などで6個入りなどのものも売っています。固めで安いものを選ぶといいでしょう。

・ハトメ

　消しゴムを丸く切り抜くのに使います。ハトメは布などに開けた穴の周辺を補強するためのもので，靴ひもを通す穴などに使われています。ハトメ本体と座金の2個1組の金具でできています（座金は使いません）。これも百円均一店で買うことができます。12㎜，10㎜，8㎜，7㎜の4種類の大きさを用意します。

・スタンプ台

　赤・黒・オレンジの3色を用意します。最近は7色セットのスタンプ台もあって，これを買うと赤とオレンジは1つでまかなえます。百円均一店などでも売っていることがあります。

・カッターナイフ

炭素・酸素・カルシウムの作り方

①消しゴムを上から見てだいたい12.5㎜四方でサイコロのように切ります。

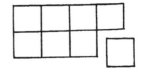

　切る時は，カッターを押し付けるようにして，ゆっくり切ります。カッターをゴシゴシ動かすと切り口がきれいになりません。「蒲鉾を切る要領」とでも言えばいいでしょうか。

②サイコロ状に切った消しゴムを，ハトメ（炭素12㎜，酸素10㎜，カルシウム8㎜）を使って円型に切り出します。

　消しゴムを机の上に置いて，上からハトメを垂直にゆっくりさしこんでいきます。曲がらないように，またハトメが消しゴムからはみ出して円が欠けないように（炭素の場合，消しゴムが12.5㎜でハトメが12㎜なのでけっこうギリギリです），均等にさします。3㎜ほど入ったところで止めます。深く入れてはいけません。

③ハトメが入ったままの②の消しゴムを横にして，消しゴムのハトメが刺さった面から1～2mmぐらいのところにカッターを入れ，回しながら切ります。あまり力を入れずカッターでゆっくり押すようにして切ります。

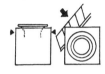

④切り終えたら，しずかにハトメを抜きます。すると，さっき切り込みを入れた部分が，ハトメにくっついたまま消しゴム本体と分離します。これで原子スタンプはできあがりです。

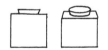

⑤つくり終わったら，スタンプ台でインクをつけて押してみてください。炭素は黒，酸素は赤，カルシウムはオレンジです。力を入れるとゴムが曲がって楕円になります。やさしく「ポン」と押すだけできれいに仕上がります。

⑥出来たスタンプの裏に，「炭素C黒」などと書いておくと，押すときに間違いが少なくなります。

水素原子スタンプの作り方

　カルシウム・炭素・酸素の原子スタンプがでたら，次に水素原子スタンプをつくります。水素原子は白で表現しますが，白いスタンプ台は簡単に手に入りませんし，白い紙に白いスタンプを押しても見えません。そこで，1度カルシウムと同じ大きさのスタンプを作って，輪郭だけを残して中心を彫り取り，色は黒で押します。作るのに少しコツがいりますが，先に3種類のスタンプをつくった人なら簡単にできます。

水素スタンプ

①最初に8mmのハトメを使って，カルシウムと同じスタンプをつくります。

②①でつくったスタンプの上から，7mmのハトメをゆっくり2mmほど押して入れます。この場合も，深く入れる必要はありません。

③カッターの先をハトメの穴に入れ、ハトメの壁に刃先を当ててカッターを回すようにして消しゴムを切り取ります。すると、ハトメの穴の中心に角が生えたようにとんがった小さな山が残ります。

④ハトメを抜かないで、今度は、その残った山をやはりスタンプを回すように切り取ります。切り取ったら、ゆっくりハトメを抜きます。出来上がりです。

黒いスタンプ台でインクをつけて押してみると、きれいな○が押せます。

水素原子スタンプはとても曲がりやすいので、スタンプ台でインクをつける時もスタンプを押す時も、そっと押すようにします。力を入れて押すと簡単に円がゆがんだり、場合によってはスタンプ自体が壊れたりします。

原子スタンプで理解が深まる！

例えば、《不思議な石、石灰石》の授業では、お話に石灰石が出てきたら分子模型や3億倍の原子カード（色画用紙をコンパスカッターで切ったもの）などを黒板に貼って説明してあげます。なければチョークで黒板に分子模型の絵を書くだけでも大丈夫です。子どもたちはそれを見て、授業書に写します。そのときが、「原子スタンプ」の出番です。

例えば「石灰石の化学成分は石灰石 $CaCO_3$ です」というお話が出てきたら、「Ca」「C」「O」の3種類の原子（イオン）がくっついたものであることを説明し、以下のようにスタンプを押してもらいます。

CaとCとO×3個がくっつき

$CaCO_3$ になる

この場合，いきなり授業書に押すと間違う時があるので，いらない紙で何回か練習してもらって，自信が持てるようになってから押してもらいます。

　また授業書中に出てくる「石灰石 $CaCO_3$ が燃えると，二酸化炭素 CO_2 が出て生石灰 CaO になり，その生石灰に水 H_2O を加えると，消石灰 $Ca(OH)_2$ に変わる」ということを，この原子スタンプで表現すると，次のようになります。

① 石灰石 $CaCO_3$ が燃えると，二酸化炭素 CO_2 が出て生石灰 CaO になり，

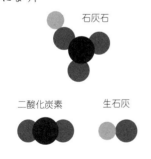

② 生石灰に水 H_2O を加えると，

③ 消石灰 $Ca(OH)_2$ になる。

消石灰

——こんな風に，石灰石の分子がさまざまな分子に変化していく様子を，スタンプを使って手軽に描写できるようになります。

　どうです，かわいいでしょう？

他の原子分子の授業にも

　この消しゴム原子スタンプは，その他の仮説実験授業の授業書，《もしも原子が見えたなら》《溶解》《結晶》《三態変化》《いろいろな気体》《燃焼》などにも利用できます。授業のまとめや復習などで，授業書やノートに押すと，とてもかわいいです。

　いかがですか？　みなさんも子どもたちと作って押してみませんか？

ことりの壁面装飾

(初出 No.411, 13・9)

山口　希　北海道・養護学校

●フリーハンドでつくる壁面装飾

　この「ことりの壁面装飾」は、初任の時に教室の壁面装飾を大量に作ろうとしていてひらめいたものです。「壁面は大がかりにしなくても、どこかちょこっとだけでも立体になっていると豪華に見える」——そう聞いたり見たりしていたので、少し立体で、簡単で、線を引かなくても良い、大量にできるかわいい装飾を作りたい！と、考えたものの一つです。思っていたより簡単で様々な場所で使えます。今年の入学式の壁面にも使った、私の中では使用頻度の高いものづくりです。

　「型をとって線の通りに切りだす」というのは面倒で時間のかかるもの。なので、私はほとんど線を引かず、フリーハンドでざくざく切って作ります。すると形も大きさも少しずつ違ってきますが、本物の植物や動物だってひとつひとつ形が違ったり、いびつだったりします。大きさも形も少しずつ違うものがたくさん集まって壁面を飾ったほうが、型どおりに切ったものを並べた壁面よりずっと味があり、見たときに訴えるものがある気がします。

　もちろん、「ある程度いびつになったとしても、組み立てたときに気にならないように」ということを意識して作りました。

　フリーハンドで綺麗に切るコツは、切りだしたい形に合わせて最初に画用紙を四角くカットしてしまうことです。たとえば、円を切りだすときは、画用紙を正方形に切りだし、そこから辺に沿って最大の円を切りだす（余分な部分だけカットする）つもりではさみを入れるのです。そうするとイメージもしやすいし、小さな画用紙の

ほうが持ちやすく、切りやすいのです。

●作り方

☆材料 画用紙(いろんな色、四つ切りの8分の1サイズ)、黄色い画用紙(少し)、直径1.5cmの白丸シール、はさみ、ホチキス、油性黒マジックペン

☆作り方

①四つ切り画用紙を8枚に切り、それを3～4枚重ねて、下図のようにまず四角く切り出す。実際には線を引かず、目分量で大丈夫。

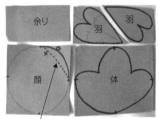

点を結ぶのではなく、正方形の角を落とす感じ

②パーツを切り出す。顔や体は円のふちが、四角の4辺の中央と接するように切るとよい。いびつでも大丈夫。紙いっぱいになるべく大きく切る。

③顔のパーツが上になるようにして、体のパーツを重ねてホチキスでとめる(1か所でよい)。

④羽を半分に折り、体の両端にホチキスでとめる。細い方が頭より。外側内側どちらが立体になってもよい。黄色い画用紙をとがった三角形に切り、くちばしをつくる。大きさは適当に。これも顔に(体をとめたのとは反対の方に)ホチキスでとめる。

⑤白丸シールに黒ペンで下写真のように目を描いて顔に貼ったら、完成！

目はただの黒丸でもいいですが、上の描き方の目が一番人気がありました。目は少し離して貼るとかわいい顔になります。

私は壁面装飾用に先生方と作ることが多いですが、子どもでも十分作れると思います。低学年や特別支援の学級では、フリーハンドではちょっと難しいので、先生が各パーツをあらかじめ用意しておくといいでしょう。

私はよく入学の季節に桜と一緒に掲示しています。くちばしに名前や作品をくわえさせても良いです〔口絵参照〕。大きさを変えて作ったり、羽を同色の薄い紙で作ってもかわいいです！

また、掲示方法は好みですが、私は横一列に並べて貼らずに、あちこちばらばらな向きで貼っています。その方が見栄えがいい気がします。

＊

この壁面装飾の作り方をいろんな人にお伝えしたところ、とても喜んでもらえました。ですが、実際にやるとなると、紙工作が得意な人とそうでない人で、とても差があることがわかりました。口頭でコツを伝えながら一緒に何度かやれば、苦手な方にも自信を持ってもらえることができましたが、今回のように紙面で伝えるのは、とても難しいと感じました。キミ子方式と同じで、苦手な方の立場に立ち、どういう方法をとれば上手にできるかを考え、体系化することが大切なのでしょう。

苦手な人にフリーハンドは敷居が高いと思うのですが、慣れてしまえば手軽で早くできます！　どんどん簡単装飾が広がり、苦手意識が吹き飛び、全国の学校が豪華になればと思っています。

(初出 No.460, 17・3)
お花のメッセージカード

皿谷美子　奈良・小学校

　このものづくりは,もう20年くらい前に,奈良仮説サークルで柳田智子さん(元・ろう学校)に教えてもらいました。柳田さんは,どこかのお店でもらったメッセージカードを分解して仕組みを研究し,型紙を作られたそうです。それ以来,行事やイベント,交流教室などでプレゼントして喜ばれています。

　紙質を画用紙ではなくマーメイド紙などにすれば,高級感が出ます。メッセージの代わりに中に写真を貼ったり,シールを入れてプレゼントをするのもいいかも。花びらをあけたときの楽しみがあります。

　かわいい花に,きっともらった人は大事にしてくれるはず。ちょっと折り方にコツがありますが,それさえマスターしたら,低学年でもバッチリです。

〔準備物〕
　色画用紙(葉っぱは緑,花は好みの色)に235ペの型紙を印刷したもの。原寸〜200％拡大くらいで,好きな大きさで印刷するとよい(口絵は,赤い花が160％拡大,黄色が原寸。赤い花は手のひら大のサイズ)。最初は大きい方がやりやすい。

　はさみ,のり,定規,スジをつけるためのボールペンなど。

〔作り方〕
①印刷された型紙を切る。
②花びらに「折り線の見本」(次ぺ)と同じように,定規をあて,ボールペンなどでスジを

入れ，それにそって折り目をつける。外側からつまむようにたたんでいき，花にする（右写真）。

花びらがずれていたらハサミでカットして整える（型紙は手作りなので若干ずれる可能性があります）。

③葉っぱの真ん中に，のりをつけて花とくっつける。

④花の内側にメッセージを添えてプレゼントに！

折り線の見本

―― 山折り
‥‥‥ 谷折り

(初出 No.384, 11・10)

用途いろいろ 押し花作り

●思いを込めた贈り物に

村上希代子　愛知・(元) 小学校

●人に喜んでもらえる幸せ

　幼いときから自然に親しんできた私は，押し花を葉書や手紙に貼ったり，栞(しおり)や色紙にしてプレゼントしたりしてきました。最近では，コンピュータやプリンターの性能がよくなり，手軽に素敵なメッセージカードなどを作ることができるようになっています。ですが，カードや手紙に〈本物の押し花〉が貼ってあると，受け取った相手の喜び方はまったく違います。「大切にするね」とか，「一生大事にします」なんて言っていただけるのです。

　もちろん，押し花は時が経つと色あせてしまいます。ですが，私はその〈時が経てば色あせる〉という儚さも好きです。それに，なによりも相手に喜んでもらえると自分も嬉しい気持ちになれます。

　市販の押し花キットもありますが，少し値段が高かったり，意外に手間が掛かったりするものです。そこで今回は，誰でも手軽にでき，いろいろな用途に応用できる〈押し花作り〉と，押し花をあしらった〈栞作り〉を紹介します。

〔用意するもの〕

・花　・ピンセット　・ティッシュ
・タウンページなどの分厚い雑誌
・保存用タッパー（ジッパー袋でも可）
・ブックコートフィルム（図書館用品専門店「彩ふく」などで販売。栞作りには 12cm×50m が適当）
・ケント紙（＝栞の台紙用）
・切るもの（ハサミ，カッター）
・固形のり

～押し花作り～

（１）押し花にする花を摘む

　春から初夏にかけて花が咲く時

期に、可愛く、きれいな花をたくさん摘みます。押し花に適した種類の花は、ビオラ、ガーベラ、花手毬(はなてまり)、わすれな草、アジサイなどです。花が小さく、また薄すぎず厚すぎず、バラバラになりにくいものが押し花には適しているようです。バラのように花びらが重なっているものは、花びらを1枚ずつ分けて押し花にします。

〔ポイント①〕押し花作りは一度にたくさん！
⇒ 押し花をハガキや栞にレイアウトするとき、花がたくさんあった方が見映えがします。それに花の色と葉の緑が組み合わさる方が断然きれいに仕上がるので、花だけでなく、小さめの葉っぱや形のおもしろい草などもあわせてたくさん摘んでおくといいでしょう。

（2）雑誌に挟んで乾燥させる

摘んできた花は、水分をよく吸収する紙質（わら半紙）の雑誌に挟んで乾燥させます。乾燥に使う雑誌は、あらかじめよく晴れた日に一日ほど天日干しし、水分をしっかり飛ばしておきます。

＊天日干しできない場合は、電子レンジで水分を飛ばします。このとき本は閉じたままにして、薄い本で1分、厚い本だと2分程度加熱します。火事にならないよう、十分注意してください。

雑誌が十分に乾いたら、その間にティッシュペーパーを敷き、花や葉を並べていきます。全体にまんべんなく並べたら、上からもティッシュをのせて閉じます。タウンページくらいの厚さがあれば、一度に4～5箇所ぐらいに花を挟んでおくことができます。

（3）花を平らに伸ばす

雑誌の上から重しを乗せ，花を平らに伸ばします。重しは厚い辞書3，4冊程度が目安です。1〜2週間して花がパリッと乾燥したら，押し花の出来上がりです。

（4）保存する

押し花をそのままにしておくと，変色したり，丸まったりして使い物にならなくなります。かといって乾燥剤や密封容器まで用意するのはちょっと手間。そこで簡単なのは，押し花をタッパーに入れて冷蔵庫に保存する方法です。

〔ポイント②〕保存は冷蔵庫で
⇒ 押し花を冷蔵庫に保存しておくと，一年経ってもきれいなままで，3月の卒業生へのプレゼントやお別れのメッセージカードなど，必要なときにいつでも使うことができます。

タッパーにいれて冷蔵庫へ

「冷蔵庫が狭くなるからタッパーは嫌」という方は，押し花が傷まないようにティッシュで包み，ジッパー袋で冷蔵庫に保存するとよいでしょう。

～〈栞（しおり）〉作り～

封筒の中にしまう手紙やプレゼントカードの内側など，押し花が傷む恐れのないところに利用する場合は，押し花を貼付けると完成です（花びらが浮いてしまう場合は，爪楊枝に木工用ボンドを少量付けてとめます）。

しかし，栞や葉書など，そのままでは押し花が傷んでしまうところに使う場合は，あらかじめ押し花をコーティングして，保護する必要があります。一般的なのはラミネート（パウチ）加工ですが，これを自宅でするのは大変です。

そこで私がおすすめするのは，ラミネートよりも簡単で，自宅でも出来る，〈ブックコートフィルム〉を利用した〈栞作り〉です。

（1）栞の台紙を作る
①ケント紙とコートフィルムを必

要な長さに切る。縦の長さ12cmはコートフィルムに合わせ、横の長さは〈栞の幅4cm程度×必要な栞の枚数〉分で切る。

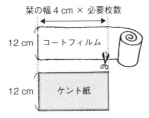

②コートフィルムの上端約5mm程度にカッターの切れ目を入れ、はくり紙の部分を取り除く。

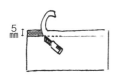

③コートフィルムの5mmくらい露出した粘着面にケント紙を貼りつけ、仮止めする（ケント紙とコートフィルムの間に押し花を挟んでいくので、粘着面を覆っているはくり紙は、押し花を台紙に貼付けてからはがす）。

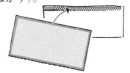

④栞の大きさに切り、リボンを通すための穴をパンチで開けておく。

（2）押し花をアレンジする

①台紙の上にピンセットで押し花を並べ、レイアウトを決める。レイアウトが決まったら、いったん花はよけておく。

〔ポイント③〕
　無駄なく、きれいにアレンジ⇒同じように押し花にしても、きれいにできるものと縮んで上手くできないものとが出来てしまいますが、花びらだけにしてみたり、花と花とを重ね合わせたりして並べてみると、無駄なく、きれいに仕上げられます。色違いの花や葉が複数組み合わさっているときれいです。

②ケント紙に固形のり（スティックのり）を塗り、レイアウト

通り、押し花を貼る。

(3) コートフィルムを貼る

コートフィルムのはくり紙をすべてはがし、押し花をコーティングします（このとき、花をのりづけしておかないと静電気で動いてしまいます）。貼るときは、空気が入らないように注意します。

(4) リボンをつける

お好みのリボンをつければ栞の完成です。

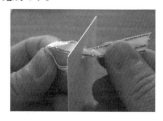

●自然に触れるきっかけに

日本には、四季という素晴らしい自然現象があります。

春になると草花が芽吹き、辺り一面、オオイヌノフグリのかわいらしい青色やホトケノザの桃色、タンポポの黄色など、色とりどりの花が咲きます。

幼い頃の私は、草花をたくさん摘み、花の蜜を吸って遊んでいました。また、どこからともなく次々と新しい命が誕生し、空を飛んだり水中を泳いだりします。私には、そんな自然の不思議に触れ、いつもわくわくどきどきした思い出がありました。また、祖母と一緒にヨモギを摘んで団子を作ったり、ツクシやワラビを煮て食べたりした経験は、自然の豊かさを知り、自然を大切にしたいと思う心を育ててくれたように思います。自然が豊かな日本では、人々は昔から自然に学び、自然の中にあるものを生活の中に生かしてきました。

都市化が進むなかで、子どもたちは自然を体験する機会を失ってきているように思います。ささやかではありますが、この押し花作りが、子どもたちが自然の小さな感動に触れ、道端の花にも喜びを感じることのできる心の豊かさやゆとりを持つきっかけになればと願っています。

（初出 No.381，11・7）

だれでもできるキッチンサイエンス　塩のお絵かき

●食塩の結晶のあぶりだし

山田芳子　愛知・主婦／わくわく科学教室主催

◆塩の結晶を早く出す法

あるとき（といっても十年以上昔です），授業書《結晶》の実験について，こんなことを聞きました。「蒸発皿やプレパラートで食塩水を加熱したとき，出てきた食塩の結晶が熱ではぜてしまい，結晶と確認しづらい」というのです。

それを聞いた私は，「何かいい方法はないか」と考えていて，ふと思いついたのは，「白い結晶は，黒い紙の上で見ればよく分かる→黒い紙は，直火では燃える→フライパンの上なら燃えない！→フライパンならホットプレート！」ということでした。

黒い紙の上に食塩水の水たまりを作ってホットプレートに載せると……さざ波のように，真っ白の食塩の結晶ができていきました！

それを見て，「だったら，食塩水で絵や文字を書いたら！」と思いつきました。やってみると……もっとおもしろい！（口絵写真参照。やり方は後掲）

浮き出た真っ白い部分をライトスコープ（簡易顕微鏡）で見ると，四角形の食塩の結晶がいっぱい！

またまた感動したのでした。

ホットプレートなしでも，黒い紙の上で〈塩水だまり〉を放置すれば，真夏なら20分，真冬でも3〜4日で，3〜5ミリの結晶がでることを確認しました。これならいける!!と，うれしさいっぱいの私でした。

◆おなじみの結晶に，
　改めて感動します

一辺1ミリのミョウバンの結晶が1センチ，5センチと成長していくさまは感動的です。ただ，その成長の途中で「結晶していたものがとける」というハプニングが

241

おこり、「安定した結晶づくり」が問題になりました。その方法を模索しているときに出会ったのが名古屋市科学館の学芸員・西本昌司さんでした。その出会いがきっかけとなって、名古屋市科学館のイベントに参加し、翌年1996年から「青少年科学の祭典」にも出展するようになりました。

「結晶」について楽しく学ぶには、仮説実験授業の《結晶》が一番！でも、学校外のイベントでは、長時間の「授業」は不可能です。そこでイベント用に「偏光板で結晶探し」や「結晶おもしろ実験／展示」などをやってきたものの、ネタも切れてきました。そこで2000年10月の「青少年科学の祭典／名古屋大会」に、短時間で食塩の結晶を出す方法として「食塩のあぶりだし＝塩のお絵かき」を出展したのです。これなら実験の感動と一緒に「自分でつくった結晶」を持って帰ってもらえます。

これは思った以上に好評でした。まさに、子どもから大人まで、喜んでもらえたのです。

それ以来、いろんなところでこの「塩のお絵かき」を紹介してきました。そして、いつでも、どこでも、子どもにも、理科の先生にも、とても喜んでもらえました。

==やりかた==

〔用意するもの〕

◇お湯と塩。お湯100gに対して、食塩35gぐらい。

◇透明な耐熱容器。

◇わりばし（筆代わり）。

◇黒画用紙（少し厚めで、暗色、無地の紙ならよい）。紙は、「しおり」や「コースター」にできる大きさに切っておく。

◇ホットプレート。

◇虫めがねか「ライトスコープ」（簡易顕微鏡）。

◇「パウチ」があれば、保存用に便利です。

〔手順〕

①耐熱ポットでお湯をわかし、ふっとうしたら電源を切って、食塩をいれます（水100gに対して塩35gくらいの割合）。やけどに気をつけて、よくかきまぜます。

塩（塩化ナトリウム）は、水の

温度にはあまり関係なくとけますが、「結晶を出す」には、このようにしたほうがうまくいきます。ともかく、「濃い塩水」をつくります。

②わりばしに食塩水をつけ、好きな絵をかきます。

　大きい結晶を出したいときは、わりばしにたっぷり食塩水をつけて太くかきます。小さくても早く結晶を出したいときは、わりばしの先を鉛筆のように細く削っておくといいでしょう。

③温めたホットプレートに、絵をかいた紙をそっとのせ、水分を蒸発させます。ぬれた紙は黒々としていますが、見ているうちに乾いて白い結晶が浮かんできます（ホットプレートを使わず、天日干しで時間をかけると、夏なら20分くらいで、キラキラの塩の結晶ができます）。

④白く結晶が浮かび上がった紙をピンセットやわりばしで引き上げて（やけどに注意）、虫めがねやライトスコープでのぞいてみましょう。白い粉のようなところは、きらきら光る四角い食塩の結晶が見えます。たっぷり食塩水があったところには、ところどころ、肉眼でも立体的に見える大きな結晶ができているでしょう。

　できたものは、早めにパウチするか、ビニール袋に入れておきましょう。きれいに出た結晶が落ちてしまうことがあるからです。パウチしても、結晶はこわれません。それに、パウチしてあれば、しおりを作るなどの工作も簡単です。

◆見えなくなっても大丈夫

　ところで、梅雨時になると、この「白く光る絵」が消えてしまうことがあります。それは、食塩の結晶が、空気中の水分にとけてしまう（潮解する）からです。

　潮解して見えなくなっても、またあたためるか、暑い夏になれば、ふたたび結晶があらわれて（再結晶して）きます。その変化もなかなか楽しいものです。

　食塩のうんと小さな結晶は食卓で毎日のように見ているはずですが、自分でつくってみると、その美しさに感動します。一度お試しください。

（初出 No.452, 16・8）

アルミ缶で作る
くるくる缶風車

吉竹輝記　京都・中学校

　みなさんはどこかのお家の軒先で，くるくる回る風車のような物体を見かけたことはありませんか？　僕が車での通勤途中に見かける家でも何軒かがそのようなものをぶら下げて（飾って）いて，「あれは何だろう？」とずっと気になっていました。どうも風車ではなさそうだし，よくみると空き缶みたいだし……。気にはなりましたが，わざわざ車を止めて見るのも変だし，そのお宅に聞きにいくのはもっと変だし……と思いながら時が過ぎていきました。

　そうして昨年のGW，旅行先の岡山県津山市の城東地区というところをたまたま散策していると，至る所の家の軒先にその「回る物体」がぶら下がっているのを発見しました。「あっ，前から気になっていた物体だ」とまじまじと観察すると，アルミ缶を工作して風車風にしたものでした。〔口絵参照〕

　「へぇ，うまくできてるなぁ」
　「でもどうやって作るのかなあ」
　「なんか作れそうな感じだな」
と思いながら散策を続けました。そして，何気なく入った雑貨＆喫茶店風のおしゃれなお店「和蘭堂」で，何とこの「回る物体」が売られていたのを発見したのです。しかもお店の一角には「ものづくりコーナー」があり，作り方を書いた紙や写真が置かれていたのです。僕はうれしくなって，その作り方の紙

をいただき，いくつか実物を買って帰りました。

　その後，和蘭堂さんでもらった作り方の紙を参考に自分でも作ってみました。そして丹後仮説サークルや勤務先の中学校PTAのものづくり教室でも参加者の方に作ってもらったところ，とても好評でした。「これ，前から気になっていたんだよね」という人も少なからずいました。

　昨秋に百合学院小学校での大阪たのしい授業フェスティバルでも，売り場に置いておいたところ，多くの人が興味を持ってくれました。和蘭堂さんにも確認しましたが，この工作は和蘭堂さんのオリジナルではなく，誰が考案したのかは不明ですが，すでに日本各地に広まっているようです。

　以下に作り方を紹介しますので，もしよかったら作ってみて下さい（和蘭堂さんの作り方の紙を全面的に参考にして，吉竹が一部分改訂しました）。

　風でクルクル回る姿を見るのは楽しいし，意外に美しいですよ。またリサイクル工作としてもできると思います。

用意するもの

・アルミ缶（基本は350ml）
・指で曲げられる太さの針金(アルミ缶を回すフレームにする)

　細すぎるとしっかりしないし，太すぎると工作しにくい。僕はホームセンターで売っている「カラーワイヤー（緑）#16（太さ約1.6㎜)」(40mで525円) を使っています。
・千枚通し（穴を開ける。錐(きり)は穴が三角形になるのであまりよくない）
・まゆげ切りハサミ（先の曲がっている小さいハサミ。100円ショップで買える）
・刃が薄くて長いハサミ（普通の長いハサミ。短いハサミだと

アルミ缶の切れ端で手を切りやすい）
・ラジオペンチ（先が細いペンチ）
・薄手のゴム手袋（ビニール手袋でも良い）

作り方（制作時間：大人で約20分。慣れれば5〜6分で作れます）

■風車本体を作る

①薄手のゴム手袋またはビニール手袋をする。工作の途中でアルミ缶を切った時にできるトゲトゲで手を切りやすい。僕が初めに手袋無しでやっていたらハサミを持つ手が擦り傷だらけになった。子どもにさせる時には特に注意が必要。軍手は分厚すぎてハサミに指が入らない。

②アルミ缶の上部の真ん中に、千枚通しで穴を開ける。

ココに穴を開ける。缶のプルタブは取らなくてよい

③アルミ缶の下部に1〜2cm間隔で穴を開ける（間隔が広くても風車は回るが、間隔が狭い方が何となく美しい）。

この距離は1cmくらい→

④ ③で開けた穴に、まゆ毛切りハサミを入れて、図のようにカーブさせて2cmほど切る。

となりの穴の上あたり

⑤ ④の続きを、長いハサミで、上から2cmくらいのところまで真っ直ぐに切る。最後は最初と同じようにカーブさせます。

上から約2cm
最後のところはカーブさせる

⑥カーブした部分をペンチで起こす（上下とも）。これが風車の羽になる。

⑦アルミ缶の上部と下部を手でそっと押すと、きれいにふくらみ広がる。

⑧最後に形を整える（全ての羽が起きているか等）。アルミ缶を切った時にトゲトゲができた場合は、危ないので切ってなだらかにしておく。

■フレーム（枠）を作る
①針金を65cmに切る。
②下の「針金を折り曲げる目安」の図を参考に、マジックで印をつける。
③アの部分の右側が長くなるように手で持つ。
④アの部分を手で折る。

⑤下図のようにイの部分を折り、ウの部分が重なるようにして大きな輪にする。

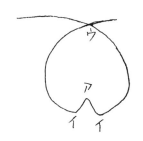

図：針金を折り曲げる目安

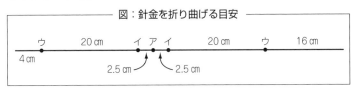

⑥交差してはみ出た右側（短い方）を輪の上部に3〜4回巻く。

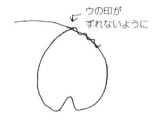
ウの印がずれないように

⑦はみ出た左側（長い方）を折り曲げ、直径1.5cmくらいの小さな輪を作り（この輪がつり下げる部分になる）、残りの部分を輪の中に真っ直ぐ下ろす（これが回転軸になる）。

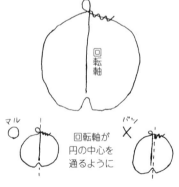
回転軸
マル　回転軸が円の中心を通るように　バツ

⑧型紙（次ページに掲載）に乗せて形を整える。

■組み合わせる

①アルミ缶上部に開けた穴にフレームの軸を通す。
②アルミ缶下部のへこみにフレームのアの部分をはめる。
③アルミ缶を手で回してみて、スムーズに回るようフレームの形を調整すればできあがり！

【応用編】

①本体の作り方の③で、缶の上部に穴を開けると、風車の回り方が逆回転になる。

②500ml缶でも作れる。その場合、上と下に別々に切り込みを入れると瓢箪型風車ができる。

③フレームの下の部分にヒモなどを付けて、缶風車を2個3個と連結させるのも楽しい。

ヒモや針金

フレーム用型紙

くるくる缶風車

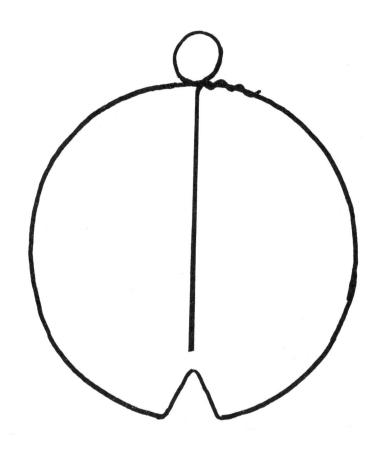

150%に拡大して使用してください。

（初出 No.409, 13・7）
インテリアスライム時計
●幻想的で癒されるものづくり

淀井　泉　京都・支援学校

これは欲しい！

　ゴールデンウイークに大学生の次男がおもしろいものを持って帰ってきました。細長い木製の箱の中に〈スライム時計〉が入っています。次男は小さい頃から「ものづくり」が大好きでしたから，一目見て「これは彼の手作りだな」と思いました。

　〈スライム時計〉はもともとは神奈川の由良文隆さんが発表したもので，連結した二つのペットボトルの中にスライムが入っていて，砂時計のように時間の経過とともにスライムが落ちるというものです（詳しくは淀井 泉「スライム時計開発物語」『ものづくりハンドブック9』参照）。「時計」といっても正確な時間ははかれませんが，スライムがゆっくりと流れ落ちているところを眺めているだけでも，なんとなく楽しくなります。

　次男が作ってきたスライム時計は，木の箱の上下に「小型マグライト」が取り付けられています。マグライトのスイッチを点灯して部屋を暗くすると，驚くことが起きました。ライトがスライム時計の上下を照らし出し，何ともいえない幻想的な世界が展開されたのです。しかもマグライトは「色セロハン」を通して色付きの光を出すように工夫されていました。「これは

欲しい！」と思いました。

次男制作のスライム時計

リラックスルームに最適？

うちの学校（支援学校）には「リラックスルーム」という部屋があります。いろいろな事情でリラックスすることが必要な子どもが落ち着けるように準備された部屋です。このスライム時計をその部屋に置けばいいだろうなあと思いました。ただし、これを自分で作るとなるとちょっと億劫でした。次男はものを作ることが好きですが、僕は嫌いです。そこで、例によって「手抜き」の方法を考えました（僕はものづくりが苦手なので、そんな自分を基準にして簡単にできる方法を考えるようにしています。その方がみんなの役には立つように思います）。

そうしていろいろ試行錯誤を重ねた末、考えついたのが次のような方法でした。

〔用意するもの〕

・小さめ（500mlよりも小さい）のペットボトル2個。100円ショップで売っている「ボトルポンプ」2個でも可。

・水道ホース（内径25mm、外径30mmのものを長さ4〜4.5cmぐらいに切って使う）

・PVAのり、ホウ砂、お湯（水でも可）

・ビー玉、ビーズ（無くても可）

・折り染め染料（無くても可）

・LEDの変色ライト2個（100円ショップで1個100円）。

・アルミホイル
・ホログラムシート（東急ハンズなどで購入できる。無くても可）

〔作り方〕
①スライムを作る。ペットボトルが小さいので普通のスライムだとすぐに落ちきってしまいます。固めにしたいので，「PVA：ホウ砂水溶液：水」の割合は，「1：1：1」～「1：1：1.5」の間ぐらいがいいでしょう。スライムに色をつけたい場合は，水に折り染め染料をちょっぴり混ぜておきます。特に色をつけなくても問題はありません。
②ペットボトルのリング（図の灰色の部分）を切り取っておく。

③ペットボトルの片方にスライムを入れる（8～9分目ぐら
い）。お好みでビーズやビー玉も入れる。
④水道ホースを切ったものをペットボトルの口にかぶせ，もう一つのペットボトルをはめ込む〔これでスライム時計は完成です〕。
⑤LED変色ライトを上下のペットボトルの横腹にセロテープ等で貼り付ける（貼り付けた方が背面になります）。

⑥アルミホイルを大きく切り，貼り合わせる（縦40cm，横50cmくらいにする）。そのアルミホイルを少しクシャクシャして皺を付け，かまくらや洞窟のイメージで，〈スライム時計〉の周りを囲うようにする。スライム時計の下にもマットレスのようにアルミホイルを敷くといいです。上にも天井のようにアルミホイ

ルがかぶさっていると, より雰囲気が出ていいかもしれません。

⑦部屋を暗くして「変色ライト」のスイッチを付ける。〈スライム時計〉やアルミホイルがとてもきれいに映し出される。

⑧このままでもきれいですが, 手元にあった「透明ホログラムシート」(70cm×30cmぐらい) をアルミホイルに重ねると驚くほどきれいになりました。大げさに言えば「この世のものとは思えない」くらいです。〔口絵参照〕

厚紙などにアルミホイル→透明ホログラムシートの順に固定し, その厚紙でつい立てのようにスライム時計を囲みます。

簡単にできるので, みなさんもぜひお試しください。クリスマスシーズンなんかにはいいと思います。そしてもっといい方法があれば, ぜひ教えてください。

(初出 No.429, 14・12)

モールで作るぬいぐるみ
ウサギとクマのオーナメント

考えた人
小川郁美
北海道・特別支援学校

紹介する人
小笠原 智
北海道・特別支援学校

またすごいの考えちゃった！

　100円ショップの針金入りビニールひもを使った豪華ピカイチ指輪アクセサリー作り（『ものづくりハンドブック8』収録）を発明した小川郁美さん。彼女がまた発明をしたらしい，という噂が流れてきました。しかもずいぶんウケているようです。これは見せてもらわなければ，というわけで，小川さんにその発明を教えてもらいました。

　それが今回ご紹介するモールのオーナメント（クリスマス飾り）です。以前，丸山直美さんの「モールでかわいい野菜作り」（『ものづくりハンドブック4』仮説社）というのもありましたし，モールのものづくりというのは結構人気があります。

　今回の小川さんの発見は「ウサギやクマをかわいらしくつくるにはコツがある」というものです。実際出来上がりを見ると，「モールでできたぬいぐるみ」という感じです。かわいい！〔口絵参照〕

　小川さんは知的障害の支援学校に勤めていますが，中学部の生徒さんと一緒にやったそうです。うちの娘（小1，当時）も作れたので，低学年から大丈夫そうです。

　さあ，作ってみましょう。

〔用意するもの〕

・太いモール
・ビーズ：小さいのは目や鼻に，大きいのは手に持たせて飾りに。
・リボン：6㎜巾くらいのきれいなもの。金ラメなどの飾りがついているとよい。
・細いモール：首に巻くのでキラキラしたのがよい。

　これらは手芸屋さんや100円ショップにたくさんあります。
・木工用ボンド

〔作り方〕

① 顔をつくります.

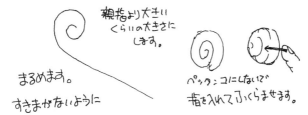

まるめます。
すきまがないように

② 耳をつくります。

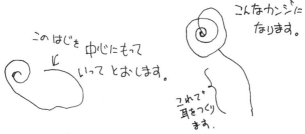

③ からだをつくります。

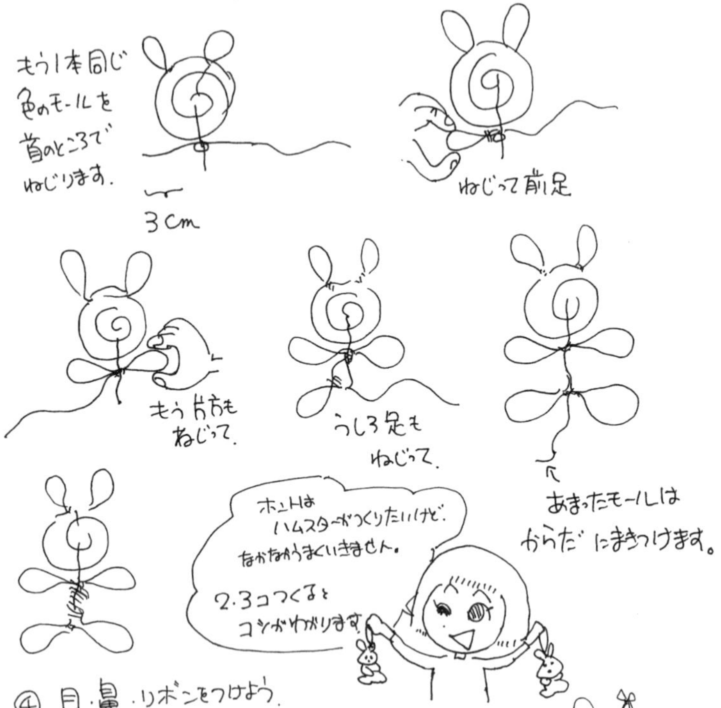

もう1本同じ色のモールを首のところでねじります。
3cm

ねじって前足

もう片方もねじって。

うしろ足もねじって。

あまったモールはからだにまきつけます。

ホントはハムスターがつくりたいけど、なかなかうまくいきません。2.3コつくるとコツがわかります

④ 目・鼻・リボンをつけよう。

ビーズを目・鼻のところに木工ボンドでつけます

ボンドをつけて

ビーズをつけます。

まげる

前足、後足をまげてすわらせるようにすると、かわいく見える！

大きいビーズをもたせる。

※首にまくときはゆるめにつくる。首がほそくなって貧相に……

ツリーに飾りました

《もしも原子が見えたなら》をやっている中3のクラスで，クリスマスツリーに分子模型を飾っていたので，そこにウサギとクマも飾ることにしました（分子模型のクリスマスツリーは小樽サークルの神山幸也さんのアイデアです。ツリーは100円ショップで売っているものを使いました）。

中3の貢君と純子さんは，好きな色のリボンを選ぶのが楽しいようでした。手指があまり上手くうごかないので，一緒に作りました。

クリスマスにぴったりのものづくりです。ぜひ作ってみてください。　　　　　　　（2000年作成）

(初出 No.401, 12・12)

立体のお星様かざり

●少ない画用紙で簡単ものづくり

山口 希　北海道・養護学校

☆画用紙でつくる星

　クリスマス会に向けて、ツリーに飾るものを手作りすることになっているうちの学校。「今年はどうしようかなぁ」と思っていました。

　「少ない画用紙で、簡単にインパクトのあるものづくりができたらなあ」と考えていたら、ひらめきました。そうだ！　画用紙をひし形に折って、ホチキスでとめれば星になるんじゃないか！

　いざ、細長い画用紙でひし形を作り、くっつけてみると……星とはいえない形に。「仮説」は予想通りにいかず、がっかり。でも、もう一息な形！　なんとなく一筆書きの星（☆）を書いてみると、細長い画用紙を〈1：1：1：1〉に折るのではなくて、〈1：2：2：1〉じゃないかと気がつきました。

　そして実験。この「仮説」は予想通り！　星形になりました。

☆みんな喜んでくれた！

　さっそくクラス（知的障害養護学校の小3）で作ってみることにしました。障害の程度によって、紙を折ることが難しい子もいるので、細長い画用紙に線を引いたりシールを貼ったりする作業を入れました。

　子どもによっては、折り筋をつけておいたり一緒に組み立てたりして、全員星を完成させることができました。みんなとっても喜んでくれました。

　その後、プライベートで小2の子と作ってみましたが、作り方を少し説明しただけですぐに何個も作って喜んでくれました。

　このものづくりは、使う素材や色によって表情を変えられたり、カラフルに仕上げたりもできま

す。飾りに穴開けパンチを使ってみたり，テープを貼ってみるのもいいかもしれません。紙を6枚にすれば六角形の星もできます。

〔**用意するもの**〕

・色画用紙（2枚貼り合わせて厚みをつけると，作りやすく，飾りやすいです）
・ホチキス　　・ひも
・カッターまたははさみ

〔**作り方**〕

①紙を細長く切り，同じ大きさのものを5枚作ります。まずは20cm×3cmでやって，慣れてきたら自由に大きさを変えてみてください。

　クリアファイルを使う場合は，袋になっている部分を「折り目」として利用すると楽です。

②細長く切った紙を半分に折ります。

③半分に折った線から大体3分の2のところでそれぞれ谷折りにします。目分量で大丈夫です。

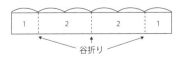

④四角形になるようにして，なるべく端の方をホチキスで止めます。5枚とも同じ要領で四角形にします。

⑤ ④で作ったものの短い辺同士をくっつけてホチキスで止めます。短い辺の真ん中辺りを止めるといいです。

　5つともくっつけたら星の完成！〔口絵参照〕

　立てても飾れます。ひもを長くして〈メダル〉として使うのもおすすめです！

(初出 No.401, 12・2)

ふわふわスノーマン
●クリスマスにピッタリ！

野戸谷　睦　北海道・特別支援教育

●はじめに

　クリスマスといえば……「ものづくり」。ということで，クリスマス時期にぴったりな「ふわふわスノーマン」をつくってみませんか？　以前に発表した「発泡スチロール球でつくるスノーマン」（『ものづくりハンドブック4』）と同じく発泡スチロール球を2つくっつけて本体をつくるのですが，まわりが「ふわふわ」としています。

　ふわふわポイントは，羊毛フェルトです。羊毛フェルトを使った手芸は，ちょっとした流行になっているようで，手芸屋さんに行くと羊毛フェルトのかたまりを手軽に入手することができます。羊毛フェルトによる手芸を調べてみると，ニードルという細い針を刺しながら作品にするようです。最初は「この手法を使ってスノーマンをつくったらいいのでは」と思って取りかかってみたのですが，発泡スチロール球にフェルトが上手く定着しませんでした。そこで，もっと手軽に「ふわっ」とする方法はないものかとつくってみたのが,今回ご紹介する「ふわふわスノーマン」です。

●準備するもの
・発泡スチロール球30ミリ球,25ミリ球（各1個ずつ）
・フェルト（帽子やマフラーに。いろいろ色が選べるとたのしいです）

- 羊毛フェルト（手芸屋さんで購入）
- 目（「ハマナカ あみぐるみEYE」を使用。足付きのものを手芸屋さんで購入）
- カッター／木工用ボンド／ステープラー

●つくりかた

①発泡スチロール球2つをくっつける前に接合部分をカッターで少しカットします。

　少し多めにカットすると、かわいい感じに、少なめにカットすると長身できりっとした感じになります。

②帽子とマフラーをつくります。フェルトを切って帽子をつくります。頭（25ミリ球）の大きさにあわせて次図のようにフェルトを切ります。

　円錐状になるように丸め、後ろはステープラーで簡単にとめます（1か所くらいで十分です）。

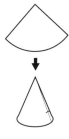

　マフラーは、首に巻き付けることができる長さに細長くフェルトを切ります。

③スチロール球全体（切り口以外）に木工用ボンドを薄く塗ります。

④羊毛フェルトを少しとり（そーっと引っ張ってちぎるとふわっと取れます）、木工用ボンドがついた発泡スチロール球に貼り付けます。

　手の平にのせて、お団子をつくるように、一気にコロコロしたほうがきれいに貼り付きます。頭も胴（30ミリ球）も羊毛フェルトでふわふわにします。フェルトが足りなけ

れば，もう少しちぎり貼り付けます。

⑤頭と胴を木工用ボンドを使ってつなぎ合わせます。

⑥帽子とマフラーも木工用ボンドを使って貼りつけます。

⑦最後に目の位置を決めて本体に差し込み，完成です。〔口絵参照〕

●おわりに

「ふわふわスノーマン」いかがでしょうか。オーナメントにして飾ってもよいでしょうし，吉村七郎さんの「発泡スチロール球で作るスノーマン・新バージョン」(『たのしい授業』No.137)のように，底から鉛を入れて「おきあがりこぼし」のようにしてもよいでしょう。底になる部分を平らになるようにカットし，台紙やコルク栓などに貼り付けるのもよいと思います。藤井曉子さん「ニュー・スノーマン」(『ものづくりハンドブック9』)の提案のように改良するのもたのしいと思います。

目の位置がちょっと違ったり，マフラーの長さや幅が少し違うだけで，とても個性あふれる作品になります。子どもたちとぜひお試しください。

紙をはって
ふさいでもよい

(初出 No.415, 13・12)
クリスマスツリーづくり
●麻ひもや毛糸を使ったすてきなツリー

山口　希　北海道・養護学校

●麻ひもでツリー作りに挑戦

　まだ前任校にいたとき，学習発表会で，麻ひもを適当に巻いたかごのようなものを展示していたクラスがありました。同僚にどうやって作ったのか聞くと，ポリ袋に空気を入れてふくらませたものに，木工用ボンドに浸した麻ひもを巻いて作ったとのこと。その同僚のオリジナルだそうです。

　これをツリー型にすれば，クリスマスの飾りになるんじゃないかな？と思っていたので，現任校に転勤してから試してみました。

　まずは型作りです。最後に取り外すものなので，外しやすいものがいい。アイディアに賛同してくれた現任校の同僚が，割り箸で骨組みのような型を作ってくれました。でも，この骨組みを作るのが，とても大変。ホットボンドを使うのも難しいし，学級分の数を作るのも手間がかかります。

　そこで，クリアファイルを円錐型に丸めて型を作ってみました。なかなか簡単で，安上がりで，あっというまにできます。麻ひもを巻いてみても簡単に巻きつけることができます！　乾いたツリーに，小麦粉粘土で作って焼いた飾りをつけて，雑貨屋さんで売っているような作品に仕上がりました！

●クリスマスツリー屋さん

　早速，学年（中１）で「お店屋さん」をすることになっていたので，私のクラスはツリー屋さんをしました。すると，子どもたちからも先生方にも好評でした！

　２年後，ツリーを見た他のクラスの先生方がアレンジを加えながら真似をしてくれました。そのア

レンジは麻ひもではなくて毛糸を使って作ったり、型としてあえて色つきのクリアファイルを使い、それを外さないで完成させるというもの（中にライトを入れると、クリアファイルの色がいい味を出す）。特に毛糸のツリーは質感もよくて真似することにしました。

　昨年、久しぶりに、学級の子どもたちとこのツリーを作ってみました。今回は2クラス計9名で、ひとり2つずつ作りました。1つは麻ひもツリーに小麦粉粘土で作った飾り、もう一つは、毛糸ツリーにその他の飾り（ビーズや綿など）としました。

　手が汚れるのが苦手な子どもたちも、見本のツリーを見てやる気満々！おそるおそるボンドに毛糸を浸して型に巻き、できあがった作品を誇らしげに見せてくれるなど、とても喜んでくれました。

　型のサイズで大きさを自由にアレンジできるのも魅力です。50cmくらいの高さでクラス作品としてや自分用にも作りました。ディスプレイ用でも通用する、おしゃれなものづくりだと思います。

●クリスマスツリー作り方
〔用意するもの〕（高さ15cm程度分）
・木工用ボンド……水で薄めて使います。ボンド大さじ2に対して、水が大さじ1.5くらいを目安にだまにならないように薄めます。コツは、まずはボンドを容器に入れ、その半量くらいのぬるま湯（お風呂くらいの温度）でよくのばし、さらに少しずつお湯を加えていくと、早くきれいに混ざります。事前に準備しておくといいでしょう。
・麻ひもや毛糸……材料によってツリーの雰囲気が変わります。2〜3mを3〜4本が目安。
・クリアファイル
・飾り……ねんどやモール、ビーズ、綿などなんでも。手作りの小麦粉ねんど（後述）もおすすめです。
・新聞紙／セロハンテープ／はさみ

〔作り方〕
①クリアファイルの折り目の部分を切りはなし、2枚にします。
②1枚をくるっと丸めて円錐状にし、テープでとめます。円錐の

先はなるべく隙間があかないようにすると，ツリーもきれいに作ることができます。太さなどはお好みで。底部分をはさみで切り落とし，机の上に立つようにします。

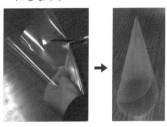

　テープは表面から貼るときは短めにして簡単にとめてください。テープと木工用ボンドが強力にくっつくので，後で型を抜く時にツリーが折れたり型くずれしてしまいやすくなります。ツリーより2〜3cm以上高く型を作ります。

③型に新聞紙を詰めます。8分目くらいのところまで詰めたら，型からはみ出ないようにテープでとめます（新聞紙を詰めずに手を入れて糸まきのよう

にくるくるする場合は省略）。

④麻ひもや毛糸を選んで切ります。長すぎると巻きにくいので，2〜3mを3〜4本が適当です。

⑤薄めた木工用ボンドに麻ひもを浸します。足りないくらいのボンドに入れて揉み込む感じ。8割くらい湿った状態で十分です。思ったほど手や机は汚れません。

⑥麻ひもを型に巻き付けます。くるくる巻きつけても，ぐしゃぐしゃに貼り付けても可。下の方は立てる時の土台になるので多めに巻いてください。

⑦乾くまで2〜3日，寝かせます。型がクリアファイルのため通気

性が悪く，長時間かかるようです。急ぐ場合は，ドライヤーを使って乾かしています。
⑧乾いたら新聞紙を出し，型をそっと外し，木工用ボンドで飾りをつけて，完成！〔口絵参照〕

●毛糸・飾りつけについて

　毛糸は，毛100％の並太（単色）のものより，色が少し混ざっていて，ふわふわした　感じのもの（Loop yarn: ループヤーンなど。だいたいはポリエステル100％）を使うと，質感が良く，高級感あるツリーになります。麻ひもで作る場合も，数種類の麻ひもを混ぜると味のあるツリーになります。麻ひもの場合は，かなり巻きが荒く，隙間があっても大丈夫です。

　飾りのおすすめ素材は，何といっても，小麦粉粘土をオーブントースターで焼いた飾りです！

〔小麦粉ねんどの作り方〕
材料：薄力粉…50g，塩…少々（パラパラ），水…大さじ1.5～2，サラダ油…10滴くらい
作り方：(1)ボウルに材料を全部入れ，手早くこねます。耳たぶくらいの固さになるように水分量を調節します。
(2)手にくっつかなくなったら，のばして型抜きしたり，手でちぎって丸めたりして形成します。厚いと後々カビてくるし，薄すぎると焼くときに焦げて割れるので，厚さ1～1.5cmを目安に。トースター（弱）で15分ほど焼いて完成。

――また，松ぼっくりやどんぐりなども，麻ひもツリーには特に合います！　その場合は，事前に冷凍するか，電子レンジにかけて虫処理することをおすすめします。違う色の毛糸を巻き付けたり，ツリー飾り用の小さいベル，造花なども良かったです。今の時期，百均で手に入ります。

　作品の展示方法については，底が不安定な作品も中にはあるので，下に綿を敷くと，バランスも取れて，見た目にも良いです。また，作品の上にひもをつけて，吊して飾ることもできます！

　ぜひ，自分だけのツリーを楽しんで作ってみてください！

(初出 No.387, 11・12)

巨大クリスマスツリー
●模造紙と紙テープで作る

前田　聡　北海道・中学校

◆でっかいクリスマスツリー

　例年，私の担当する特別支援学級では，クリスマスは窓ガラスにスノースプレーで装飾したり，セロファンでステンドグラスを作ったりしていました。今年（2010年）は何を作ろうかと考えていたのですが，「でっかいクリスマスツリーを作れば楽できるぞ」と思いついて，やってみることにしました。

　模造紙9枚を並べ，絵のうまい子に鉛筆で木の下絵を描いてもらい，それにあわせて緑と黄緑の紙テープを1枚1枚貼っていきます。平行してツリーの飾りを作り，「1週間でよかったこと・がんばったこと」を書いて貼ります。

　これでしばらくのんびりといけると思っていました。ところが，子どもたちは作業をとても楽しんで，どんどん進めてしまい，1日で完成してしまいました。

　ツリーを見たほかの先生が「あれ，電飾つけるんでしょ？」と言ってきたのですが，はじめのうちは大変だからと断っていました。次の日ある先生が「家から持ってきたよ」とLEDの電飾セットを貸してくれました。すると一気に巨大なクリスマスツリーっぽくなり，通り過ぎるほかの学級の子や先生方が足を止めてじっと見ているではありませんか！「よし，それなら」と，さらにほかの先生が雪

だるまやリスなども飾りつけ，口絵写真のようになりました。

◆掲示物が平和の象徴に

私が赴任した頃には，学校内に掲示物はほとんどありませんでした。あっても簡単にセロテープでとめてあるだけでした。1日ともたず悪戯されてボロボロになるからです。とても荒れていた時代の余韻があちこちに残っていて「以前に比べたら平和になった」と前からいた先生方は言っていましたが，まだまだ大変な頃でした。巨大クリスマスツリーも「何日もつかな？」と冗談半分でいう先生もいましたが，結局完成から終業式までの2週間弱，何も起きませんでした。

特別支援の生徒が作った作品が，こうして学校が落ち着いた「平和の象徴」として語られることに，「この学校も変わったなあ」と，何とも言えぬ気持ちでいっぱいになりました。

◆準備する物
・模造紙…9枚
・茶色の画用紙…2～3枚
・紙テープ（緑，黄緑色）…各5本ずつ
・電飾用LED（イルミネーションライト。タイマー付きのものが時間設定できて便利）

＊その他，クリスマスツリー用の飾りをそのまま使ったり，画用紙で作ってもいいです。

◆作り方
①模造紙9枚を並べてテープで仮どめし，鉛筆で木の下書き

を描く（下図）。

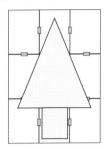

② 仮どめした模造紙を作業しやすいように一旦ばらす。木の幹に茶色い画用紙をちぎって貼る。

③ 木の葉は緑と黄緑の紙テープを5〜10cmに切ってテープの上の部分だけのりをつけて貼る（紙テープはカールしてとび出すので，立体感がある）。色をそろえたりしないで適当に貼ったほうが木っぽく見える。

④ できた模造紙から壁にどんどん貼っていく。画鋲で止めるのでテープでつなげなくても大丈夫。

⑤ 木の根の部分は下の写真のように，手前にせり出すようにとめると，床から木が生えているように見える（模造紙の下を床にあわせて貼ると，木が宙に浮いているように見えるのです）。

⑥ イルミネーションライトをクリスマスツリーのように画鋲で固定する。画鋲でさすのではなくはさみ込むようにすると，痛まずに済む。配線は模造紙の後ろをはわせる。

⑦ 後は適当に飾りをつけて完成！（だいたい10人で6時間ほどかかりました）。

床をつたって手前にせり出させる

◆飾って魅せるものづくり◆
追試・補足情報
~ 作ってみた感想，子どもたちの反応など ~

（初出 No.422, 14・6）
タンポポ綿毛の
ドライフラワー①

岡山　難波二郎

　勤務校（高校）の図書館主催の「ものづくり講座」で，今日は「母の日のプレゼント　タンポポ綿毛のドライフラワー」を作りました。参加者は生徒6人と先生3人。

　100円ショップで買ってきた透明ビンに色砂を敷いて，綿毛がつぼみ（？）状態のタンポポを起きます。ふたにリボンを飾ります。生徒はさらにビンの中にモールの飾りを入れたり，ビンをリボンで巻いたり…。楽しく1時間ほどわいわい話しながら作りました。ビンを斜めに傾けて使う子がいて，オシャレでした。〔口絵参照〕

（初出 No.394, 12・6）
タンポポ綿毛の
ドライフラワー②

大阪　山口明日香

　記事を見た瞬間，「ワッ，これは絶対やろう！」と思っていた「タンポポ綿毛のドライフラワー」。ようやく支援学級で作りました。下準備もいらず，誰にでもとても簡単に作れて，本当によかったです。

　自分で見つけた綿毛の赤ちゃんが，軸から切られてもビンの中でフワッとひらくことに，子どもたちも驚き＆大喜びでした。

5 科学工作
簡易実験器具作り

(初出 No.393, 12・5)

自分の声を見てみよう！
ミニクント管

小林順子　愛知・かがくのひろば

「音は振動」を実感

「クント管」はドイツの物理学者アウグスト・クント（1839～1894）という人が作った，音の振動の波長を観察するための実験器具です。今回ご紹介する「ミニクント管」は，月僧秀弥さん（福井・中学校）が考えられたものに，見やすいように改良を加えたものです。

材料

・透明ビニールホース

直径15mm，長さ28cmくらい。ホームセンターなどで購入できます。

・スノービーズ

0.5～1mmくらいの超微小発泡スチロール球。私はクッションに入っているものをばらして使いましたが，手芸店やホームセンター，インターネットでも購入できます。

・梱包材

シーリングバックアップ材など。スノービーズが飛び出さないように，適当な大きさに切ってふたとして使います。

・洗濯ネット
・両面テープ
・ビニールテープ

作り方

①透明ホースの片方に梱包材を詰めてふたをする。

②ホースの中にスノービーズを半分弱（3分の1よりちょっと多いくらい）入れる。

③開いているほうのホースの口のまわりに両面テープをつける。

④2cm四方ぐらいに切った洗濯ネットをかぶせて，両面テープで仮止めする。

⑤ビニールテープで洗濯ネットをとめて出来上がり。

管のネットがかぶせてある側に口を当てて，響かせるようにして声を出すと，中に入れた無数のスノービーズが管の中の空気の振動にあわせて波打つのが分かります。声を高くしたり低くしたり，声の大きさによっても波の形が変わります。音階を変えたり，歌を歌ったりしてみましょう。少し横に曲げてやると，自分でも波が見やすくなります。

「本当に音は波なんだ」と実感できると思います。

＊インターネットで「クント管」で検索するといろいろな「クント管」の情報や作り方が出てきます。

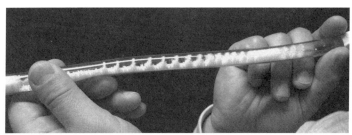

ミニクント管

(初出 No.367, 10・7)

立体月齢早見盤 (2008〜2026年版)

難波二郎 岡山・高校

●立体月齢早見盤とは

　立体月齢早見盤は，円盤状の2枚の紙と発泡スチロール球でつくります。円盤状の紙にはそれぞれ西暦年と月日が印刷されていて，それを回転させて年月日を確定させると，その日の〈月の形〉を見ることができるというものです。

　『たのしい授業』2000年9月号（No.230）に載せていただき，その後あちこちの科学館や天文教室で使われていて，うれしく思っています。きちんと「使用許可」を取るためにメールをくださるところもあります。

　目盛りが2010年までになっていて，そろそろ図版の改訂をしなければと思っていましたら，2008年8月，大阪・枚方市の橋本頼仁さんという方から問い合わせをいただきました。目盛りの直し方をメールでやりとりしている中で，橋本さんが図版を改訂してくださいました。そこで，ここで新しい立体月齢早見盤の作り方と使い方を紹介させていただきます。

●材料と道具

・円盤A，Bの設計図（後掲の図。図は141％に拡大コピー。仮説社HPでは原寸大型紙データもダウンロードできます）
・厚紙（B5判くらい）…1枚
・発泡スチロール球（直径30〜

35ミリ)…1個
・ゼムクリップ…2個
・両面テープ　・ポスカ（黒と黄）
・ペンチ　・千枚通し　・のり
・セロテープ

●作り方
①発泡スチロール球を真ん中から黒色・黄色半々になるように塗り分ける。
②円盤A，Bの型紙を141％に拡大コピーし，裏面にのりをつけて，厚紙に貼り付けます。
③円盤A・Bを，外周にそって，厚紙からはさみで切り抜きます。円盤Bの耳（太陽マーク）は内側（上）に曲げて起こします。それぞれの円盤の中心に，クリップを通すための小さい穴を千枚通しであけます。
④円盤Aの上に円盤Bをかさねて，中心の穴にペンチで端を曲げたクリップの先を裏から通します。クリップはセロテープで円盤Aの裏に固定します。
⑤先に作った月の模型の一方の穴に1cm角ほどの両面テープを貼ります。さらに，円盤Bの中心から上に出ているクリップの端に，この月の模型の穴を（両面テープごしに）通し，月を少し押しつけるようにして円盤Bに固定しま

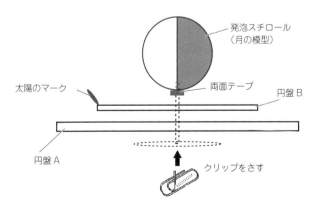

す。このとき，月の模型の黄色に塗った面が，円盤Bの太陽マークの方を正しく向くように注意してください。これで完成。〔口絵参照〕

●使い方
①円盤Aの周囲に書いてある数字は西暦年数です。半分折り曲げたクリップを，調べた

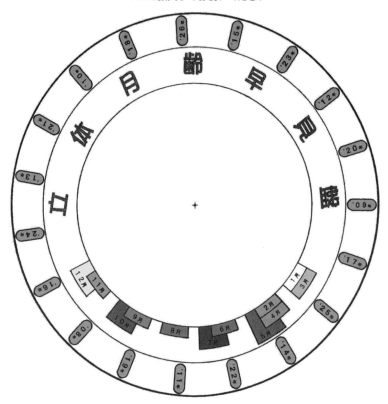

立体月齢早見盤の型紙・円盤A

＊141％拡大してお使いください

い年のところに差し込みます。中心の月を見る時は,円盤を手に持って,このクリップの位置からのぞくような感じで自分の目線を合わせます。
② 円盤Bを回して,調べたい「月・日」の目盛りを合わせます。目盛りをずらさないようにして,①でとりつけたクリップに自分の目線を合わせて,中心の月の模型を見ます。その形が,地球から見た月の形です。

＊発泡スチロール球は仮説社でも販売しています。35ミリ球1個25円。また黄色と黒に植毛した35ミリ球は1個100円。各税・送料別。送料等は320ペ参照。

立体月齢早見盤の型紙・円盤B

＊141％拡大してお使いください

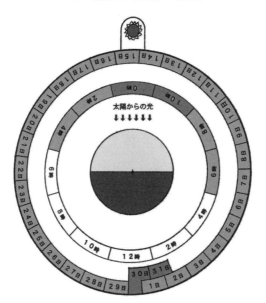

(初出 No.391, 12・4)

太陽めがねで日食観察
●眼にもお財布にもやさしい〈手作りめがね〉

西田 隆　大阪・小学校

国内では25年ぶり

今年（2012）の5月21日の朝,〈金環日食〉が起こります。

〈日食〉は「太陽の手前を月が横切るために,太陽の一部または全部が月によって隠される現象」です。地球と月の距離が近いとき,地球から見た月の見かけは大きくなるので,太陽は月ですっぽりと隠れます。これが〈皆既日食〉です。反対に,月と地球が離れていると月の見かけは小さくなり,太陽は月の外側にはみ出して,光の輪のように見えます。これが〈金環日食〉です。

今年はその金環日食が日本の太

2012年5月21日 金環日食が見られる主な地域

＊国立天文台や日食ナビ等のサイトで,日本で観測できる日食の種類や日付,地域が公開されています。

場所	日食・始	金環食・始	金環食・終	日食・終
東京	6:19:02	7:31:59	7:37:00	9:02:37
静岡	6:17:43	7:29:44	7:34:42	8:59:10
京都	6:17:41	7:30:00	7:31:09	8:55:17
高知	6:15:24	7:25:11	7:28:21	8:49:35
鹿児島	6:12:49	7:20:05	7:24:17	8:42:26

平洋側一帯で見られます。

ところで,ほとんどの学校には太陽を観察するための道具〈遮光フィルター〉があると思います。今度の金環日食も,もちろんそれで観察できるのですが,「1人1枚」というわけにはいきません。また,市販されている日食観測用の道具も,子どもの数だけ集めるとなると費用的に大変です。

せっかく国内で金環日食が見られる25年ぶりのチャンスです。そこで,みんなで安全に日食観察ができて,自分でも作ることのできる〈太陽めがね〉を考案しました〔下図および口絵参照〕。

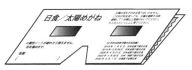

レンズ窓を繰り抜いた画用紙の間に太陽フィルターシートを挟み,両面テープで貼り合わせたもの

使用した太陽観測フィルム「アストロソーラー太陽フィルターシート」(眼視用。以下「フィルターシート」と略記)は,天体望遠鏡専門店・国際光器で見つけてきたもので,安全性もバッチリです(太陽光を10万分の1に減光します)。1個当たり100円以下でできるので,ぜひ作ってみてください。

＊以下,2012年初出時とは異なる改良版の作り方を紹介します。

〔用意するもの〕(1人分)
・太陽めがねの型紙×1枚
⇒次ぺに1人分の原寸大型紙を掲載。
・色画用紙(B5判)×1枚
⇒ 画用紙1枚で2人分,B4判なら4人分作れます。白画用紙でもいいですが,色画用紙の方がきれいです。
・フィルターシート 縦15mm×横30mm×2枚
⇒入手希望の場合は下記へ。
国際光器　☎ 0771-22-1771
http://www.kokusai-kohki.com/Baader/astrosolar.html
▷㊅ 50cm×100cm (約480人分)
　…税込9800円
▷㊛ 20cm×29cm (約50人分)
　…税込3800円
＊価格は2012年当時より約3割値上がりしています。
・カッターナイフ
・両面テープ (幅50㎜が便利)

太陽めがねの型紙・1人分（原寸大）

日食／太陽めがね

切りぬいて
銀色シートを貼る

※銀色シートが破れたら使えません。
目を傷めます。
名前
（　　　　　）

・太陽の光をそのまま見てはいけません。
・このめがねを使っても、太陽を観察する時、連続して1分間以上見続けないでください。
・大人の人といっしょに見てください。

切りぬいて
銀色シートを貼る

《これから日本で見られる日食》
2019年 1月 6日　日本全国で部分日食
2019年12月26日　日本全国で部分日食
2020年 6月21日　日本全国で部分日食
2023年 4月20日　九州・四国で部分日食
2030年 6月 1日　北海道で金環日食
　　　　　　　　（その他の地域は部分日食）

©Nishida Takashi

＊仮説社HPからはB5判画用紙に2人分印刷できるデータをダウンロードできます。

〔作り方〕（1人分）

①色画用紙に太陽めがねの型紙を印刷する。

②真ん中で折れるように，型紙の点線部分をボールペンで強くなぞる。

③両面テープ（幅50mm）を図の位置に貼る。

④両面テープが内側にくるように画用紙を折り，画用紙を2枚重ねにしたままレンズ窓をカッターで切り抜く。

⑤両面テープの剥離紙をはがす。

⑥切りぬいた窓にフィルターシートを貼る。シートに裏表はなく，指紋がついても問題ないが，一度置いたらやり直しできないので，ピンセットが便利。

⑦フィルターシートをサンドイッチし，画用紙を貼り合わせる。

⑧画用紙のふちと鼻の部分をカッターで切り落として完成！

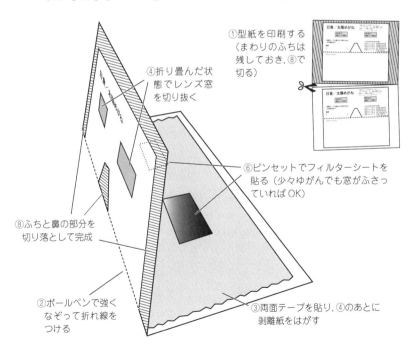

①型紙を印刷する（まわりのふちは残しておき，⑧で切る）

④折り畳んだ状態でレンズ窓を切り抜く

⑥ピンセットでフィルターシートを貼る（少々ゆがんでも窓がふさっていればOK）

⑧ふちと鼻の部分を切り落として完成

②ボールペンで強くなぞって折れ線をつける

③両面テープを貼り，④のあとに剥離紙をはがす

◆使用上の注意

販売元に訊ねたところ,「このフィルターシートは10分間程度連続して太陽を見続けても,全然大丈夫」とのことでした。ですが,わたしは念のため,連続使用時間を「1分間」としています。

またフィルターシートに先端の尖ったものなどが触れると,破れたり小さな穴が空いたりして非常に危険です。使用しないときは,ポリ袋などに入れ,シートが傷つかないよう,気をつけて保管してください。

ものづくりのすゝめ

ぼくはものづくりが好きです。一つ授業書が終わったら,その授業に関係したものを何か一つ作るようにしています。子どもたちに授業の記念になるものが残せたらいいなぁと思うからです。

ものづくりの際,ぼくが心がけているのは,
（1）できるだけカッターナイフやハサミ,ボンドなどを使って安く仕上げること。
（2）壊れても自分で修理できるようにしておくこと。
です。

市販の工作キットのように見栄えはしないけれど,自分で作ると原理がよく分かるし,細かな調整もできます。それになにしろ安価です。

ぼくは昔からとっても不器用で,まともに作品が作れたことがなかったのですが,いつの間にか,毎日のように何か作るようになり,ものづくりは自分にとって楽しい時間となっています。

今回の太陽めがねをクラスで作製するとなると,準備はけっこう大変かもしれません。でも,子どもたちにはとってもいい経験になるのではないかなぁ。そして,これをきっかけに,月や太陽,地球の動きにも興味をもってくれれば,太陽めがねを考案した甲斐もあります。

なお,材料を一から準備するのは大変なので,ぼくが用意したキットもあります。希望される方は,文末の宛先までお問い合わせください。フィルターシートのみご希望される方も,手持ちのシー

トからお分けできます（消費税不要，送料実費）。

① 「太陽めがね作成キット・40人分」（色画用紙印刷，両面テープ貼付，フィルターシート切断済）…2500円
② 「太陽観測フィルターシート」（20 cm × 25 cm = 48個分）…1500円

［連絡先：西田隆］

☎：090-9160-5206

mail：rakkyo61@piano.ocn.ne.jp

エアバズーカミニ

沢田雅貴　神奈川・小学校

　ある時、ぼ〜っと所ジョージさんのテレビ番組を見ていると、所さんが何やらバズーカらしきもので遊んでいるのが目に止まりました。小さいプラスチックのゴミ箱の底をくり抜いてつくったエアバズーカです。よく見る「段ボールでつくった空気砲」のように箱の側面を叩くのではなく、空気の出口の反対側についているビニルシートを引っ張って、空気の塊を発射しているのです。

　これは安全だし、おもしろいかも……と思い、ネットでつくりかたを検索！　発見したサイトでは、なにやらチップスターの筒みたいなものに穴をあけてつくるようなことが書いてありました。学校に材料があったかなぁと思って探してみると、ない。がーん。

　が、しかし、ヒラメイタ！　ペットボトルでできるかもしれない！

　そこで作ってみたのが、今回のエアバズーカミニです。丸くて、先がとんがっていて、子どもが構えるとなんともかっちょいい！

　作り方を紹介します。

〔**材料（1個分）**〕
・500mlの炭酸飲料のペットボトル……1つ。
・風船（9インチの一番スタンダードなもの）……1つ。
・針金（手で形を変えられる程度にやわらかいもの）……25cm程。
・ビニルテープ

〔**道具**〕
　カッター、はさみ、ラジオペンチ。

〔**作り方**〕
①ペットボトルの底の部分を切り

取ります。底の丸くなっている部分が取れればOKなので，長さは適当です。

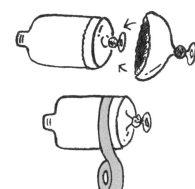

②切った部分にビニールテープを巻いて保護します。粘着面を半分内側へ折り込むようにします。ハサミで何ヵ所か切れ目を入れると折り込みやすいです。

⑤針金でわっかをつくり，ペットボトルの口の部分に取り付けてスコープをつくります。

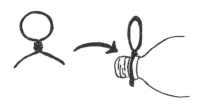

③風船のお尻の先を少し切り落とします。風船の口は結んでください。

④ペットボトルの底に風船をかぶせ，外れないように，ビニールテープを巻きます。

完成〜！ 風船をひっぱって離すと〈空気の弾〉が！

ひっぱって……
ポン！！

的をつくったり，友達にボンッとしてみたり，遊び方は子どもが考えてくれます。目には見えないけど，小さな空気の弾がとんでくるようでたのしいですよ。空気関係の授業書のあとにも最適です。

最初はスコープの針金はつけていませんでした。どうも的に当たらないということで，工具箱にあった100均のやわらかい針金で急きょスコープを作成したところ，命中率がぐっとあがりました。

片目を閉じて，スコープをのぞきながら的をめがけている様は，かっこよくもあり，かわいいものです。

簡単ですので，ぜひみなさんもエアバズーカミニを作ってみてくださいね。

（初出 No.443, 15・12）
つくってみました！
エアバズーカミニ
高畠　謙　神奈川・小学校

運動会の練習でちょっとお疲れがたまり気味……。「ここは癒しのものづくりをしなければ」と思って，クラス（6年生）でつくったのが，沢田さんに教えてもらった「エアバズーカミニ」です。

結果，子どもたちがすごく興奮してしまって，ぜんぜん癒しにはならなかったのですが，よい気分転換になりました〔口絵参照〕。子どもの感想を一部紹介します。

★バズーカをつくれて楽しかった！こんどは大きいバズーカもつくりたい！

★こんな簡単な道具でつくれるとはビックリしました。家でもやってみたいです。

★エアバズーカは自分に当てても気持ちいいし，友だちとやりあってもたのしいし，とてもいいと思いました。

★風船をペットボトルにはめるのが難しかったけど，作るのは楽しかったし，完成したときはうれしかった！！妹も「すごい！作りたい！」と言ってくれたので，今度一緒に作ろうと思います。

——エアバズーカミニ，おすすめのものづくりです！

(初出 No.416, 14・1)
簡単モーターを作ろう

平賀幸光　岩手・中学校

はじめに

　仮説実験授業で「簡単モーター」といえば、授業書《電流と磁石》の最後の方に出てくる〈モーターづくり〉です。〈簡単モーターづくり〉については、松崎重広さん、田中新さん、吉竹輝記さんたちがいろいろな工夫を凝らして、どこでも売っているような文房具などを材料にして手間をかけずに作る方法を提案しています。

　ボクも、これまで提案されてきた作り方で中学生に作らせてきましたが、1時間の授業のなかで、クラスの90％がちゃんと回るモーターを作るところまでいくのは、なかなか難しいことでした。

　そこで、これまで提案されてきたモーターの作り方に、ボクなりの若干の工夫を加えた「簡単モーターづくり」を提案します。検討をお願いします。

基本的な考え方

①「簡単モーターづくり」の「簡単」とは、子どもたちが「簡単」と思うこと。そう感じてもらうために、教師は、事前に材料などの準備にある程度時間を割くのを覚悟する。つまり、こまごました材料を一人ずつに配れるように、事前に材料を切っておくなどの準備をしておく。

②手に持って回すタイプではなく、〈机に置いたままで回るモーター〉を作る。

③小学4年生以上なら、1時間の授業でモーターを完成させ、回すことができる。

④小学4年生以上のクラスで、9割の子どもが完成させることができる。

　「準備に時間をかける」としたことで、授業書のなかで気軽に「モーターづくり」ができなくな

るかもしれません。その場合は、〈授業書とは別個にものづくりを楽しむ〉という考え方でもいいと思います。

用意するもの（一人分）
・被覆が爪で剥けるビニール線（長さ22cm）1本

　爪ではさんでひっぱっただけで被覆がとれるビニール線です。ボクはこのビニール線の存在を最近知りましたが、小学校ではおなじみのようです。100m巻のものがナリカで売られていますが、1600円ぐらいするし、多すぎるので、大和科学教材の「ビニル銅線（水色）φ0.4㎜」がおすすめです。2m巻で学納価30円です。4つで36人分が用意できるので、費用は120円で済みます。
・銅箔テープ（幅3.8cm,長さ3cm）

　ボクは、ニトムズの銅箔テープ（幅3.8cm、5m巻、厚さ0.03㎜）を近くのホームセンターで買いました。1280円でした。お店に無くても取り寄せてくれるはずです。インターネットで買うこともできます。1つ買うと160人分取

れます。
・円盤形の磁石（NSが裏表に着磁されたもの）1個

　100円ショップで25個入りフェライト磁石を売っていました。
・アポロチョコの空き箱（1/8個）
　電池ケースとして使います。
・工作用紙（2種類の大きさのもの。A：2cm×2cm，B：4cm×3cm）
・単三電池（アルカリ電池。マンガンだとうまくいきません）1個
・水性顔料マーカー

　ポスカやプロッキーなど。銅の色と似ている茶色は避ける。
・セロテープ

作り方
Ⅰ．コイルを作る

①単三電池にビニール線を2回巻きつける（巻き始めに5cmぐらいの余裕をとる）。

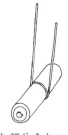

②ビニール線の余った部分をねじってとめる。針金をクロスさせておさえておいて、電池の方をひねるとよい。

③電池をそっと抜くと下の図のようになります。

④ビニール線の余った端の長い方を以下のように折り曲げる。

⑤上のコイルを工作用紙A（2cm×2cm）の真ん中にくるように置き，セロテープで貼り付ける（小学生などではコイルに触って変形させてしまうことがあるので，型崩れ防止のため）。
⑥工作用紙からはみ出している部分（下図の点線から先の部分）のビニール被覆を剥がす。爪ではさんで強く引くと剥がせます。

⑦はみ出した銅線の左右どちらかの上半分だけにポスカを塗る。工作用紙を垂直に持ち，その状態で銅線の上にポスカを塗るとよい。

Ⅱ．コイルの支えを作る
①工作用紙Bの方眼の無い側に銅箔テープのはくり紙をはがして貼り，真ん中（図の点線の部分）で半分に切る。

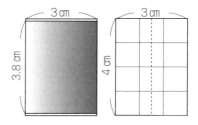

②以下のように5〜6mmの切れ目を入れ，銅箔テープを貼った側が上になるように折り曲げ，折り曲げた部分をテープでとめる。

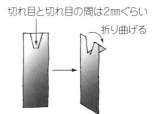

Ⅲ．電池ケースを作る
①アポロチョコの箱を1.5cm幅に

切る（一つで8人分できます）。

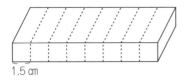

1.5 cm

② 1.5cm幅のケースに単三電池をはめ（ぴったりはまります），セロテープを帯のように巻いて留める。

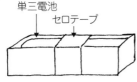
単三電池　セロテープ

Ⅳ. 組み立てる

① Ⅱで作った「コイルの支え」を，銅箔の方を内側にして「電池ケース」にさし込む。かなり窮屈なので，先にマイナス極側にさし込むとプラス極のでっぱりが邪魔になる。なので先にプラス極にさし込んでおく。

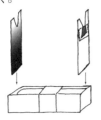

② 磁石を電池の上に起き，コイルを支えに乗せる。コイルを少し指で回して勢いをつけてあげると動き出します〔口絵参照〕。

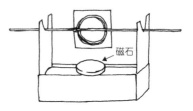
磁石

うまく回らないときは？

うまく回らないときは，以下のことを確認してください。

コイルの左右にのびている針金は一直線になっていますか？ 横から見てチェックしてください。手で回してみて，ガタガタとゆれながらまわるのは調整不足です。

ポスカはちゃんと上半分だけに塗っていますか。全部に塗ってしまうと回りません。また，塗り方が足りなくて銅線の色が透けていませんか。

回転がとまると，コイルや電池がすごく熱くなり，電池が早くだめになります。回し終わったら，コイルをはずしておきましょう。

＊参考文献など

モーターづくり全体については田中新さん，吉竹輝記さんの先行研究をもとにしています。ビニール線を使うのは野呂茂樹さんのウェブサイト（http://sky.geocities.jp/noroshigeki3/）を。被覆をはがすのでなくポスカを塗るのは志田竜彦さんの資料，野呂茂樹さんのウェブサイトを。コイルに厚紙を貼って型くずれをふせぐのは小林卓二著『ファラデーのモーターの科学』（さ・え・ら書房，1986）を，それぞれ参考にしました。

〔追記〕

この「簡単モーター」は，厚紙に銅箔テープを貼ったものを〈コイルのささえ〉にしています。ところが，銅箔テープは店頭であまり見かけません。フツーに置いてあるのはアルミ箔テープなので，かわりにアルミ箔テープを厚紙に貼って作る人がいるかもしれません。

アルミ箔テープでも回ることは回るのですが，一度30秒ぐらい回ると，その後ガクッと回転が落ちて，場合によっては回らなくなったりします。

コイルの先端とアルミ箔の接触部分で，すごく小さな電気火花がとんでいるのですが，その火花のせいで，アルミが酸化して，酸化アルミニウムとなって，電流の導通が悪くなるせいだと思われます（これはボクの推測ですが）。

ですから，〈コイルのささえ〉としては，できるだけ銅箔テープをお使いになるようおすすめします。

■宇宙線がバンバン見える！（初出 No.445, 16・2）

クリアホルダーで作る簡単霧箱

山本海行 <small>静岡・高校</small>
小林眞理子 <small>埼玉・中学校</small>

● **見えない放射線を見る道具「霧箱」**

　放射線は目には見えません。しかし，「霧箱」という道具を使えば，見えないはずの放射線を間接的に〈見る〉ことができます。

　霧箱はC.T.R.ウイルソン（1869〜1959，イギリス）が発明したものです。彼は気象学者で1895年から「雲を人工的に作る研究」を始めたのですが，放射線の発見を知ってからは〈放射線を見る道具〉として研究を進め，装置を完成させました。英語ではこの装置を「Cloud Chamber（雲の部屋）」と呼びますが，日本語では「霧箱」と言うのが一般的です。雲は霧粒でできているので雲＝霧で「霧箱」としたのかもしれません。

　霧箱の中で放射線が飛ぶと，飛行機雲のような白い雲の筋が

できます。その「雲の筋」を「飛跡」と言います。放射線の残す飛跡を観察することで，どんな放射線がどのように飛んだかを知ることができます。

● 今回作成する霧箱とそのしくみ

今回ご紹介する霧箱は，名古屋大学客員研究員の林 熙崇（ひろたか）さんの考案による「宇宙線がバンバン見える霧箱」が原型です。

名古屋大学理学研究科・素粒子宇宙物理系 F 研 基本粒子研究室のウェブサイト（http://flab.phys.nagoya-u.ac.jp/2011/ippan/cloudchamber/）で公開されています。2014 年夏に，筆者らは研究室を訪問して林さんからいろいろと教えていただくことができました。この簡易版制作には林さんの改良案を反映させていただいています。

林式霧箱は「拡散型霧箱」と呼ばれるタイプの霧箱です。アルコールの蒸気を容器の中に充満させてドライアイスで冷却し，〈過飽和層〉という「きっかけがあれば気体のアルコールが小さい液体の霧粒になりやすい場所」を作る方式です。

霧箱の中を放射線が飛ぶと，その通り道に沿って空気に静電気が発生します。その静電気力が，霧箱内のエタノール分子や水分子を引きつけ，過飽和層では肉眼でもはっきり見えるぐらいの〈霧粒の集まり〉ができます。それで霧箱内に「放射線の通り道＝飛跡」が見えるわけです。

林式霧箱は底にアルコールのプールを作り，アルコールを蒸気の供給源とします。厚さ2～3cm程度の過飽和層ができますが，これは他の方式の霧箱よりも厚く，この霧箱の特徴になっています。過飽和層の厚さが霧箱の感度を高めて，他の方式では観察しにくい空気中の自然放射線の観察を可能にしていると考えられます。

　この霧箱で観察できるのは，電気を帯びた放射線粒子 $α$ 線（ヘリウム原子核），$β$ 線（電子），陽子，$μ$ 線（ミュー粒子）の飛跡です。$γ$ 線や X 線などは電気を持っていないので直接飛跡は現れませんが，霧箱に入るともともと中にあった原子に作用してたたき出された二次的な $β$ 線などが見えることもあります。

　山本海行のサイト〈うみほしの部屋〉(https://umihoshi.com)に，霧箱で観察した放射線の動画や写真がありますのでご覧ください。

● 「クリアホルダーで作る簡易型霧箱」の作り方
◇材料
・A3クリアホルダー…1枚
　15cm幅に切り出したものを重ねて1個分とします（次ペの作り方①の図参照）。
・黒画用紙（四つ切）…1枚
　短辺を14.5cm幅（長辺はそのまま）で切ったものが1個分。

- 黒ベルベット（別珍，ベロア等とも呼ばれる）布地，または黒植毛紙。黒フェルトは反射が強く使いにくい。
- 輪ゴム…3本　　・ラップフィルム　　・アルミはく
- ホチキス　　・はさみ　　・スポイト
- 無水エタノール…100mℓくらい（水分があると凍って液面に浮き，背景が白くなるため観察に不向き。必ず「無水」表記のものを使う）
- ドライアイス（板状）…500g程度（通販では3～5kg単位で販売）
- ドライアイスをのせておく新聞紙か発泡スチロール板
- 高輝度LEDランプ…1個（100円ショップのLED懐中電灯でよい）

＊霧箱の直径が少し小さくなりますが，Ａ４クリアホルダーでも作れます。その場合，材料の寸法等は次のように変更してください。
- Ａ４クリアホルダー 10cm×31cm　　・黒画用紙 10cm×30m
- 無水エタノール 50mℓ～100mℓ

◇作り方

① Ａ３クリアホルダーを図のように15cm幅に切ります。短辺が31cmなので，15cm幅のものが2枚とれます（Ａ４判なら10cm幅に切る）。

② ①で切ったクリアホルダーの長辺をまるめて筒型にし，合わせめを2～3ヵ所，

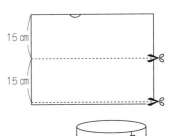

ホチキスでとめます。
③ 底を作ります。ベルベット布地を，1辺が筒の径＋2cm程度の四角形に切ります。これを筒の片方にかぶせ，
④ ③の上からラップをかぶせて輪ゴムで止めます。

ベルベット布をかぶせ

ラップをかぶせて

輪ゴムでとめる

⑤ さらに，その上からアルミ箔をかぶせ，また輪ゴムで止めます（右写真）。
⑥ 黒画用紙を幅14.5cmで横長に切ったものを用意します（A4判クリアホルダーを使う場合，黒画用紙は10cm幅に）。

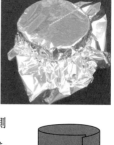

⑦ ⑤をひっくり返し，筒型容器の内側，側面に黒画用紙をまるめて入れ，黒い壁を作ります（貼り付ける必要はありません）。紙の打合せ部分が開かないようにセロテープやホチキス等で止めても良いでしょう。容器の内側が真っ暗になります。このとき，黒画用紙の壁は，クリアホルダーの筒から出ない高さにします。

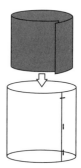

⑧ エタノールを容器の底の黒ベルベット布が液面の下に完全に沈むまで注ぎます（エタノールの深さが3〜5㎜ぐらいになるまで注げば大丈夫です）。器の側面の黒画用紙にもスポイトなどでエタノールをかけ回して浸みこませておきます。

エタノールは気化しやすいので、蒸気を吸わないよう扱いに注意してください。もちろん火気厳禁！

⑨ 容器の口にラップフィルムをかぶせ、輪ゴムで止めてできあがり。

◇観察方法

① 発泡スチロール（厚い新聞紙束などでもよい）の板の上に板状のドライアイスを置き、その上に霧箱を載せます（ドライアイスが板状でない場合は、布に包んでたたきつぶし、ざるなどでふ

るいにかけて粉にしたドライアイスを、トレイなどに敷いて平らにし、その上に載せてもよい。要は底面を平らに保ちたい）。

② 部屋を暗くします。5〜10分待つと、容器内に霧が降るの

が見え始めます。霧が降り始めたら……

③容器上部から，高輝度 LED ランプ（100 円ショップの LED 懐中電灯で OK）で内部を照らし，観察します。観察する人自身がランプを持ち，照らした先を見ると良く見えます。霧粒が降っているのがわかる位置や角度を探します。霧粒が降るのが見えたら，液面のすぐ上あたりの深さに注目していると飛跡が見え始めます。あらかじめ，どういうものが見えるのか，写真や動画などで確認しておくと，はやく見つけることができます。〔口絵参照〕

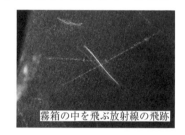
霧箱の中を飛ぶ放射線の飛跡

◇放射線が見えない時は……

いくら待っても（15 分以上）霧が降らない，飛跡が見えない，というときは，以下の点をチェックしてください。

・部屋は明るくありませんか？（暗くないと見えません）
・寸法通りに作りましたか？（15cm より深くしないでください）
・壁の黒画用紙にエタノールを浸みこませましたか？
・筒のまわりをドライアイスで囲んだりして冷やしすぎていませんか？（容器の上下で温度差がないと見えません）
・エタノールのプールが浅すぎて液面から底布がのぞいていませんか？

◆注意1：容器上部との温度差が必要です。

　全体を冷やす必要はありません。エタノールのプールだけを冷やせばよいので，底面より少し大きいドライアイス板に載せておくだけで大丈夫です。ドライアイスでまわりを囲んだりすると，過飽和層ができにくくなります。夏季などエタノールプールが冷えにくい場合は，インスタント麺のカップに入れたドライアイスの上に霧箱を置き，まわりにティシュペーパーをつめるなどするといいでしょう。

◆注意2：飛跡ができにくくなったら

　線源鉱物（ウラン鉱等）を入れて観察することもできますが，その場合しばらくすると飛跡ができにくくなることがあります。静電気が内部に充満すると，放射線が飛んでも新たな飛跡ができなくなるからです。その場合はラップの上から指を触れるか，ティシュペーパー等でこすると復活します。

◆注意3：エタノールを使うので 火気厳禁！

　エタノールの蒸気が大量に室内に拡散しないように気を付けてください。授業などで長時間使い続けるときは、完成した霧箱全体をガムテープなどでぐるっと巻いて、蒸気の漏れを防ぐと良いです。観察終了後，片付けのときも要注意。

☆宇宙線について興味を持たれた方は，山本海行・小林眞理子『きみは宇宙線を見たか』（仮説社）をお読みください。宇宙線入門の本として，中学生くらいから自分で読みすすめることができるようになっています。

◆ものづくりハンドブック◆
全巻・総索引

■この索引は，『ものづくりハンドブック』1〜10巻までの総索引で，五十音順に並んでいます。索引は，「記事のタイトル」ではなく，「ものづくりの名前」と「主要な素材・道具」から探せるように工夫してあります。例えば，「牛乳パックで和紙はがきをつくる」というタイトルの記事は，「和紙はがき」（＝ものづくりの名前）と「牛乳パック」（＝素材）の2つの項目から探すことができます。

■丸囲みの数字が巻数，ハイフンのあとの数字がページ数，★印付きのものが本巻収録のものづくりです。
　ex. どんぐりトトロごま★…⑩-8（10巻の8ペ）

■授業プランは〈　〉で表示されています。索引ページの最後には，授業プランだけをまとめて見られるように，「すぐに使える授業プラン」という項目を設けてあります。

あ

アイスキャンデー…⑥-119，⑧-123
アイスクリーム
　…①-10，⑥-116，126，129，130
アイスケーキ……………⑧-114
アイスシャーベット………⑧-126
アイススティック
　………⑥-122，124，125，129
アウトコインパズル………④-290
赤メガネで変身する絵……②-98

空き缶つぶしの実験
　………………②-223，④-237
アクションペン……④-242，243
遊び発表会としての学芸会…⑦-196
圧電ポン…①-260，262，②-243
　新・簡単圧電ポン………④-146
圧電ロケット……………⑤-140
あっという間のゼリー★…⑩-90
アップル餃子パイ…………⑧-90
アートとしての万華鏡作り⑦-268
穴あき花挿し
　…………⑦-166，⑧-176，181

アニマルスナッパズー……②-125
アメリカン・カントリークッキー
　……………………………⑧-95
アリ（模型）★
　………⑨ 244, 249, ⑩-213
アルミホイル
　安全缶切り……………⑤-367
　キャップモーター　………⑧-26
　恐竜の卵………………⑨-35, 37
　ステンド袋&ステンドプラ板
　　…………………………⑧-236
　ピコピコカプセル
　　………⑧-16, ⑨-33, 35, 37
　不思議物体★……………⑩-29
　ほたって君★……………⑩-32
安全なハサミ？ウープス……⑤-361
アンチスーパーボール
　…………①-17, 18, ②-81
イイ店情報………………③-290
板返し……………………②-114
いちごあめ………………③-268, 272
いちご大福………………⑥-140, 141
いちごのタネまき………②-140
1時間でたのしめたドライアイス
　おもしろ実験……………④-98
1．2．3のクッキー………⑥-297
一版多色刷り版画（シクラメン）
　……………………………⑥-76
いどうくん………………⑦-154
犬のマスコット……④-198, 201
今川焼き…………………⑥-150
いもバッジ………………②-368

いももち★………………⑩-99
イリュージョン…………⑥-209
色変わりホットケーキ……⑧-98
印鑑ホルダー・はん蔵……④-307
インテリアスライム時計★
　…………………………⑩-250
インビジブルゾーン……⑤-347
ウサギとクマのオーナメント★
　…………………………⑩-254
後ろ泳ぎで大爆笑…………②-386
うどん………………④-131, 132, 133
海のかけら………………④-56
エアバズーカミニ★⑩-284, 286
エアーフレッシュ…………⑥-198
エコま★…………………⑩-15
えびせんコロちゃん………⑤-12
炎色反応…………………②-383
お祝いカード★……⑩-155, 207
大ウケ水晶玉……………④-246
お菓子の家………………⑤-212
お金が消える貯金箱………③-204
お金が縮む貯金箱
　………………④-291, ⑨-157
おきあがりこほし⑥-58, ⑦-204
おサルの木のぼり…………⑦-17
オジギソウを育てる………④-310
お品書き……………⑤-74, 77
押し花キャンドル…………⑤-190
押し花しおり……………⑥-200
押し花づくり★
　………③-110, 111, ⑩-236
お尻カード…………⑥-202, 204

おた～かて

おだんごパズル
　………②-131，③-116，⑧-293
お茶パックでカイロ………⑤-179
おっかけねこ………………⑤-22
音と楽器を作る……………①-182
おばけアイス………………⑧-120
おはじきアート★…………⑩-220
お花のメッセージカード★
　………………………⑩-233
おひなさま作り……………⑤-166
おもちゃ・教材カタログ
　………………②-282，③-276
折り紙
　折り紙建築……………①-97
　折り紙ステンドグラス…③-115
　くるくるシャトル…⑨-41，44
　三角形で折りヅル⑦-102，104
　たなばたかざり…………⑦-87
　どっこいしょ……………④-58
　トンコロリン……………④-58
　山からひょっこり………②-382
オリジナル陶器……………⑨-265
折り染め…………①-66，81，82，
　②-258，271，④-353，⑤-86，
　102，⑥-100，296，⑧-275
　うちわ
　　…⑥-106，305，⑧-229，230
　怪獣………………………⑤-95
　気球……………⑦-78，⑨-217
　気球の貼り絵……………⑥-107
　巨大折り染め……………⑦-199
　ケロちゃん人形…………⑨-213

コサージュ作り……………⑧-270
シャカシャカおりぞめ……⑧-275
舟底型紙袋…………………⑨-227
ダブルクリップ……………⑧-225
ツリーライト………………⑨-224
はがき………………………⑥-196
パタパタカレンダー………⑥-108
ハートおりぞめ
　……………⑨-201，207，209
壁画…………………………⑦-80
折りたたみサイコロ………②-36
おんがくカルタ……………②-135
オーブントースターで
　バナナケーキ……………④-138
オーメンの印………………②-87

か

ガイコツ君………………④-10，12
海賊箱………………………④-296
海賊船の帽子………②-374，377
カウントダウンクラッカー★
　………………………⑩-159
かざぐるまん……………⑥-88，91
かさぶくロケット………⑧-63，74
カズー………………①-222，④-55
ガチャック…………………①-64
ガチャポンは3度おいしい
　………………………⑦-204
家庭科の授業あ・ら・かると
　………………………⑤-228

家庭でも容易に加工できる
　金属を求めて……………⑨-281
かぼちゃモンブラン★……⑩-115
カマ・デ・ショコラ
　………………………⑤-208，209
カマ・デ・チーズ…⑧-109，113
紙コップ
　紙コップカムバック………⑧-8
　紙コップクラッカー★
　　………⑥-226，⑩-151，154
　紙コップ相撲……………⑥-23
　紙コップで簡単ケーキ…⑤-196
　コケコップ★……⑩-136，206
　びっくりパイプ…………⑧-154
　レインボースコープ……⑧-168
紙皿の変身…………………②-384
紙皿回し…⑥-19，24，⑧-17，21
紙たつまきハイパー………⑨-127
紙トンボ……②-174，178，⑦-43
紙ねんど
　お寿司……………………⑤-66
　チョウの模型……………⑨-251
紙の円盤……………………②-389
紙のグライダー……………④-8
紙の猫（着地猫）…………①-241
紙ひもでつくるへび………③-32
紙風船ポップコーン………⑧-86
紙吹きゴマ★………………⑩-11
紙ブーメラン
　……②-193，201，203，④-41
カメラ・オブスキュラ……③-320
仮面…………………………③-106

ガラスびんで風鈴…………②-362
ガラスを切る………………②-362
カラメルコーン……………⑧-89
カラフル水栽培容器………④-317
カルピス
　おばけアイス……………⑧-120
　ゼリー★⑨-76，⑩-85，88，90
カルメ焼き　⑦-138，140，⑧-151
カレーまん…………………⑤-200
変わりかざぐるま
　…………………③-58，⑧-41，44
簡易凹面鏡…………………⑨-269
簡易顕微鏡…………………⑨-266
簡易プレパラート……②-60，63
簡易わたあめ製造機………⑨-276
感光紙………………………⑥-336
漢字のかんづめ……………②-133
漢字の宝島…………………①-136
漢字博士……………………②-134
簡単霧箱★…………………⑩-292
簡単モーター★……………⑩-287
寒天ゼリー★……⑥-305，⑩-94
乾電池の研究………………①-336
缶バッチ……………………⑦-195
カンペコ……………………②-223
消える小人…………………③-210
消えルンですカード………②-114
着せかえ人形………………①-55
きな粉あめ★………………⑩-64
きな粉づくり………………⑨-66
キャストスターパズル……④-296
キャラメル・スウィートポテト

……………………⑧-101
キャンディボックス………④-194
キャンドル…①-51，53，④-266
　⑤-190，191，192，⑥-222
牛乳かん★……………………⑩-83
牛乳パック
　押し花しおり……………⑥-200
　折り染めハガキ…………⑥-196
　カメラ……④-66，75，77，79，
　　⑧-212，⑨-271
　キラキラ花火……………⑧-56
　コーティングをはぐ……⑥-198
　クリスマスツリー………⑤-180
　サソリの標本……………⑥-265
　パンドラの箱……⑨-122，126
　ぴょん太くんピエロ……⑤-17
　万華鏡……………………⑥-85
　のぞき箱★………………⑩-179
　ミニ・トンボ……………⑧-55
　和紙ハガキ………………①-86
牛乳もち………⑤-220，221，222
教訓コップ…………………①-13
教訓ジョッキ………………⑦-161
教訓ちゃわん①-13，16，④-296
餃子の皮
　アップル餃子パイ………⑧-90
　チャパティ………………⑨-109
　はるまっきー★……⑩-76，78
　ピザ………………⑥-146，147
教室を歩き回ろう…………①-183
恐竜の卵………………⑨-35，37
巨大応援ポスター…………⑧-238

巨大くいつきヘビ…………⑨-133
巨大クリスマスツリー★…⑩-267
巨大パタパタパネル………⑧-240
巨大メガホン………………⑦-197
ギョロミーバ………………③-197
きらきら紙ホイッスル……⑨-161
キラキラジュエル…………⑧-288
キラキラ花火…⑦-74，⑧-56，59
キラキラビーズのアクセサリー
　……………………………⑧-280
きらくカリコリ……………⑥-156
切り絵
　ガイコツ君…………④-10，12
　連続模様…………………④-268
切り紙…⑤-106，114，116，117，
　⑧-233
　四次元の謎………………⑦-170
金属箔の使い道……………②-429
金属メダル…⑥-180，188，303，
　⑨-281，288，295
金太郎パン…………………④-134
キンチャク………①-31，③-90
クイックちんすこう………⑨-64
くず湯………………………⑤-222
クッキー
　ケーキ……………………⑥-162
　電子レンジで簡単クッキー
　……………………………⑧-93
ぐにゃぐにゃ凧……………②-210
首切りの奇術の種あかし…③-207
クリスタルシミュレーター
　…………………⑥-328，329

クリスタルパワー…………⑤-366
クリスマスカード
　…③-91，⑥-189，193，⑨-231
クリスマスツリー★
　…③-86，87，89，⑤-180，
　184，⑥-304，⑩-263，267
クリスマスリース
　………⑤-186，⑧-255，⑨-240
クリッピー………………⑤-361
クリップごま……………⑥-31
クリップバッタ
　………⑦-28，⑨-51，59，60
くるくる缶風車★………⑩-244
くるくるくらげ★………⑩-47
くるくる磁石人形⑨-12，17，55
くるくるシャトル……⑨-41，44
クルクル羽根車…………③-128
くるくる変身カード………⑤-14
クルクルレインボー★……⑩-44
くるりんカード…………⑧-195
形状記憶紙………………⑦-157
毛糸のポシェット…………①-47
ケーキ★………④-138，⑤-196，
　208，209，⑧-98，114，⑨-93，
　⑩-112，119
消しゴム
　噴水……………………④-254
　原子スタンプ★………⑩-224
消しトル…………………①-258
結晶
　愛と感動の結晶物語……③-172
　結晶作り………①-330，④-343

結晶の最密構造…………①-230
結晶模型…………………①-307
塩のお絵かき★…………⑩-241
単結晶づくり……………③-299
松ぼっくりツリー………⑥-224
結晶模型板…………⑥-328，329
ケムシくん………………⑤-38
ケロちゃん人形…②-346，⑨-213
原始技術に挑戦（石ナイフ・投石
　器，ブーメラン・原始発火）
　……………………………①-342
原子スタンプ★…………⑩-224
原子の立体周期表………①-320
原子間力の不思議な手応え ①-288
ゲンシマン
　お祝いカード★…⑩-155，207
　カウントダウンクラッカー★
　………………………⑩-159
顕微鏡
　茶髪・白髪を見る………④-87
　ホームビデオにつなぐ…④-95
　レーウェンフック式
　………②-50，④-84，⑨-266
けん輪ゴム………………①-125
コイントリック…………②-103
コインマジック…………②-100
交流・直流判定器………①-284
コオリ鬼…………………⑥-305
ココアボール……④-137，⑨-96
コケコッコー！★
　………⑩-128，134，206
コケコップ★………⑩-136，206

コサージュ
　……… ⑧-264，269，270，275
ゴーストバンク……………③-216
国旗花火……………………③-197
小鳥タンク…………………④-262
ことりの壁面装飾★………⑩-230
ことわざカルタ争奪戦
　………………… ①-128，133
子の心，親知らず…………①-249
ごはんせんべい……………⑥-137
コーヒーゼリー
　……③-254，257，259，⑥-297
こま
　アクロバットゴマ………⑤-365
　エコま★…………………⑩-15
　紙吹きゴマ★……………⑩-11
　クリップごま……………⑥-31
　磁石のコマ・U-CAS（ユーカス）………… ⑤-344，345
　ジャンボゴマ……………⑤-20
　スペクタクルごま………①-176
　３Ｄゴマ★………………⑩-18
　空とぶマジックコマ……⑦-42
　手も触れず，息もかけずに
　　回すコマ★……………⑩-26
　どんぐりトトロごま★…⑩-8
　ビー玉のコマ……⑧-24，⑨-18
　吹きごま…………………①-178
　プロペラごま……………①-174
　へびゴマ…………①-178，③-76
　びゅんびゅんごま
　　………………①-172，⑨-22
　ミニまきごま……………②-369
　レインボーUFO ①-171，②-107
　惑星ゴマ★………………⑩-22
小麦粉と水で簡単パン……⑤-206
ゴム動力ヘリコプター……⑧-79
コリオリの力とプールのゴミ
　……………………………②-242
コロコロコロちゃん……⑤-8，12
コロコロ人形………………②-21
コロコロリング★…………⑩-170
昆虫をつくろう……………②-68
こんにゃくゼリー…………⑨-74

さ

サイコロ紙風船……………①-54
サイン帳……………………④-202
さかさ万華鏡………………⑥-85
サソリの標本…①-8，②-92，94，
　95，⑤-56，59，⑥-164，265，267
さつまいも
　お菓子づくり……………⑧-104
　チップス…………………③-262
砂鉄のダンス………………③-355
皿回し
　プラスチック皿…………⑧-17
　幼児も回せる皿回し……⑧-21
サンシェフ………⑤-335，338
サンダーボール……………⑥-277
３Ｖあれば３Ｖ豆球はつくか
　……………………………③-356

塩のお絵かき★……………⑩-241
SHIONOX（シオノックス）…③-313
シークレットポストカード…⑤-363
試験管でアイススティック
　…⑥-122, 124, 125, 129, ⑧-123
磁石
　アルミキャップモーター …⑧-26
　くるくる磁石人形
　　……………⑨-12, 17, 55
　しゃかしゃか磁石
　　＆不思議キャップ★…⑩-194
　ダンシングアニマル★…⑩-36
　ドラミングキツツキ★……⑩-34
　パタリン魚……………⑨- 8
　手も触れず，息もかけずに
　　回すコマ★……………⑩-26
　マグナスティック
　　フラワー★……………⑩-42
　真黒スライム……………⑤-157
磁性をしらべる
　酸素の磁性……………③-351
　磁石から逃げるキュウリ ③-342
　磁石にすいつく液体酸素 …-355
室内水ロケット…………④-114
ＣＤゴマ（走る）…………⑦-11
ＣＤホバークラフト………⑥-42
自転車のハンドルを固定したら
　………………………①-243
渋紙版画……………………②-405
絞り染めで札入れ＆カード入れ
　………………………⑤-102
シャカシャカおりぞめ……⑧-275

しゃかしゃか磁石
　＆不思議キャップ★……⑩-194
じゃがりこグラタン★……⑩-117
尺取り虫…………………④-28
しゃべる文房具シャベッタラーズ
　…………………………⑤-360
シャボン玉
　１万発製造マシン………③-120
　シャボン玉に入ってみませんか
　…………………………②-355
　シャボン玉の中は夢の世界
　…………………………①-224
ジャンボピコピコカプセル
　………………⑥-48, 49, 52
十円玉をきれいにする法…②-379
習字で絵日記………⑥-112, 114
習字の時間にお品書き ⑤-74, 77
授業参観は
　「ものづくりパーティ」で…③-80
受験生に千羽鶴……③-112, 155
ジュース
　あっという間のゼリー★…⑩-90
　４色アイスキャンディ…⑧-123
シュート棒
　…………②-33, ⑨-173, 176
シュリンクシート…………⑤-363
障害児学級でものづくり…⑥-296
蒸気エンジン……………③-371
掌中のハンカチーフ
　……………⑤-348, ⑥-314
聖徳太子の泣き笑い（お札で遊ぶ）
　…………………………①-16

307

しょうへんこ ～ そと

小便小僧…………………⑧-184，187
小便ペットボトル…………⑧-187
書写で相撲の番付表…⑤-79，82
真空保存容器………………③-294
人工カミナリ………⑤-136，137
新聞紙でやきいも
　…④-318，320，323，324，326
心霊術……………………②-83
水晶玉作り………………④-246
吹奏楽器分類入門…………①-192
水池の予備実験物語………④-249
　　自作水池……………④-253
炊飯器
　　カマ・デ・ショコラ⑤-208，209
　　カマ・デ・チーズ…⑧-109，113
　　パウンドケーキ…………⑨-93
　　ライスケーキ★…………⑩-112
水墨画の授業………………⑤-72
すぐ乾くスタンプ台………⑤-359
スケルトン…………③-128，⑥-205
スケルトン名刺……………⑥-208
スコーン……………………⑤-228
錫キーホルダー……⑨-288，295
すっとびストロー…⑨-169，171
すっとびボール…⑨-165，169，171
すっとぶぞ～……………⑨-171
ステップモビル……………⑧-229
ステンド袋＆ステンドプラ板
　………………………⑧-236
ストロー
　　オーボエ………………①-189
　　すっとびストロー…⑨-169，171

のぼり虫くん★…………⑩-41
笛……………④-52，⑧-170
ロケット…………………⑧-75
ストーンチョコ……⑥-320，321
スノーマン★…④-264，⑥-189，
　304，⑨-234，237，⑩-260
スパイラルテール★………⑩-190
スーパースピンバンク……⑤-365
スピードスライムもち★…⑩-122
スピンくるっ……⑤-350，358
スプーン切断………………②-76
スプーン曲げ………………②-85
スペクタクルごま…………①-176
スライム　……②-22，26，④-30，
　34，⑤-157，158，⑥-14，16，
　17，18，301，⑧-172，174，
　⑨-141，151
スライム時計★…⑨-141，⑩-250
スライムもち★
　……⑤-220，221，222，⑩-122
すりすりプロペラ……⑨-39，58
３Ｄゴマ★………………⑩-18
正20面体のキャンディボックス
　………………………④-194
西洋紙の縦と横の比は？…②-378
線香花火……………④-281，286，
　288，284，⑤-169，170，172，
　173，179，⑥-230，232，335
先生になってみよう………①-339
ゾウリムシはどんな体か？④-91
外の景色が映るビー玉万華鏡
　………………………④-82

そば打ち……………………⑧-136
ソーラースタンプ
　……………①-62，63，⑥-322
ソーラーバルーン…②-194，199

た

大根サラダ…………………⑤-238
大豆パワーの実験…④-224，232
太陽めがね★………………⑩-278
タオル人形…………………⑥-210
〈高い音・低い音〉…………①-198
タカミ式アキ缶つぶし……④-237
凧…①-148，153，156，②-210，⑦-22
たたきざる………………③-41，48
たなばたかざり………⑦-81，87
〈種と発芽〉…………………②-142
タネまき
　種子をまこう……………①-327
　アボカド…………………③-309
　グレープフルーツ………③-311
タネ模型………………⑨-45，47
たのしい理科室づくり……④-256
ダブル・トリプル
　・びゅんびゅんごま……⑨-22
ダブルフィルムケース……⑥-32
食べられる砂………………⑨-62
たまごキャンドル…………⑥-222
たまねぎの研究……………③-300
単位ものさし下敷き………⑤-362

段飾りひな人形……………②-371
炭酸ゼリー★………………⑩-94
だんだんおにぎり…………⑥-298
だんだんケーキ★…………⑩-119
タンポポ綿毛のドライフラワー★
　……………⑧-222，⑩-216，270
タンポポを食べる…………①-120
段ボールとビー玉でジャンボゴマ
　……………………………⑤-20
地球儀磁石…………………②-224
地球こま……………………④-296
蓄音機………………………②-388
蓄光プラバン………………⑨-188
着地ネコ……………………②-237
チヂミ………………………⑧-131
チャックでキンチャク……①-31
チャパティ…………………⑨-109
茶髪・白髪を顕微鏡で見る④-87
中華まん…⑤-198，200，⑦-122
「超能力」であそぶ………③-332
チョウの模型作り…………⑨-251
チョークで一工夫…………②-388
チョコいちご………………⑤-222
チョコっと
　ボイスチェンジャー★…⑩-142
チョコパイ…………………⑨-101
チョコバナナ
　…………⑤-215，218，⑥-305
チョコフォンデュ★………⑩-106
チョコボール………………⑨-99
チョコレート………………①-110
チョロ獣……………………①-144

チーズ
　お焼き………………⑨-111
　カマ・デ・チーズ ⑧-109, 113
　チーズフォンデュ………⑨-113
ちんすこう………………⑨-64
ツイン・スティック………⑤-350
つまようじと牛乳パックで作る
　ミニ・トンボ…………⑧-55
ティッシュペーパーでまつたけ
　………⑤-61, ⑨-242, 299
手打ちうどん…④-131, 132, 133
手紙のパズル……………⑤-354
手づくりカメラ…………③-313,
　④-66, ⑧-212, ⑨-271
鉄棒人形…………⑦-52, 198
鉄も細かくすれば燃える？
　………………………④-276
ティアラづくり…………⑥-73
テトラ……………………⑤-351
手間抜きチョコパイ………⑨-101
手も触れず、息もかけずに
　回すコマ★……………⑩-26
電気パン焼き器…………①-113,
　117, ⑤-232, 234, ⑥-277,
　288, ⑨-105
電気盆……………………①-271
〈電気をためる〉…………①-271
電磁波を体感……………③-337
電磁波をつかまえる………③-368
電子メロディーで何でも電池
　………………………④-56
電子レンジ

簡単クッキー……………⑧-93
フルーツ飴………………⑧-129
電子レンジで卵花火!?……④-240
電動歯ブラシカー…………⑧-15
ドアンキーブック…………①-256
トーキングバルーン………②-96
透視………………………②-79
豆腐だんご★
　………⑥-152, ⑨-115, ⑩-74
豆腐づくり★
　……………⑤-205, ⑩-67, 73
ドキドキハート……⑥-214, 216
どこでもATM★…………⑩-185
ドットウォーカー…………④-308
都道府県漢字パズル………②-132
トトロ押しピン……………⑥-66
トトロバルーン……………⑥-71
トムボーイ……………②-8, 32
ドライアイス……②-64, ③-252
　遊び・3種………………④-116
　大はしゃぎ………………③-236
　おもしろ実験……………④-98
　ガス鉄砲…………………④-113
　簡単霧箱★………………⑩-292
　（アイス）クリーム
　　…⑤-223, 227, ⑥-126, 129
　実験での注意点
　　………⑥-330, 334, ⑦-252
　シャーベット
　　……④-116, ⑥-127, ⑧-126
　ロケット…………④-104, 106
〈ドライアイスであそぼう〉

…③-220, ⑥-299, ⑦-220, 252
〈ドライアイスであそぼう〉第2部
………………………⑦-224, 252
ドラミングキツツキ★……⑩-34
トランプ（くるりんカード）⑧-195
トルネード実験器…………⑦-164
どんぐりキョロちゃん……⑥-67
どんぐりトトロ★
………⑥-64, 66, 68, ⑩-8
どんぐりの食べ方…………⑥-67
ドングリむし………………①-63

な

ながーい吹き矢……………④-56
鳴く鶏のおもちゃ★………⑩-134
菜タネをまいてみませんか②-168
夏休みの自由研究（私の調べてほしいこと）……………①-324
77円電池……………③-296, 328
生首ボックス………………⑧-202
ナマケダマ…………………⑧-11
波のプール…………………②-385
何でも食べるタコ…………⑤-326
肉まん………………………⑤-200
偽札製造機…………………⑤-44
日本史年表をフリーハンドでかく
……………………………①-226
二宮義之の伝承作りの秘密箱
……………………………④-296
二面相サイコロ……………①-240

ニュー・スノーマン………⑨-234
尿素で雪化粧………………⑧-262
ネオジム磁石のクッション…④-114
熱気球………………………①-351, 355
熱式感光紙…………………⑥-336
ネバーエンディングカード…⑧-198
ネンドロイダー……………⑤-341
念力…………………………②-81
ノア（プラネット地球儀「ブルーテラ」に改称）…………②-229
のぞきべや★………③-26, 30, ⑩-179
のびるんです………………⑤-40
のぼり人形…………………④-24
ノボリ虫くん★……②-28, ⑩-41
のろま温度計……③-200, ⑥-257

は

廃古電池研究物語…②-421, 426
廃品は教材の宝庫…………②-428
バウムクーヘン……………③-262
パウンドケーキ……………⑨-93
ハガキで変わりかざぐるま③-58
ハガキで作るタコ…………①-153
ハガキで強い形をつくる…①-350
〈爆発〉………………………①-267
　結婚披露宴で〈爆発〉…④-150
パスカルの大気圧実験……①-359
弾まないボール……………⑦-160
バターづくり………………②-331

パタパタカレンダー………⑥-108
パタパタ風車 ⑥-53, 56, ⑦-197
パタリン魚……………………⑨-8
ぱたりんちょう………③-49, 57
バッテリーチェッカー……②-426
葉っぱチョコ ……………⑦-120
発泡スチロール球細工……③-168
　だんご3兄弟アリ模型…⑨-244
　スノーマン★…………④-264,
　　⑨-234, 237, ⑩-260
　ミニハンバーガー………④-222
発泡スチロール球入手先…①-322
発泡トレーではんこ
　………………⑥-176, 177, 178
『ハテナ？ナルホド実験室』
　………………………………③-367
バナナケーキ………………④-138
花ビラ落下傘 ……②-414, ⑧-37
バブルアート………………⑤-269
バブロケット………………④-105
バラバラ扇子………………⑤-346
バランストンボ………………④-14
　バランストンボの出典…④-21
　プラバンでトンボ………④-22
　アルミでトンボ…………④-22
　ミニ・バランストンボ…④-23
　巨大バランストンボ……⑥-273
バランスペンスタンド★…⑩-167
針金のアメンボ……①-20, ⑧-53
はるさめスナック…………④-140
はるまっきー★………⑩-76, 78
版画

一版多色刷り版画 ①-93, ③-99
　浮世絵版画………………②-246
　版画カレンダー…………②-254
　夢のお城（切り抜き版画）
　………………………………③-108
ハンカチできんちゃく……③-90
ハンカチのねずみ…………③-35
ハンカチーフマジック
　………………⑤-348, ⑥-314
万国旗クラッカー…………③-197
反正ボール……①-17, 18, ②-81
はん蔵………………………④-307
ハンダのペンダント………⑥-187
番付表…………………⑤-79, 82
ハンディーホイッスル……⑤-367
パンドラの箱………⑨-122, 126
万能メガネ………①-26, ②-387
万能目玉メガネ……………③-329
BB弾で結晶模型…⑦-178, 179
　分子運動モデル…⑦-180, 184
ひいらぎかざり……………⑧-259
ピカイチ指輪………………⑧-277
匹見町…………⑤-356, ⑥-335
ピコピコカプセル……②-16, 20
　⑥-48, 49, 52, 302, ⑦-204,
　⑧-16, ⑨-28, 33, 35, 37
　坂道…………………………⑨-28
　白いカプセル……………⑦-201
　そうめん流し……………⑦-202
非常用（？）タバコ………③-199
ビスケット
　アイスケーキ……………⑧-114

フェイス……………………⑥-132
ビースピ……………………⑤-340
ビーズ
　アクセサリー………………⑧-280
　ミニいもむし君ストラップ★
　　………………⑩-210，212
ビー玉
　アクセサリー………………②-342
　キラキラジュエル…………⑧-288
　恐竜の卵……………⑨-35，37
　コマ………………⑧-24，⑨-18
　ジャンボゴマ………………⑤-20
　不思議物体★………………⑩-29
　ほたって君★………………⑩-32
　万華鏡………………………④-82
びっくりパイプ……………⑧-154
ビックリヘビ……⑤-52，53，54
びっくりボンド★…………⑩-138
ひっこみ思案………………③-8，16
ピッピーポケベル…………⑤-331
ひな人形……………………②-371
ひねり風車…………………②-372
ひまわりブローチ…………④-177
秘密箱………………………②-121
ひもスタンプ………………⑤-265
びゅんびゅんごま…①-172，⑨-22
ピューター合金……………⑨-281
ひよこキッス………………④-190
ぴょん太くんピエロ………⑤-17
ビールびんの中の水を
　一番早く出す方法………①-30
ピンホールシート…………③-330

ピンホール万華鏡…………⑤-127
ファンシープリント③-198，199
フィルムケースで作る
　カラクリ牛若丸……………③-134
　御来光………………………③-122
　ＣＤホバークラフト………⑥-42
　ダブルフィルムケース……⑥-32
　びっくりパイプ……………③-122
　スケルトン…………………③-128
　簡単ヨット…………………④-44
　ミニホバークラフト………④-48
　豆電球テスター……………⑤-144
　スタンプ………⑤-265，268
　笛………………⑥-168，172
不思議物体★………………⑩-29
ブーメラン
　……①-164，②-201，203，193
　十字紙ブーメラン…………⑦-54
風鈴づくり…………………②-362
笛
　きらきら紙ホイッスル…⑨-161
　ストロー笛…………………⑧-170
　トイレットペーパーの芯で①-190
　ぶた笛………………………①-191
　フィルムケースの笛…③-122
　　⑥-168，172
　水笛…………………………③-122
　吹奏楽器分類入門…………①-192
　へっぴり笛…………………④-52
吹きごま……………………①-178
吹き玉………………①-140，②-32
吹き矢………………………⑦-44

ふくらむスライム
　………⑥-14, ⑧-172, ⑨-151
不思議な円盤……………①-242
不思議なご縁……………④-296
不思議なドア……………⑦-150
不思議なひも……①-254, ②-109
不思議な棒………②-109, ④-296
ブタンガスの液化と気化…②-234
浮沈子
　回転浮沈子ジュエルスピン ⑧-49
　ガラス管浮沈子…………⑥-257
　くるくる浮沈子…………⑧-46
　高速W回転浮沈子………⑧-51
　最初にペットボトルを使った人
　………………………………⑥-242
　魚型しょうゆ入れ浮沈子
　……………⑥-234, 240, 241
　沈んだ浮沈子の調整法
　………………………⑥-244, 249
　新「浮沈子」発見物語…①-233
　ナット2個で調節………⑥-259
　浮沈アイス………………②-231
　浮沈子行商記……………②-402
　浮沈子の研究……………⑥-260
　浮沈子の謎………………①-224
　浮沈子をつくる…………①-232
　浮沈ローソク……………②-234
　ペットボトルで浮沈子…⑥-169
　もしも浮沈子が沈んだら②-249
フライパンでプリン………⑥-298
フライングライト…………⑥-316
プラコップでプラ板……①-378,
　　④-164, ⑤-34, ⑨-192
ブラシのオモチャ・ハブラッチくんとプルンちゃん………⑤-30
プラスチック容器をかたっぱしから熱したら………④-155, 162
プラズマボール……………⑥-277
ブラックウォール
　……………⑤-49, 50, ⑧-220
　2段ブラックウォール…⑦-168
ブラックホール……………②-121
プラトンボ…………………⑦-32
プラバン……………①-42, 46, 376
　コンビニ弁当ケースで…⑥-169
　ステンド袋＆ステンドプラ板
　…………………………⑧-236
　プラコップで…………①-378,
　　④-164, ⑤-34, ⑨-192
　プラバンでライデン瓶…①-286
　プラバンでジグソー……②-130
　プラバンにボールチェーン
　…………………………⑤-357
　プラバンにマニキュア…⑤-358
プリントごっこで…………④-166
プリッツだんご……………⑧-107
プリンツでスタンプ
　………………⑤-266, 267, 268
プリントTシャツ…………⑥-194
フルーツ飴…………………⑧-129
ブルーテラ…………………⑥-326
プルリング・ワニ…④-184, 189
プルルコール………………⑤-334
ふれあい水槽のふしぎ……④-260

ブロックヘッド……………④-296
プロペラごま………………①-174
ふわふわスノーマン★……⑩-260
ふわふわタコタコ…………⑦-22
ふわふわちょうちょ………⑤-24
ふわふわつばめ★…………⑩-51
ふわふわ分子模型バッジ＆指輪
　……………………………⑨-180
分子カルタ（モルカ）…⑥-308，311
　モルカパネル……………⑧-251
分子模型
　厚紙製……………………③-158
　アミノ酸…………………②-71
　色塗り・絵の具とボンド
　　…………………………④-339，342
　色塗り・絵の具も使えます
　　…………………………④-334，337，338
　氷の分子模型……………⑤-326
　食べられる水の分子模型④-346
　少女A子と分子模型…③-142
　新グッズ…………………③-166
　プラスチック製 ④-330，⑤-326
　分子模型ケース…………⑤-329
　分子模型下敷き
　　…………………………⑤-327，329，334
　分子模型定規……………③-165
　分子模型づくり…………①-291
　分子模型作りに
　　「新・三種の神器」……③-156
　分子模型パネル…………③-161
　分子模型モビール………⑤-160
　分子モデルシール………③-164

ボンテン分子模型………⑨-180
粉塵爆発……………………④-154
噴水実験器…………………⑦-165
ベイシーブ…………………⑥-323，324
ベコかきゲーム……………①-146
べっこうあめ…①-100，103，371，
　④-144，236，⑨-78，87，91
ペットボトル（キャップ）
　エコま★…………………⑩-15
　しゃかしゃか磁石
　　＆不思議キャップ★…⑩-194
　惑星ゴマ★………………⑩-22
ペットボトル（本体）
　穴あき花挿し……………⑧-176
　エアバズーカミニ★
　　……………………⑩-284，286
　キラキラ花火……………⑧-56
　小便ボトル………………⑧-184，187
　浮沈子……………………⑥-169
　PETトンボ★……………⑩-54
　ヘロンシャワー…………⑧-191
　水栽培…④-316，317，⑤-163
　もんどり…………………⑦-186
　レーウェンフック式顕微鏡
　　………………④-84，⑨-266
へっぴり笛…………………④-52
ベビースターそうめん……⑦-124
へびごま……………①-178，③-76
ヘロンシャワー……………⑧-191
変身ウルトラマン…………③-20
変身カード…………………⑨-154
ベンハムトップ……②-107，108

315

ホイッスル
　……… ①-186，⑥-168，⑨-161
ポシェット……………………①-47
ボギボギ……………………⑥-175
星に炎がとどきそう（炎色反応）
　………………………………②-383
ボタンホール………………④-296
ポッカイロ……④-270，276，278
　⑤-176，179
ホットケーキ………………⑧-98
ホットプレートで
　………⑤-274，304，⑥-298
　あぶりだし………………⑤-274
　お豆腐だんご★…………⑩-74
　色変わりホットケーキ…⑧-98
　お焼き……………………⑨-111
　ジャム作り………………⑤-292
　べっこうあめ……………⑨-78
　焼きチーズフォンデュ…⑨-113
ポップアップカード………⑤-240
ポップコーン………………②-340
　④-126，130，⑤-274，⑧-86
ボトルウェーブ…⑤-147，155，156
ポパークラフト…⑥-42，44，45
ボルタの電池………………②-220
ホロスペックスフィルムの
　クリスマスカード………⑨-231
ボンテン
　クモとアリ………………⑨-249
　クルクル磁石人形
　　………………⑨-12，17，55
　分子模型…………………⑨-180

ポンプ式ふくらむスライム
　………………………………⑨-151
ホースで作る
　カニ・イカ・タコ……⑨-257
　カブトムシ………………⑨-262
ホールミラー板……………④-92

ま

マカロニバッジ……………⑤-316
マカロニリース……………⑥-218
巻き筒万華鏡………………⑦-262
魔鏡…………………………⑧-204
マグナスティック★
　……………⑥-25，30，⑩-42
マグナビューアー…………⑤-363
マジック・キューブ………③-22
マジックチョッパー
　………………②-126，④-296
マジックフライヤー
　………………………⑥-318，319
マジックミラーでのぞき箱★
　…………………………⑩-179
マシュマロバーベキュー…⑤-205
マシュマロボンボン⑤-203，205
まつたけ作り
　…⑤-61，63，64，⑨-242，299
松ぼっくりのクリスマスツリー
　………………③-86，87，89
　⑥-224，276，296
マツボックリパズル………④-294

松ぼっくりブローチ………④-179
マネーエクスチェンジャー
　………………………⑤-44，46
マフラー………………………⑥-228
マーブリング…………………⑥-92
マーブリング石………⑥-98，99
まほう使いの名札……………①-28
魔法のコップ…………………①-378
まほうのふりかけ……………⑦-188
まむしの卵……………………①-8
豆電球テスター………………⑤-144
まめまめクリップ……………⑥-59
万華鏡…④-82，⑤-127，⑥-85，
　88，91，⑦-262，268
みかんできしゃぽっぽ………⑤-194
みかんランプ…………………⑥-221
ミクロバンク……④-291，⑨-157
水あめ…………………………②-336
水栽培はペットボトルで…⑤-163
水の上を走るマツの葉………③-340
水ロケット　①-161，364，②-292
〈水ロケットはとんでゆく～〉
　………………………………④-117
3つの手品……………………⑧-194
ミドリムシを見たか…………④-92
ミニいもむし君ストラップ★
　…………………………⑩-210，212
ミニ・クリスマスリース…⑧-255
ミニクント管★………………⑩-272
ミニまきごま…………………②-369
ミニトンボ……………………⑧-55
ミニミニ中華まん……………⑦-122

ミニミニ貯金箱………………⑨-157
ミニミニルーペ………………⑤-364
ミラクルボウル………②-88，91
ミラクルミラー…⑥-209，⑨-269
ミンミンぜみ…………………④-36
むしぱん………………………③-260
ムニュムニュ星人……⑥-10，13
　⑦-212，214，⑧-174，⑨-139
メガホン自動噴水器…………⑨-131
メロディーごま………………④-35
めんこいネズミ………………③-35
もう1個詰められますか…①-230
モグモグおもちゃ……………②-12
もちっこポテト………⑥-142，145
もちしゃぶ……………………⑨-66
モチモチウインナー
　………………………⑦-132，134
もちもちパン…………………⑧-134
もちもっちん…………………⑥-148
もどりビン………⑦-8，⑧-8
ものづくり・教える人に教える時
　………………………………④-353
ものづくりクラブ……………⑥-306
ものづくりコーナーを教室に
　………………………………⑤-309
ものつくりの授業のポイント④-348
もの・物・ＭＯＮＯ…………⑤-320
モルカ……………⑥-308，311
モルカパネル…………………⑧-251
もやし作り……………………③-273
モール
　アリくん★………………⑩-213

かわいい野菜……………④-170
ボンテンのクモとアリ…⑨-249

やきいも……④-318，320，323，324，326
焼きスイートポテト………⑦-126
焼きチーズフォンデュ……⑨-113
焼きドーナツ………………⑦-128
やじろべえ……③-63，74，⑨-237
安兵衛・タマゴからくり箱④-296
山からひょっこり…………②-382
ヤマトのりでスライム……④-34
U-CAS（ユーカス）…⑤-344，345
UVチェックビーズ
　アクセサリー………………⑨-199
　ストラップ………⑨-195，199
養護学級にホットプレートを
　………………⑤-274，292
雪化粧………………………⑧-262
雪だるまこぼし……………⑨-239
指先で回る風車★
　…………⑩-144，147，149
指輪づくり…………⑥-72，⑦-72
　⑧-277，279，280，⑨-180
ヨーグルトシェイク………⑥-132
ヨーロッパで買ったおもちゃ
　………………………②-392
四次元の謎…………………⑦-170
4色アイスキャンディー…⑧-123

ライスケーキ★……………⑩-112
ライデン瓶…①-271，286，②-214
ライトスコープ………①-22，25
　②-40，60，④-88，91，92
ラッピングペーパー
　サイン帳…………………④-202
　レターセット……………④-212
ラブらぶメガネ…⑤-342，⑥-208
　クリスマスカード………⑨-231
　スケルトン………………⑥-205
　スケルトン名刺…………⑥-208
ラムネ菓子★………………⑩-80
リサイクル工作……………⑥-165
立体月齢早見盤★…………⑩-274
立体のお星様かざり★……⑩-258
リボンドロップ★…………⑩-165
リリアン式でマフラー……⑥-228
りんごあめ…………………③-268
歴史を見る物差し…………③-294
連凧…………………………①-156
レインボーキャンドル
　…………④-266，⑤-191，192
レインボースコープ…⑧-161，168
レインボーＵＦＯ…①-171，②-107
レーウェンフック式顕微鏡
　…………②-50，④-84，⑨-266
レターセット………………④-212
連続模様の切り絵…………④-268
レンジクッキー……………⑥-135

聾学校でものづくり………⑤-305
ロケットタネ模型…………⑨-47
ローソク熱気球……………①-355
ローリングボール…………③-213

わ

我が家のゴミ調べ…………①-334
惑星ゴマ★…………………⑩-22
和紙ハガキ……………①-86，126
わたあめ製造機……②-318，323，325，330，⑥-284，⑨-276
私が選んだパズル・ベスト3
　………………………④-296
わたしの定番メニュー……④-360
ワタの栽培…………………④-312
わっ！ゴム印………………⑦-192
和風ペン立て………………①-82
綿ぼこりをライトスコープでみる
　………………………④-88
わらびもち★…⑩-102，104，105
わりバサミシューティング★
　………………………⑩-57
割り箸切断…………………②-84
割れないシャボン玉
　………………⑨-183，186

すぐにできる授業プラン

〈かみとんぼ〉……………②-178
〈高い音・低い音〉………①-198
たなばたかざり……………⑦-87
〈種と発芽〉………………②-142
〈電気をためる〉…………①-271
〈ドライアイスであそぼう〉③-220
〈ドライアイスであそぼう〉第2部
　………………………⑦-224
生クリームと冷たい水で…②-331
〈爆発〉……………………①-267
水あめ作りの授業…………②-336
〈水ロケットはとんでゆく〜〉
　………………………④-117
〈やじろべえ〉……………③-63
吾輩はホンモノの超能力者である
　………………………②-74

ものづくりハンドブック 10

無断転載厳禁　© 2019「たのしい授業」編集委員会

2019 年 7 月 10 日　　初版 1 刷（2000 部）

編者	「たのしい授業」編集委員会
発行	株式会社 仮説社 〒 170-0002　東京都豊島区巣鴨 1-14-5　第一松岡ビル 3 F Tel 03-6902-2121　　Fax 03-6902-2125 E-mail：mail@kasetu.co.jp　URL = https://www.kasetu.co.jp/
印刷	平河工業社　Printed in Japan
用紙	鵬紙業（本文＝クリーム金毬 BY65 ／カバー＝ OK トップコート＋四六 Y110 ／表紙＝片面クロームカラー（N）菊 T125 ／見返し＝色上質（鶯）AT 厚口／口絵＝ OK トップコート＋四六 Y90）
カバーレイアウト	内山晶代

＊定価はカバーに表示してあります。落丁・乱丁はお取り替えします。

ISBN978-4-7735-0297-8